Manuel SISYPHE

ÉLECTIONS EN GAULOISIE

Ce qu'il va se passer en 2019

Indicatif éditeur : 978-2-9558289

ISBN : 978-2-9558289-7-7

Janvier 2019

On était mardi jour de l'an et le Chef-Président, Estoppel-le-Miston était plus que satisfait. Les premiers sondages à chaud en ce jour férié particulier, étaient à nouveau excellents. Ses vœux aux Gauloisiens avaient plu. Il faut dire aussi qu'il y avait mis dedans tout ce qui était susceptible de combler de joie des citoyens toujours très friands d'améliorer leurs divertissements. Et là, il avait fait fort, très fort.

Sur conseil de son confident et ami Crispite-la-Castagne, qu'il avait l'année dernière nommé Lieutenant du Centre en remplacement de Gégé-le-Bouchon, le déserteur ainsi qu'il l'appelait, celui-ci l'ayant abandonné sans le moindre préavis, il avait annoncé pour cette nouvelle année prédite comme fondatrice, la libéralisation totale et entière des jeux de casinos. À partir de maintenant, tout le monde allait pouvoir créer et exploiter un casino, son casino personnel, qu'il avait baptisé par son acronyme CP. Déjà, son prédécesseur Francesco-le-Batave avait eu l'idée de libéraliser l'exploitation des machines à sous. Belle idée en effet, émise au moment où il souhaitait postuler à un nouveau mandat mais qui n'était resté, comme d'ailleurs bien d'autres de l'époque, qu'au rang des chimères Chef-Présidentielles. Le rêve qu'il s'était raconté dans tous les détails, d'être adulé des foules gauloisiennes, s'était fracassé sur l'autel de la réalité. Trop d'indécisions avaient fini par aboutir à l'abandon de la mesure, entraînant du même coup sa décision de ne pas se représenter à l'élection suprême. C'est pourquoi, Estoppel-le-Miston qui avait pris le relais, se faisant élire haut la main, avait considéré que la voie était libre pour aller encore plus loin, en mettant en mouvement cette magnifique mesure libératoire de l'activité des casinos.

Attention, il ne s'agissait pas seulement des machines à sous, mais bien de l'intégralité des jeux proposés dans les casinos : la roulette, la boule et tous les jeux de cartes comme le poker et le baccarat. À l'époque d'Internet, ça avait de la gueule. Jupiter de là où il le regardait devait être fier de lui. Il avait fallu y penser et il y avait pensé. Le génie se niche souvent dans les détails et là, précisément, de quel génie il faisait preuve. S'il n'avait pas peur d'exagérer, il aurait dit que c'était suprêmissime. Surtout d'avoir pensé à annoncer cette mesure lors de ses vœux aux concitoyens de ce merveilleux pays qu'était la Gauloisie.

Il voulait partager sa joie avec quelqu'un. Après tout, n'était-on pas jour de fête ? Il convoqua Doudou-le-Filou, son Premier Lieutenant, lui demandant de venir immédiatement au Palais de l'Étable pour une petite réunion impromptue. Celui-ci à peine entré dans son bureau, le Chef-Présidentiel ne put s'empêcher de lui faire part de son enthousiasme :

- Salut Doudou, tu as vu comment j'ai retourné la crêpe hier soir ? Les Gauloisiens ne sont peut-être pas très contents des mesures que j'ai prises depuis le début de mon règne, il y a un an et demi mais là, d'après les sondages que je viens de recevoir, ils sont aux anges.
- Ne te réjouis trop vite, tempéra le Filou. Tu connais les Gauloisiens, ils s'emballent, ils s'emballent, et juste après lorsqu'ils comprennent, ils râlent.
- Mais non, sur ce coup-là ils voient bien qu'avec les nouvelles opportunités de gagner beaucoup d'argent que leur offre ma libéralisation de l'activité casino, ils vont pouvoir s'en mettre plein les poches.
- À moins qu'ils ne se rendent compte qu'ils en perdront plus en jouant.
- Tu es vraiment pessimiste mon pauvre Doudou. Heureusement que je t'ai tiré de ton trou haufrais, sinon tu serais encore en train de t'y morfondre.
- Attends, tu n'as même pas encore détaillé les modalités ni les conditions d'exploitation de ces Casinos Personnels. Pas plus d'ailleurs que tu n'as donné de précisions sur ce qui serait autorisé ou non.
- Là je t'arrête. Comme dab tu n'as pas écouté. Au contraire, j'ai bien précisé que chacune et chacun d'entre nous pourrait ouvrir son Casino Personnel et y installer l'ensemble des jeux existants actuellement dans un casino traditionnel. Tu veux quoi de plus ?
- Pour la majorité des citoyens qui n'ont jamais mis les pieds dans un casino, c'est vague.
- Ceux qui ne savent pas sont des ignares. Ils n'ont qu'à se renseigner. Bon, allez, j'appelle Gibritte, on va fêter ces magnifiques sondages au champagne. Elle va être super-contente parce qu'elle aime la fête et le champagne aussi.

Pendant ce temps, John-Lucho-la-Mélasse était furieux. Il ne décolérait pas. C'était quoi cette magouille de Casinos Personnels ? Où est-ce qu'il avait trouvé ce truc, le Miston. Libéraliser les casinos ? N'importe quoi. Et pourquoi pas non plus libéraliser la baignade à poil tant qu'il y était. Il se devait de mettre en place la contre-attaque. Oui, sauf qu'il n'avait pas la moindre idée de ce qu'il pourrait faire pour y arriver. Son seul recours était celui d'en faire part à son fidèle conseiller Exquis-le-Corbillard, surnommé Le Gaucho, de par son habileté à exalter au sein de sa Caste, La Gauloisie Bistrophile, des hordes entières de militants pro-la Mélasse. Après lui avoir fait part de sa fureur contre ce satané arriviste de Chef-Président et de ses foutues déclarations libérales, il lui déclara :

- Il est bien connu que tu n'as jamais d'idées personnelles mais comme tu aimes bien te balader dans les médias, tu vas quand même y aller et leur expliquer que notre cher Chef-Président est en train d'embobiner les gens avec son histoire de Casinos Personnels ou de CP comme il les appelle.
- J'ai effectivement entendu ça hier soir. Quand même, les CP, ça pourra être sympa.
- T'es malade ou quoi ?
- Pourtant j'imagine ma femme de ménage ouvrir son CP ou mieux, je l'imagine durant sa pause, se mettre à jouer à la machine à sous que j'aurai installée dans mon salon.
- C'est pas possible, je rêve. Il est trop fort le Miston. Il a même réussi à t'embobiner. Tu te rends compte, on n'en connaît pas les modalités d'ouverture, pas plus que les activités qu'il proposera et toi tu dis que c'est bien.
- On pourra jouer, c'est le principal et d'après ce qu'il a dit, ce sera à tout. C'est encore mieux.
- Je m'en fiche. Ce que je veux, c'est que tu ailles partout porter la bonne parole de La Gauloisie Bistrophile. Le CP du Miston, c'est du bidon. Tiens tu vois, ça rime. En plus son bazar, c'est du baratin et de la poudre aux yeux destinés à pomper encore un peu plus d'argent aux pauvres gens. Les autres, les riches, ça leur est égal, ils sont déjà pleins aux as, alors ce n'est pas leur problème. Par contre, les gueux eux, vont une fois de plus déguster. Dégote-moi un argument saignant à répliquer.
- Un argument saignant, t'es rigolo toi, faut trouver. Remarque on a déjà ton slogan : « Le CP du Miston, c'est du bidon ». Je trouve que ça claque bien.
- Et tu compléteras en affirmant, que contrairement à ce qu'a déclaré le Miston, on ne gagnera pas d'argent en exploitant un Casino Personnel mais que, bien au contraire, on en perdra.
- Là, on n'en sait rien. Comment veux-tu que je raconte un bobard pareil en étant crédible ?
- Je m'en fous. Débrouille-toi. Le message c'est : « Le CP du Miston, ce n'est pas pour faire gagner de l'argent mais pour en pomper aux pauvres gens ».
- Comme tu voudras, c'est toi le Chef. Je vais essayer. Par contre, je ne suis pas sûr d'y arriver.

Exquis-le-Corbillard parti, John-Lucho-la-Mélasse restait pensif. Le plus productif serait, comme il aimait à le dire, qu'il se farcisse lui-même le tour des popotes médiatiques. Ce n'était pas que le Corbillard soit vraiment mauvais, non, simplement il était plutôt limité. Le laisser seul, aller au casse-pipe alors que Le Miston venait de réaliser un coup royal, c'était malgré tout risqué.

Décidé à assurer un contre efficace, il appela aussitôt Abri-la-Crêpe-Marante de Télévision Gauloisienne 1. On allait voir ce que l'on allait voir. Elle avait beau s'appeler « Marante » avec un seul « r » comme la plante tropicale, elle avait intérêt à ne pas se payer sa tête. Sa déception fut à la hauteur de la réception téléphonique que lui fit la présentatrice du vingt heures.

- Je sais bien que c'est vous Monsieur la Mélasse, mais je ne peux pas vous recevoir dans mon journal sans que nous ayons d'abord préparé l'interview.
- Préparer, préparer, j'en ai pas besoin, s'emporta celui-ci. Je sais ce que j'ai à dire. On en a assez de ces petites manœuvres politiciennes du Chef-Président. Je veux pouvoir parler au peuple et donc à tous les gens, pour leur dévoiler la vérité sur les magouilles préparées par le pouvoir.
- J'ai des instructions précises Monsieur la Mélasse. Je dois suivre la procédure. On prépare d'abord votre intervention, et ensuite, on la planifie en fonction des propos que vous y tiendrez.
- Je dirais ce que je veux, quand je veux et où je veux. Tout ça c'est du baratin. Si vous ne voulez pas me recevoir ce soir, j'irai chez vos concurrents.
- Désolé, je ne peux vraiment pas faire autrement.
- Alors, allez vous faire voir.

Et il raccrocha sèchement. Une fois de plus la colère l'envahissait. Quelle bande de larbins et d'incapables. Il leur en foutrait lui, de la procédure. Tant pis, il se contenterait du Service Public. Il appela Anita-Soupière-la-Lapine et lui exposa ses desiderata.

- Il faut que je voie avec ma rédaction lui répondit-elle. Je ne peux pas prendre sur moi de vous faire venir sans leur accord.
- C'est quoi ce binz. Vous plaisantez ou quoi ? Je suis John-Lucho-la-Mélasse et vous ne voulez pas me recevoir ?
- Si, mais pas comme ça. Je dois d'abord en faire part en séance de rédaction. Je vous donnerai la réponse demain.
- Je rêve. Allez vous faire voir, vous aussi.

Et une fois de plus il raccrocha, bredouille. L'interrogation et l'inquiétude avaient remplacé la colère. Le Miston n'aurait-il pas noyauté tous les médias pour s'assurer de ne pas être contré ? Il fallait quand même reconnaître que son coup du Casino Personnel était magistral mais comment faire si les médias devenaient inaccessibles ?

Une fulgurance lui traversa l'esprit. Non, le Miston n'avait pas tout verrouillé. N'avait-il pas lui, la Mélasse, sa chaîne YouTube pour lui tout seul ? La voilà la solution. Il appela Bastounet-le-Chausson son intervieweur fétiche, responsable de ses campagnes numériques, lui indiquant vouloir enregistrer une déclaration YouTubesque. Une fois installés, ils se mirent tout de suite au travail de rédaction préparatoire. Dès l'heure suivante, l'intervention était prête. L'enregistrement de l'émission commença :

- Monsieur John-Lucho-la-Mélasse, vous avez l'air bien contrarié et par là même, bien en colère.
- En effet, mes chers amis, les gens et néanmoins compatriotes, je tiens à vous faire part de mon sentiment d'injustice face à la déclaration d'hier soir du Chef-Président. Au cours de celle-ci, il nous a fait part de son intention de libéraliser l'activité des casinos en autorisant l'ouverture de Casinos Personnels. Ces CP comme il les appelle, sont censés vous apporter la richesse par l'exploitation directe des jeux de casino dans vos domiciles respectifs. Bien entendu, il n'en est rien.
- Qu'est-ce qui vous permet d'affirmer ça ? Intervint Bastounet-le-Chausson.
- J'y viens. Prenons l'exemple d'un jeune ménage, chacun du couple ayant un métier lui permettant de gagner difficilement sa vie et ouvrant un CP dans son appartement pour soi-disant améliorer son ordinaire. En vérité, que va-t-il se passer ?
- Leurs amis viendront probablement de temps en temps jouer chez eux, leur procurant ainsi un petit revenu supplémentaire, supposa Bastounet-le-Chausson.
- Justement, pas du tout. Ils recevront effectivement leurs amis qui, c'est vrai, viendront jouer et de ce fait perdre de l'argent dans leur CP, mais après ?
- Après, ils pourront dépenser cet argent qu'ils auront gagné.
- Non, pas du tout ou plutôt oui. Ces amis les inviteront à leur tour pour déjeuner ou pour dîner et que se passera-t-il ?
- Ce seront eux qui cette fois joueront chez leurs amis.
- Absolument et ils perdront l'argent qu'ils avaient précédemment gagné.
- Donc, au mieux ils ne perdront pas tout, au pire ils perdront ce qu'ils avaient déjà gagné.
- Réfléchissez, non seulement ils auront une forte probabilité de tout perdre car c'est toujours comme ça avec le jeu, mais en plus ils voudront comme on dit, « se refaire » et là, ils perdront encore plus.
- Ce qui aboutira à quoi ?
- Tout simplement à perdre beaucoup plus d'argent qu'ils n'en avaient précédemment gagné, affirma John-Lucho-la-Mélasse, affichant un grand sourire de satisfaction.

- C'est infernal ce que vous dites là, sembla s'offusquer Bastounet-le-Chausson.
- Exactement et vous comprenez maintenant la spirale infernale. Le pays tout entier connaîtra une déchéance sans précédent. Chacun ira se ruiner chez l'autre. Celui qui a inventé ça, le Chef-Président pour ne pas le nommer, le sait pertinemment car il est d'une intelligence remarquable et tout ce qu'il fait est soigneusement pensé, pesé et calibré.
- Dans quel but ferait-il ça ?
- Et voilà, on y vient. Dans le seul et unique but d'encaisser les taxes perçues sur les jeux qui en découleront.
- Donc, ce sera quand même bon pour le pays.
- Même pas et pourquoi ? Parce que les citoyens se ruinant au jeu ne pourront plus rien consommer d'autre. L'argent qu'ils joueront, c'est celui qu'ils auraient sinon dépensé en se payant de la nourriture, des équipements, des loisirs, que sais-je encore ? La Gauloisie ira donc immanquablement à la catastrophe pour les pauvres, les riches, eux, n'en ayant rien à faire.
- Ah bon, comment pouvez-vous en être si sûr ?
- C'est simple. Les riches sont riches et veulent être encore plus riches en achetant des biens, des entreprises, des actions mais certainement pas, sauf exception, en jouant au casino et encore moins au casino chez les gens. C.Q.F.D.

Ce qui mit fin à l'enregistrement.

- Bon, maintenant tu mets ça en ligne et tu me tiens au courant des visionnages et autres likes débiles que l'on va recevoir.
- C'est bon, je te dirais ça.

Ce lundi 7, Estoppel-le-Miston qui venait de se faire communiquer les résultats de la chaîne YouTube de la Mélasse, était inquiet. Il voulait en parler à Crispite-la-Castagne pour avoir son avis.

- Incroyable le tabac que fait la Mélasse avec sa vidéo sur YouTube, commença le Chef-Président.
- Pas si incroyable que cela. Il a des arguments assez béton. Son baratin sur la spirale de jeux, ce n'est pas mal. Quand tu l'entends, on s'y croirait.
- Tu sais pas, je vais parler au peuple ce soir pour lui dire que ce n'est pas vrai.
- Qu'est-ce qui n'est pas vrai ?
- Ce que prétend la Mélasse.
- Si tu t'aventures sur ce terrain, tout Chef-Président que tu sois, personne ne te croira. Au contraire, tu généreras la suspicion générale.

- Sinon, qu'est-ce que je peux faire d'autre ?
- Rien, le mieux c'est d'ignorer ses propos en n'en parlant pas du tout. Après, on gérera comme on le fait sur un billard à trois bandes.
- C'est-à-dire ?
- Très simple. Tu lances la boule sur la première bande en détaillant précisément les modalités de ta libéralisation relative à l'ouverture et à l'exploitation d'un Casino Personnel. Après, tu fais la deuxième bande en insistant sur le côté « argent gagné », générant ainsi une croissance de pouvoir d'achat découlant de cet excédent financier inattendu et extraordinaire. Et tu termines en apothéose sur la troisième bande, en faisant ressortir de manière discrète mais malgré tout suffisamment appuyée, ce magnifique potentiel supplémentaire de consommation mit à la disposition de tous. C'est trop top non ?
- On peut dire ça comme ça. Je vais y réfléchir et en parler à Gibritte. Tu sais qu'elle est très psycho et que j'ai pour habitude d'utiliser les compétences, ajouta-t-il en riant.

La Castagne parti, le Chef-Président restait dubitatif. Il voyait bien comment contourner les propos de la Mélasse, sauf que ce n'était pas évident. Pour être parfaitement crédible, il allait devoir habiller son argumentaire d'un cérémonial sérieux et réfléchi, accompagné de la pédagogie indispensable à convaincre que, si cette libéralisation devait faire un peu mal mais pas trop à certains, elle permettrait à coup sûr au petit peuple d'améliorer son ordinaire. Restait maintenant à faire passer le message. Le meilleur moyen lui semblait-il, était d'organiser un séminaire dédié au seul CP, séminaire au cours duquel, vu l'importance du sujet, participerait l'intégralité des membres de l'État-Major Dirigeant et qui se terminerait par une déclaration officielle vantant ce qu'il appellerait : « L'atout CP ».

Le soir même à l'antenne de tous les journaux télévisés, était annoncé pour le dimanche 20 janvier, un séminaire de travail destiné à fixer les modalités d'ouverture et d'exploitation des Casinos Personnels, l'objectif étant, grâce à cet « atout CP », de permettre l'enrichissement généralisé de la population gauloisienne.

À peine l'annonce était-elle diffusée, qu'Estoppel-le-Miston reçut un appel de Nick-le-Mulot. Qu'est-ce qu'il lui voulait encore celui-là ? Il s'était viré tout seul comme un grand l'année dernière, ça n'était pas pour qu'il revienne aujourd'hui lui casser les pieds. D'autant pensa-t-il, que si c'est pour le CP qu'il m'appelle, le jeu, ça n'a jamais abîmé pas la nature que je sache ? En même temps, vu sa notoriété, il ne pouvait pas lui raccrocher au nez.
- Tu vas encore tout faire péter, reprocha aussitôt le Mulot, qui était un des rares à ne pas prendre de gants avec le Chef-Président.

- Qu'est-ce que tu racontes ? Répliqua surpris Estoppel-le-Miston. Je veux simplement convaincre le peuple que je fais tout ça pour qu'il s'enrichisse et que partant de là, il soit heureux. N'oublie pas que depuis un an et demi que je gouverne, on m'a collé la réputation inverse.
- Et puis quoi encore ? S'offusqua le Mulot, si le petit peuple devait vraiment s'enrichir, il consommerait encore plus, toujours plus et alors-là, bonjour la planète.
- Je comprends ta réaction, Nick. Sois tranquille, ça n'arrivera pas. Tu n'as pas vu le clip de la Mélasse sur YouTube ?
- Non, je n'ai pas l'habitude de regarder ce dégénéré.
- Je te comprends mais pour une fois regarde-le. Tu verras que tes craintes sont infondées. Il n'y a aucun risque. Ce dégénéré comme tu l'appelles, explique très bien et à juste titre que ce sera exactement le contraire. Le peuple au final perdra tellement d'argent, que peu de Gauloisiens seront capables de continuer à consommer comme aujourd'hui. Alors tu vois, ça va même avoir l'effet contraire.
- Si vraiment c'est vrai, je préfère ça. Bon, ben du coup je vais me forcer à regarder la Mélasse. C'est pas cool mais je vais le faire.

Le 19 au soir, l'ensemble des médias annonça à grand renfort de commentaires, la tenue pour le lendemain d'un séminaire de l'État-Major Dirigeant, chargé, sous la houlette du Chef-Président lui-même, de fixer les modalités législatives pour la mise en œuvre et l'exploitation du Casino Personnel. Et, afin de renforcer le sentiment de volonté inébranlable d'Estoppel-le-Miston de favoriser ainsi l'enrichissement de chaque citoyen, il fut précisé qu'il se tiendrait dans le Château de Broussailles près de Lutécie, symbole de la magnificence et de la splendeur gauloisiennes éternelles.

Le lendemain à 9 heures du matin, le Chef-Président, déjà arrivé au Château depuis plus d'une demi-heure, accueillit ses Lieutenants dans la salle de réunion préparée à cet effet, les invitant à se servir en café, thé et viennoiseries, délicatement posés sur une grande table nappée. Bien entendu, et comme toujours en pareille circonstance, Doudou-le-Filou le Premier Lieutenant, arriva largement avant tout le monde. Il le faisait systématiquement exprès, dans le seul but de pouvoir discuter quelques minutes en tête-à-tête avec le Chef-Président. Ce fut ensuite au tour de Crispite-la-Castagne de débarquer avec ses motards, toutes sirènes hurlantes, puisque, Lieutenant du Centre, chargé à ce titre et entre autres, de la surveillance des jeux dans les casinos traditionnels. Juste derrière lui, entra Brûlot-le-Marâtre, brillant Lieutenant de la Monnaie ainsi qu'il se qualifiait lui-même, en charge de la création et de la gestion des taxes mais aussi de l'exécution des prélèvements réputés les plus efficients. Puis, vint Murette-la-Pénible qui, de par sa fonction de Lieutenante de la

Tâche, serait par la suite chargée de suivre l'évolution du travail de la population besogneuse en regard de l'activité des Casinos Personnels, immédiatement suivie par Jo-Vonvon-le-Criant, Lieutenant de L'Écurie et du Business étranger, ambassadeur potentiel pour l'export. Et enfin, Frangy-le-Rugby, le « remplaçant transparent » comme aimaient à le surnommer les médias, que son poste de Lieutenant de la Transaction Métaphysique, destinait à contrôler le supposé impact sur la nature de cette nouvelle activité ludique accordée au peuple.

Impérial, Estoppel-le-Miston ouvrit la séance :

- Bien, ainsi que vous le savez, j'ai décidé de libéraliser le marché des casinos en autorisant tout un chacun à en ouvrir un chez lui. C'est la raison pour laquelle j'y ai ajouté l'adjectif « Personnel ». L'objectif principal de cette mesure est de faire remonter ma cote de popularité et du même coup la vôtre puisque comme vous le savez, elles ne sont aujourd'hui au beau fixe pour aucun de nous. Et ce n'est rien de le dire. En vingt mois, notre image s'est fortement dégradée, notre réputation restant toujours celle d'un État-Major Dirigeant privilégiant les riches. La prochaine élection Chef-Présidentielle est encore loin mais il nous faut malgré tout déjà y penser. Aussi ai-je réfléchi, conçu et annoncé ce CP dont je veux que nous examinions ensemble la meilleure stratégie de lancement ainsi que les règles d'exploitation à mettre en place. Le bébé se doit d'être attirant pour pouvoir en retirer les bénéfices avec les lauriers associés. C'est la raison pour laquelle je vous ai convoqués à ce séminaire.

Doudou-le-Filou prit la parole :

- En tant que ton Premier Lieutenant et à ce titre, je voudrais te faire part de ma profonde satisfaction en te disant que c'est une super idée. On imagine facilement l'engouement que ça va provoquer. Tout le monde va vouloir s'enrichir en y allant de sa machine à sous mais aussi, et c'est ça ton génie, de sa table de jeux…

- Arrête, coupa Estoppel-le-Miston, tout ça je le sais. On dit quoi et on fait comment pour expliquer ? Qui veut exposer ses idées ?

Le silence s'abattit autour de la table.

- C'est tout ce que vous avez à raconter ? S'impatienta le Chef-Président après avoir laissé quelques instants de réflexion.

- Moi, je veux bien faire des propositions, commença Brûlot-le-Marâtre mais à part celle de mettre en place une taxe spécifique sur les jeux de ces CP, je ne vois pas trop ce que l'on peut faire de plus.

- C'est déjà mieux que rien, approuva Estoppel-le-Miston. Pour les taux de prélèvements on verra à la fin car ça va encore fâcher. Tu l'appellerais comment cette taxe ?

- Je ne sais pas moi, tu me prends un peu au dépourvu.

- Pourquoi pas « Taxe sur la Valeur des Jeux » qu'on appellerait TVJ, intervint Murette-la-Pénible, ce serait plutôt sympa non ? Après tout, la TVA repose bien sur la valeur ajoutée des objets et des services, alors pourquoi ne pas créer une taxe calculée sur la valeur des jeux ?
- Tous les jeux sont déjà taxés et même très correctement, remarqua Brûlot-le-Marâtre.
- Je sais, tu me prends pour qui ? Répliqua la Murette. L'argument, c'est de dire que le jeu sur CP est un service dégageant une valeur ajoutée supplémentaire qui lui est propre, puisqu'il permet dans un environnement personnel de gagner de l'argent sans rien faire. À ce titre, il lui faut donc sa taxe. Et sa taxe, c'est la TVJ. Et voilà !
- On oublie, trancha le Chef-Président. Le peuple va se plaindre que c'est encore un impôt supplémentaire.
- Mais non, au contraire, il nous félicitera de nous préoccuper de la bonne santé des finances publiques, affirma Brûlot-le-Marâtre.
- J'ai dit on oublie, donc on oublie, s'énerva le Chef-Président. Bien, qui d'autre a une idée ?

Personne ne se manifestant, il enchaîna furieux :

- Vous êtes tous des nuls de chez nuls. J'en étais sûr, quel vide intégral. Le Criant, toi qui as la charge de promouvoir le business de la Gauloisie à l'étranger, tu n'as rien à dire ?

Jo-Vonvon-le-Criant qui avait été obligé de se lever de bonne heure pour se rendre au séminaire et qui de ce fait s'était légèrement assoupi, s'ébroua en entendant son nom.

- Tu m'as appelé Estoppel ?

Vu son grand âge, il était le seul à avoir le privilège de pouvoir faire de petites siestes durant les réunions.

Préférant ne pas insister, Estoppel-le-Miston enchaîna directement :

- Puisque je ne suis entouré que de cervelles vides, je vais vous dire ce que nous allons faire. Ce sera en quatre temps, comme une valse, ne put-il malgré tout s'empêcher de plaisanter.

Premier temps : on explique comment mettre en place un Casino Personnel et surtout comment le déclarer aux autorités policières et fiscales.

Deuxième temps : on communique la liste des jeux autorisés à être exploités dans un Casino Personnel.

Troisième temps : on diffuse sur les réseaux sociaux un rapport officiel indiquant la valeur moyenne de ce que permettra de faire gagner à ses propriétaires un Casino Personnel bien géré. Ce ne seront que des estimations mais on va y mettre le paquet. Il faut que ça décoiffe tout en restant crédible.

Quatrième et dernier temps : on met en place et on propose une formation facultative et gratuite de croupier de casino. Chaque personne ouvrant un Casino Personnel et qui le souhaitera, pourra la suivre. Slogan associé : « Une bonne formation améliore la rentrée de pognon ».

Alors ? Ça vous scotche non ?

- C'est formidable, s'enthousiasma Jo-Vonvon-le-Criant, voulant se rattraper du loupé précédent.
- En fait, je verrai les détails avec mon ami Siphon-le-Bernacle, poursuivit le Chef-Président. Lui, au moins, a plein d'idées. Maintenant, ce que je demande à chacun et à chacune d'entre vous, c'est de se répandre dans les médias en déclarant que le séminaire s'est super-bien passé, qu'il a été très constructif, que l'on a beaucoup progressé et que l'on a ainsi pu définir les actions à mener pour mettre en place cette libéralisation salutaire de l'activité casino. Comme d'habitude, vous n'oublierez pas de vous extasier devant l'excellente ambiance de travail ayant permis de finaliser si rapidement le projet. Vous terminerez en précisant que je ferai une allocution le mardi 29 au journal de vingt heures, au cours de laquelle je détaillerai l'ensemble des mesures que nous avons prises et planifiées pour exécution lors du Conseil des Lieutenants.

Dès le lendemain il demanda à Siphon-le-Bernacle de venir à l'Étable car il voulait, sans lui en dire plus par téléphone, lui parler de quelque chose de très important.

Habitué à être sollicité fréquemment par le Chef-Président, il s'annonça nonchalamment aux huissiers et fut aussitôt introduit dans son bureau.

- Bonjour, qu'est-ce qui se passe ? Commença-t-il. Il y a le feu dans la prairie que tu me fasses venir si tôt un lundi matin ? Tu parles d'un début de semaine.
- Non, il n'y a pas le feu. J'aimerais simplement que tu planches sur mon projet de Casino Personnel. Comme tu l'as probablement entendu, je dois le présenter à la télé le 29.
- Je croyais que tout avait été bouclé hier au cours de votre séminaire ?
- Ça, c'est pour la galerie et le bon peuple. En vérité, il n'en est absolument rien sorti. La bande de rigolos que j'avais autour de moi n'a même pas été capable de pondre une seule idée. Tu te rends compte à quel point je suis bien entouré ?
- En même temps, c'est toi qui les as choisis.
- Exact, admit le Chef-Président mais c'est tellement dur d'assurer une certaine stabilité autour de moi que je suis obligé de racler les fonds de tiroir pour me trouver quelques groupies, qui d'ailleurs ne sont

que des alliés opportunistes. Je ne peux quand même pas n'avoir que des ennemis.
- C'est sûr, approuva Siphon-le-Bernacle. Bon, il te faut ça pour quand ?
- Je viens de te dire que c'est pour la semaine prochaine et que je dois en communiquer toutes les modalités le 29.
- Je suppose que tu voudras qu'on en parle avant ?
- Non, je te fais confiance. Examine bien les aspects sous tous les angles et demande à ce que l'on t'explique les quatre temps que j'ai définis hier au séminaire. Pour ça, va voir Murette-la-Pénible. Même si je n'ai pas donné suite à ce qu'elle a proposé, c'est la seule qui l'ait ramené pour dire quelque chose d'à peu près intelligent.

Sorti du Palais de l'Étable, Siphon-le-Bernacle était plus que dubitatif. Sauver le patrimoine gauloisien dont Estoppel-le-Miston l'avait chargé était une chose, définir un processus complet d'activité avec ses règles et ses lois, était bien autre chose. Il se sentait quelque peu dépassé. Effectivement, il fallait qu'il se fasse briefer par la Pénible.

Sans même prendre rendez-vous, il se rendit directement au Ministère de la Tâche. Son amitié bien connue avec le Chef-Président lui ouvrait toutes les portes. Heureusement, Murette-la-Pénible était à son bureau.
- Bonjour Siphon, que puis-je faire pour toi ?
- Je sors de chez Estoppel, il m'a chargé de définir les règles pour la mise en œuvre de son projet de Casino Personnel. D'après lui, tu serais la plus compétente pour m'aider sur le sujet.
- Tu parles, il m'a rembarré comme une vieille chaussette. Enfin, si c'est ce qu'il souhaite, je vais le faire.
- Je n'en doutais pas.
- Tu veux commencer quand ?
- Maintenant j'ai du temps de libre. En plus comme c'est pour le 29, il ne faut pas traîner.
- Eh, mais j'ai du travail moi aussi. J'ai plusieurs entreprises qui délocalisent et une qui relocalise. Il faut bien que je gère tout ce bazar.
- Laisse tomber, tu feras ça plus tard.
- Si vraiment je ne peux pas faire autrement, je dirais que c'est de ta faute. Tu as besoin de quoi ?
- Que tu m'expliques en détail le projet de Casino Personnel et surtout, ce en quoi consistent les quatre temps définis par Estoppel.

Elle lui donna le peu d'informations dont elle disposait sur le contenu ainsi que sur le découpage des phases tel que le Chef-Président l'avait exposé.

- On va faire ça de manière ordonnée en reprenant les quatre temps et en les détaillant, exigea le Bernacle. Fais venir les plateaux-repas, et avec de l'eau plate s'il te plaît.

Trois heures plus tard, Siphon-le-Bernacle sortait de chez Murette-la-Pénible. Il avait pris tout un tas de notes qu'il allait devoir analyser pour pouvoir définir un projet finalisé satisfaisant. Après, il le présenterait à Estoppel-le-Miston.

Le 28, il se retrouvait dans le bureau du Palais de l'Étable en compagnie du Chef-Président. Bien que celui-ci lui ait répété que ce n'était pas la peine, il avait malgré tout tenu à lui en parler, même à la veille de son intervention puisqu'il n'avait pas pu faire plus vite. Ses multiples activités dans le monde des médias, télé et radio, ses nombreuses interviews dans la presse écrite ainsi que les publicités diverses et variées qu'il assurait en permanence, le surbookaient très largement.

- Bon, je t'ai préparé un petit diaporama que je vais te commenter. En fait, j'ai repris ta suggestion d'appeler cette nouvelle activité : Casino Personnel. Nous en ferons la publicité en vulgarisant l'acronyme CP pour en vanter les mérites. Il activa le diaporama.

Ton premier temps : on explique comment mettre en place un Casino Personnel et comment le déclarer aux autorités.

C'est parfait sur le principe, à condition d'indiquer d'abord ce que l'on va pouvoir faire dans cette activité. D'où la nécessité d'inverser les facteurs et de commencer par le « temps » suivant. On commence donc par :

Ton deuxième temps qui devient le premier : définir les jeux pouvant être exploités dans chaque Casino Personnel.

Là, tu expliqueras dans le détail en quoi consiste chacun des jeux que l'on trouve dans un casino traditionnel. Je reprends ta liste. Tu décriras ce qu'est une machine à sous, ce que sont, la roulette et la boule, comment on peut gagner aux jeux de cartes de type poker, baccarat et tout le reste. Je t'ai développé les points importants sur lesquels tu n'auras qu'à insister, sachant qu'à chaque fois sera placée derrière toi en fond d'écran, une photo du jeu dont tu seras en train de parler. Il faut qu'à la fin, ton téléspectateur ait envie d'exploiter mais aussi d'aller dans un Casino Personnel pour y jouer. Ça doit marcher dans les deux sens.

Après et après seulement, tu développeras ton ex-premier temps devenu le deuxième en insistant sur la facilité qu'il y aura à ouvrir un CP. Dans la diapo suivante, je t'ai défini un argumentaire très simple :

Mise en place : on achète une machine à sous et au moins une petite table de roulette sans même avoir besoin d'un local dédié. Dans le salon ou dans la salle à manger, on les y installe sachant que l'on peut aussi le faire dans une chambre ou dans une cave. Pour les jeux de cartes, c'est encore plus simple. La table de la cuisine ou de la salle à manger suffit pour recevoir l'appareil de distribution et son tapis. Tu vois, il faut absolument que tout le monde se dise : « Pas de problème, je peux le faire et je vais le faire ».

Déclaration aux autorités : on clique sur www.policedesjeux.fr et on remplit le formulaire d'ouverture. Dès sa validation on a le droit d'ouvrir son CP au public. Pas besoin d'aucune autre formalité.

- Parfait, et pour ceux qui n'ont pas Internet ?
- J'y ai bien entendu pensé. Il y a toujours de vieux schnocks imperméables aux nouvelles technologies. Pour ceux-là, tu ajouteras simplement qu'il leur suffira de se rendre dans n'importe quel commissariat de police et de remplir le même formulaire, qui une fois tamponné par le préposé, aura la même valeur que sa validation sur Internet.
- Pas mal en effet, apprécia le Chef-Président.
- Maintenant passons au plus important :

Ton troisième temps : combien rapporte en moyenne un Casino Personnel bien géré. Le slogan que tu auras en leitmotiv : « L'investissement engendre le gain ». Et là, tu montreras le côté très lucratif des machines à sous, en dévoilant l'application sur chaque enjeu, d'un prélèvement automatique de 40 % au seul bénéfice de l'exploitant. Surtout pas plus pour ne pas décourager le joueur, sachant que ce n'est quand même pas mal. Sur 100 euros de joués, il y aura donc 40 euros qui resteront dans les poches du CP. Pour la roulette, c'est un peu différent, le joueur d'un numéro n'ayant seulement qu'une chance sur 36 de gagner et qu'une chance sur deux s'il joue les bandes, le gain du CP se fera directement sur les mises perdantes.

- Dis donc, t'es drôlement balaise sur les jeux toi, s'étonna Estoppel-le-Miston.
- C'est normal, tu sais bien que je fréquente régulièrement le Chef-Président du Royaume de Monade.
- Ah oui, c'est vrai.
- Donc, cette chance sur 36 du joueur laisse les 35 autres qu'il joue au seul profit du CP et la chance sur deux en laisse la moitié.
- T'es sûr ?
- Non mais ça ne fait rien. Comme c'est technique et qu'il y a plein de chiffres sur lesquels la majorité des Gauloisiens ne comprennent

rien, ça passera tout seul. Après, n'oublie surtout pas de parler aussi des tables avec jeux de cartes. Le profit en est plus difficilement quantifiable, ce qui d'ailleurs n'a aucune d'importance puisque l'on sait très bien qu'il est toujours plus que confortable. Pour terminer il te suffira d'affirmer qu'ainsi, à l'issue de chacune des parties ayant lieu dans ses locaux, le CP se mettra un beau pactole dans la poche.

- C'est vague.
- Aucune importance. Ça viendra à la fin, juste après ton baratin sur les machines et la roulette. Les gens n'y verront rien.
- Tu parles comme la Mélasse.
- Là, tu me vexes ! Ce que je veux simplement te dire, c'est que pour les jeux de cartes, quand tu parleras du profit final, reste bien dans le flou artistique du fût du canon. Comme ça tout le monde ne gardera en tête que les bénéfices importants dégagés sur les autres jeux.
- Moi, je veux bien, mais dans mes cours de marketing quand j'étais à l'école, on m'a appris qu'il fallait toujours terminer sur ce que l'on voulait que le client garde de présent en tête. On m'a également dit qu'il fallait réserver le plus alléchant pour la fin, de manière à ce que celui que l'on cherche à convaincre reste sur la meilleure impression possible.
- Si tu veux, concéda le Bernacle. Dans ce cas tu n'auras qu'à inverser. Commence par les cartes et termine par le reste. En tout cas, je t'ai préparé une petite simulation pour que tu puisses la replacer lors de ton exposé.
  Voilà, je suis parti d'une mise de 40 euros sur machine à sous et de 50 euros sur roulette. Si des amis qui viennent déjeuner ou dîner à la maison veulent s'amuser, c'est quand même le minimum. Résultat : un gain pour le CP de 16 euros sur la machine et de 48,61 euros sur la roulette, soit un total de 64,61 euros. Ça flashe, ça non ?
- Là aussi, t'es sûr.
- Pas plus que tout à l'heure mais à peu de chose près c'est ça. Tu sais, le principal c'est d'être crédible.
- Sur ce point, tu as raison.
- J'ai aussi quelques diapos sur ton quatrième temps : une formation facultative et gratuite de croupier de casino, proposée à chaque Gauloisien ouvrant son CP et souhaitant la suivre. Là, tu n'auras pratiquement rien à rajouter. Tout est dit dans les deux termes « facultative » et « croupier », sauf peut-être à y intégrer une petite touche féminine en utilisant les termes : croupière et gauloisienne.
- Pas mal, pas mal du tout, apprécia le Chef-Président. Tu as fait du bon travail.
- Merci. Attends, je n'ai pas fini.
- Ah bon ?

- Oui, il faut maintenant regarder comment tu vas pouvoir imposer au sens impôt du terme, cette nouvelle activité. On libéralise mais en même temps on s'assure que le Trésor Public y gagne quelque chose.
- C'est vrai, j'allais l'oublier.
- J'ai préparé les dernières diapos avec Brûlot-le-Marâtre. Sur ce point attention, tu devras rester vague dans ta présentation, sinon on risque de se prendre un scud en retour.
- Donc, je n'en parlerai pas.
- Au contraire, si tu ne le fais pas, le château de cartes s'écroulera et tu perdras toute crédibilité. Qui pourrait croire qu'on libéralise sans taxer ? Personne.
- Dans ce cas je dis quoi ?
- Je t'ai découpé ça en deux. Ce que tu ne diras pas et ce que tu diras. D'abord ce que tu ne diras pas : chaque enjeu se traduira par le prélèvement forfaitaire d'une taxe de 5 % qui, pour la redistribution des gains, viendra en déduction du montant joué. On fera ça sur le cumul des jeux de chaque période de 24 heures.
  Exemple sur une machine à sous : enjeu réel de la journée 80 euros moins les 5 % forfaitaires, restent 76 euros à redistribuer à hauteur de 60 %, soit 45,60 euros.
- Ça va se voir qu'il manque 4 euros dans la redistribution.
- Penses-tu. Dans l'euphorie des gains, qui plus est répartis sur la journée, comment veux-tu que quelqu'un s'en aperçoive ?
- C'est de l'arnaque ? S'offusqua le Chef-Président.
- Qu'est-ce que tu racontes ? Tu sais bien que je ne suis pas comme ça. En fait, on va le leur dire, mais autrement.
- Je préfère ça. Tu me connais toi aussi, j'ai horreur du mensonge.
- Tu ne mentiras pas, on va simplement marketer le truc. Attends, avant je termine, je n'ai pas fini de t'expliquer. Donc, chaque soir, le virement du montant prélevé pour la période des 24 heures, sera effectué sur le compte du Trésor Public et le tour sera joué.

  Le Chef-Président applaudit.
- Bravo, je répète, c'est du bon travail. Ce que tu viens de m'expliquer c'est ce que je ne dis pas. Et pour le reste, je dis quoi ?
- J'y viens. Tu ne peux pas en effet éluder la taxation. Tout le monde sait bien que le jeu est soumis à taxes. Donc, tu déclareras ceci :
  Sur les machines à sous, un petit prélèvement de 5 %, bien inférieur à celui pratiqué habituellement, et pour s'en convaincre il n'y a qu'à regarder ce qu'il en est aujourd'hui, sera effectué sur le global des masses jouées. Pour les autres jeux, comme dans les casinos traditionnels, le hasard fera son œuvre mais il sera en tout état de cause plafonné à 5 %. Là, tu ne mens pas et tu fais du marketing en habillant la mesure. Même si on ne sait pas, on se doute bien que le

pourcentage des prélèvements appliqués sur les jeux actuels est nettement supérieur à 5 %.

- Présenté comme ça, ça peut marcher. Mais dis-moi, tu n'y connais rien en taxes et autres subtilités fiscales, comment tu as fait ?
- Je te l'ai dit, j'ai eu une réunion avec Brûlot-le-Marâtre et j'ai dû bagarrer ferme. Il voulait prélever au minimum 30 %, au prétexte qu'il n'y a rien de plus improductif et amoral que le jeu.
- Il ne changera jamais celui-là, déplora le Chef-Président. Qu'est-ce que tu lui as sorti pour réussir à le convaincre ?
- Facile, j'ai improvisé en lui assurant que ce ne serait que 5 % au début mais que rapidement, une fois les Casinos Personnels bien implantés, on augmenterait jusqu'à arriver à un pourcentage qui lui paraîtrait conforme à ce qu'il souhaitait.
- Bien joué. Je vais réviser tout ça pour être impeccable demain soir.
- Tu es toujours impeccable, ne put s'empêcher de fayoter Siphon-le-Bernacle.

Le soir de ce 29 janvier, Estoppel-le-Miston entra lentement dans les studios de Télévision Gauloisienne 1, montrant une certaine majesté et même, pourquoi ne pas le reconnaître, une majesté certaine. Il avait, comme à son habitude, choisi TG1 car il ne supportait que difficilement la servilité du service public. Non pas qu'il n'aimât pas les flagorneries que se croyaient obligés de lui débiter les serviteurs publics des organes médiatiques mais il ne s'y sentait pas à l'aise. Ce n'était pas son monde. Pour l'heure, il avait décidé de se déplacer en studio plutôt que de recevoir les journalistes dans son bureau de l'Étable. Par rapport à ce qu'il avait à dire, TG1 faisait plus proche du peuple que l'ambiance cérémonieuse et feutrée du Palais de l'Étable, image de la déconnexion du pouvoir avec les réalités de la vie quotidienne. Dès l'ouverture de l'édition du journal de vingt heures, la présentatrice Abri-la-Crêpe-Marante se leva pour l'accueillir et le conduire à la place de l'invité. Elle n'allait pas s'y mettre elle non plus, pensa Estoppel-le-Miston. Je suis assez grand pour y aller tout seul.

- Bonsoir Monsieur le Chef-Président, très heureuse de vous recevoir sur notre plateau, lança-t-elle une fois celui-ci installé.
- Autant pour moi, Mademoiselle la Crêpe-Marante. Vous savez combien j'adore me déplacer pour venir vous voir, plutôt que de rester enfermé dans mon bureau à l'écart de tout.
- Merci, croyez que je suis particulièrement flattée que vous ayez choisi TG1 pour venir faire une déclaration à nos concitoyens.
- Il ne s'agit pas d'une déclaration. Je souhaite seulement expliquer en quoi consiste la libéralisation de l'activité des casinos que nous allons finaliser au plus tôt. Voilà, Gauloisiennes, Gauloisiens, une ère nouvelle arrive. Nous allons tous ensemble nous diriger vers la mise

en place d'une activité ludique et surtout lucrative pour chacune et chacun d'entre nous, activité dont il n'existe de par le monde aucun modèle équivalent. De quoi s'agit-il ?

Vous vous souvenez de ma promesse que je vous avais faite lors de la présentation de mes vœux au pays. J'avais indiqué de manière succincte mais avec fermeté, que j'allais libéraliser l'activité des casinos en autorisant chaque citoyen à installer et à exploiter un, voire plusieurs Casinos Personnels, encore appelés CP. Eh bien, nous y sommes. Le moment est venu d'agir et de mettre en œuvre cette libéralisation créatrice de richesses.

Il se lança ensuite dans la description et les explications relatives aux quatre temps qu'il souhaitait pour cela, voir se dérouler. Lorsqu'il eut terminé, il enchaîna sur la manière dont serait officialisée l'opération.

- Ainsi que j'en ai l'habitude, j'agirai par ordonnances. Nous éviterons ainsi la perte de temps en discussions interminables à la Chambre des Démoulés. Ces ordonnances sont déjà rédigées et je les signerai demain au cours du Conseil des Lieutenants.

- Ce CP paraît très alléchant, se hasarda à plaisanter Abri-la-Crêpe-Marante.

- Vous avez tout compris, enchaîna le Chef-Président que l'enthousiasme affiché de la présentatrice enchantait. Je terminerai en disant : Gauloisiennes, Gauloisiens, ne passez surtout pas sans en profiter, à côté de cette nouvelle opportunité fabuleuse mise à votre disposition. Elle est là ou plutôt elle sera très bientôt là pour vous permettre de gagner de l'argent, beaucoup d'argent qui, ainsi que le dit le dicton, « Ne fait pas le bonheur mais y contribue très fortement ». Croyez-moi, un bon CP bien installé et donc profitable, vaudra mieux que pas de CP du tout. C'est pourquoi je souhaite à toutes et à tous une excellente soirée pleine de rêves dans lesquels le ruissellement des pièces d'argent coule à flots.

- Le nombre de CP sera-t-il limité à un seul par foyer ?

Il prit aussitôt la mine sévère de circonstance :

- Je libéralise, ce n'est pas pour limiter. Rien ne sera limité. Chaque citoyen aura le droit de posséder autant de Casinos Personnels qu'il le souhaitera. Il pourra en installer dans sa résidence principale, dans sa résidence secondaire voire tertiaire, dans un box et même dans une cave extérieure ou que sais-je encore ? L'objectif final est bien de permettre au peuple gauloisien, de prospérer et de s'enrichir, chacun exploitant ses propres CP. C'est tout.

- C'est tout et c'est fabuleux, renchérit Abri-la-Crêpe-Marante.

Sans transition, il conclut :

- Merci pour votre accueil Mademoiselle la Crêpe-Marante et surtout, profitez-en bien vous aussi.

De retour au Palais de l'Étable, Estoppel-le-Miston était content de sa prestation. En ne faisant pratiquement aucun commentaire, la Crêpe-Marante s'était montrée à la hauteur, et lui, était certain que les explications qu'il avait données s'étaient avérées très claires. Pourvu maintenant que le peuple adhère en installant de très nombreux CP.

L'avenir le dirait. Il était parfaitement conscient qu'il allait lui falloir mettre en place un véritable plan de campagne afin de promouvoir cette opération pour laquelle, comme d'habitude, il ne pourrait compter que sur lui-même. À l'exception évidemment de Benji-le-Grivois et de Crispite-la-Castagne, ses deux alliés inconditionnels de toujours, qui eux au moins avaient pour habitude de lui suggérer de bonnes idées. Pourquoi fallait-il que les autres soient tous aussi fadasses ? C'était vraiment le qualificatif qui leur allait le mieux. Ils étaient pour la plupart intelligents mais peu malins, ne représentant de fait que des associés de raison et surtout d'intérêts.

Et que dire du premier d'entre eux, Doudou-le-Filou, le plus grand par la taille et de loin le plus translucide. Qu'est-ce qu'il avait apporté comme idées ? Le néant intégral. Son flou et sa transparence n'avaient d'égal que sa prolixité à parler pour ne rien dire. Autant dire la réussite sur toute la ligne d'une magnifique inexistence quasi-totale. Quant aux autres, ce n'était guère mieux. Il savait très bien qu'ils ne l'avaient tous rallié lors de son élection pliée d'avance, que pour pouvoir en tirer leur propre bénéfice.

Quelle tristesse que d'avoir tant de monde autour de soi et de ne disposer que d'aussi peu de soutiens sincères.

Dans son analyse de la situation, Estoppel-le-Miston était de ce fait partagé entre la confirmation qu'il ne trouverait que très peu d'aide dans son entourage Chef-Présidentiel et le coup du CP qui lui donnerait à coup sûr une image populaire auprès de la Gauloisie d'en bas. Il n'aimait pas d'ailleurs cette appellation quelque peu méprisante d'une partie du peuple gauloisien. « En bas », c'était vraiment dévalorisant. Pourtant, il était bien obligé de constater que cette Gauloisie qualifiée ainsi, existait bel et bien. Ses conseillers à l'unanimité lui disaient la même chose, lui rabâchant constamment qu'il lui fallait plaire à cette frange très conséquente de l'électorat. Il ne devait donc surtout pas les négliger et encore moins les déranger. Pour exemple, ils ne manquaient jamais de lui rappeler comment Francesco-le-Batave s'était fait ramasser en n'osant même pas se représenter pour s'être trop coupé de sa base populaire.

Sans compter que depuis le début, il était étiqueté comme le Chef-Président des riches. Que c'était désagréable. Et pourquoi des riches ? Pourquoi pas des jeunes, des vieux ou de n'importe qui ? Bien sûr, il reconnaissait avoir été assez maladroit en commençant son règne par la suppression de quelques impôts aux plus fortunés, mais de là à lui coller ce qualificatif, il ne fallait rien exagérer.

Sur ce, il rentra dans une profonde méditation, se demandant comment il allait pouvoir se débarrasser de ce sparadrap gênant. Peut-être le CP serait-il le remède miracle lui redonnant la virginité populaire qu'il souhaitait retrouver ? Il avait beau réfléchir, il ne voyait rien de mieux. Pour lui, le CP c'était béton. En même temps, il était d'accord au moins sur un point évoqué par la Mélasse dans son clip à la mords-moi-le-nœud : « Les riches ne jouent pas au casino », constat complété par : « ou bien s'ils y jouent, ce n'est pas pour s'enrichir ». La réalité, c'était que s'ils y allaient c'était pour faire semblant de vouloir gagner car dans leur for intérieur ils savaient très bien qu'ils finiraient toujours par perdre et qu'ils s'en fichaient puisqu'ils étaient riches. Alors que le pauvre, lui, cherchait vraiment à gagner par tous les moyens.

Il en était là de sa réflexion, lorsque Gibritte-le-Miston passa son nez par la porte du bureau. Il lui demanda ce qu'elle avait pensé de sa prestation :

- Comme à ton habitude, tu as été super. À mon avis tes CP vont faire un tabac. Vu, comme tu as expliqué l'argent que tout un chacun pourrait se faire avec, je pense que ta cote de popularité va remonter à la vitesse plus que grand V.
- Oui, hein, d'ailleurs, je ne vois pas ce que j'aurais pu faire ou dire de mieux.

Elle éclata de rire :
- N'exagère pas, on peut toujours faire mieux.
- Évidemment, sauf que là c'était parfait.
- Bon, Il est tard, tu ne veux pas venir te coucher ?
- Tu rigoles, il est à peine minuit. Tu sais bien que je ne dors pas beaucoup. En fait, je me disais que j'allais devoir faire attention pour ma réélection de 2022.
- Ce n'est pas pour demain. Tu as encore bien le temps.
- Pas tant que ça. D'autant qu'avant, il va falloir que j'arrive à gommer cette histoire de riche qui me colle aux basques depuis le début. Ça va prendre du temps.
- Pas forcément. Comme je te l'ai dit tout à l'heure, avec tes CP, tu devrais rapidement pouvoir reprendre du galon aux yeux des Gauloisiens.
- Puisses-tu dire vrai. En tout cas, pour l'instant je suis assez satisfait de la tournure que prennent les choses.

Il s'interrompit quelques instants, puis conclut :
- Il est tard mais je tiens quand même à fêter ça tout de suite. Vas-y, Gibritte, fais-nous encore péter une bouteille de champagne.

Février 2019

Ce fut un enchaînement impeccable. La Congrégation nationale, organe législatif du pays, avait tout de suite voté la loi d'habilitation des CP. Dans la foulée, la ratification du texte de l'ordonnance qui en découlait en avait également été faite et, cerise sur le gâteau, le Concile d'État avait également donné son aval quasi immédiatement. Du coup, Estoppel-le-Miston avait aussitôt enchaîné sur les décrets d'application indispensables pour rendre opérationnelle l'ordonnance. Ainsi, tout était en ordre pour le lancement effectif et surtout officiel du Casino Personnel. Il n'y avait plus de temps à perdre. Restait maintenant à fixer la date à laquelle il ferait la déclaration solennelle attendue du pays tout entier.

Il décida que ce serait le 2 de ce mois, jour où normalement toutes les paies sont déjà virées sur les comptes bancaires des travailleurs. « Voilà une idée qu'elle est bonne », pensa-t-il en souriant.

- Qu'est-ce que tu en dis Gibritte ? Lui demanda-t-il. Elle avait du bon sens et son expérience de la vie gauloisienne n'était plus à prouver.
- Si tu veux que les paies soient toutes faites, tu vas devoir attendre un peu car il en manque.
- Ah bon ? Pourtant les paies sont en général virées entre le 25 et le 1er du mois suivant. En fait, c'est surtout qu'avec le prélèvement à la source que j'ai instauré, le salarié vient de recevoir sa première feuille de paie avec un net pour certains, très largement diminué. J'ai bien peur qu'une fois de plus ça rue dans les brancards. D'après le dernier sondage, il semblerait que le Gauloisien de base n'apprécie pas la baisse de son nominal, même si au final, ça ne change rien au total de l'année. Ce peuple est vraiment basique. Visiblement il ne comprend rien. Beaucoup pensent que c'est de l'argent en moins et je suis sûr que je vais encore voir ma cote baisser. C'est pour ça que je veux profiter de l'occasion pour annoncer l'officialisation du droit donné à tout un chacun, de mettre en place et d'exploiter des Casinos Personnels.
- Je comprends ta stratégie, mais tu oublies les retraités qui ne perçoivent leurs pensions que le 9 du mois.
- Flûte, tu as raison Gibritte, je ne pensais pas à eux. Remarque, pour ce qu'ils ont voté pour moi lors de mon élection. S'il n'y avait qu'eux, je ne serais pas là aujourd'hui.
- Tu te trompes. La plupart ont voté pour toi, petit jeune tout neuf, sauf que juste après tu les as matraqués. Je suis sûre que dans le lot, il y en a quand même encore bon nombre, qui comme moi, t'apprécient toujours.

- Tu crois ? Toi ce n'est pas pareil, tu es exceptionnelle.
- Je ne peux pas te dire le contraire, s'esclaffa Gibritte-le-Miston.
- Je crois que tu as raison. Je vais attendre le 10 pour être sûr que tout le monde ait bien reçu son salaire ou sa pension. Pour le coup, j'en ferai l'annonce dans une grande Conférence de Médias. Ça marquera mieux les esprits.

Le 10 étant un dimanche, la Conférence se tint au final le 11 à 15 heures, dans la traditionnelle salle du Palais de l'Étable. Malgré le temps, elle sentait encore bon le Charly-le-Magnifique, initiateur de cette pratique dans ce lieu devenu depuis mythique. Estoppel-le-Miston en était bien conscient. C'était la raison pour laquelle il tenait à respecter la règle.

La quasi-totalité des médias gauloisiens étaient présents. Il ne manquait personne. En plus, bon nombre de médias étrangers ayant eu vent du caractère incongru de ce qui devait être annoncé, s'étaient eux aussi déplacés. Retentissement mondial, ce n'était pas fait pour déplaire au Chef-Président. À moi d'être jupitérien en leur montrant de quoi je suis capable. Je vais tous les trouer, se dit-il en même temps qu'il rentrait dans la salle.

- Mesdames et messieurs, bonjour et bienvenue. Si je vous ai réunis, c'est pour vous annoncer le lancement officiel en Gauloisie du Casino Personnel. Celles et ceux qui ont suivi l'actualité et je sais que vous en faites toutes et tous ici partie, savent de quoi je veux parler. Le grand jour est enfin arrivé. Un vent de liberté va souffler sur le pays tout entier. Dès aujourd'hui, la libéralisation de l'activité casino devient effective. J'annonce donc solennellement, que chaque personne qui le souhaite, peut désormais ouvrir et donc exploiter autant de Casinos Personnels qu'elle le désire. Dès lors, je n'aurai qu'un seul mot à destination de nos concitoyens : « Enrichissez-vous, et enrichissez-vous le plus possible ». Mesdames et messieurs, je vais maintenant répondre à vos questions.

La séance dura ainsi plus de deux heures, avec pour certaines, des questions auxquelles il avait déjà auparavant répondu mais il se prêta de bonne grâce au jeu. Le sujet était d'une telle importance, que mieux valait cent fois qu'une.

Le retentissement fut mondial et dans le pays tout entier, les Castes adversaires de La Rabdologie En Mouvement se mirent en ébullition. N'étant pas celle du Chef-Président, il leur fallait se mettre rapidement sur les rangs afin de pouvoir bénéficier d'une partie du pactole que devrait générer l'activité CP. Comment ? Personne n'en savait rien. En revanche, ce qui était sûr, c'est qu'il allait y avoir de nouvelles opportunités pour faire de l'argent. Heureusement que le clip de la Mélasse, après un démarrage tonitruant, avait au final, fait un véritable flop. Flop discret, certes, mais flop réel quand même et ce, malgré les efforts publics de celui-ci pour en motiver le visionnage. À ce jour, personne n'avait pris la relève de la contestation des CP et après tout c'était tant mieux.

Ainsi, chacun des Gangs se mit-il à fourbir ses armes, préparant de fait sa riposte, en attendant les premiers retours d'expérience sur l'accueil et l'engouement des Gauloisiens tentant l'aventure.

Tout alla ensuite très vite. Dès la semaine suivante, la Caste des Repusmalins, sous la houlette de son Président Lorgnon-le-Vautré, fut la première à réunir ses troupes pour faire le point de la situation.

- Alors on fait quoi ? S'empressa-t-il de demander à son staff réuni autour de lui.

Rico-le-Wok, toujours en quête de se placer en première ligne proposa :

- Et si on faisait campagne pour dénoncer le tissu de mensonges du Chef-Président ? Le CP qu'il veut promouvoir pour soi-disant faire gagner de l'argent au bon peuple, va au contraire lui en faire perdre.
- C'est déjà dit, répliqua Lorgnon-le-Vautré. Tu n'as pas vu le clip de la Mélasse sur YouTube, il y raconte exactement la même chose ? Au lieu de te prélasser toute la journée, tu ferais mieux de te tenir informé.
- Je ne me prélasse pas, je réfléchis, et c'est vrai que je n'ai pas vu ce truc de la Mélasse.
- Qui a une idée ? Enchaîna le Vautré.

Hernie-le-Sciophyte prit la parole :

- Pourquoi ne lancerions-nous pas notre propre Casino Personnel ? Il serait estampillé Repusmalins et en même temps nous gagnerions de l'argent. Dans ma région, j'ai plein de casinos et je peux t'affirmer qu'ils marchent tous super bien. N'oublie pas que depuis notre déroute à la dernière Chef-Présidentielle, on est complètement fauchés.

Lorgnon-le-Vautré réfléchit quelques instants, puis enchaîna :

- En fait, sur le fond le CP c'est une bonne idée mais sur la forme je suis plus réservé. Si on devait comme n'importe quel gugusse en exploiter, je ne te dis pas la victoire dont pourrait se prévaloir le Miston. Il aurait beau jeu de dire que nous nous sommes ralliés à lui. Il y en a déjà assez des nôtres qui l'on fait pour qu'on ne lui donne pas une fois de plus l'occasion de nous chambrer.

À son tour Davier-la-Douille se manifesta :

- Moi, je partage complètement ton point de vue. On ne doit surtout pas se laisser faire. Je propose que nous allions casser chaque Casino Personnel qui ouvrira. Là, au moins, après on sera tranquilles.

- Tu dis vraiment n'importe quoi, répliqua le Vautré, quelque peu agacé par ces propos belliqueux. D'autres propositions ?
- Je t'assure que c'est une bonne idée, insista Davier-la-Douille. Une fois le travail terminé, il n'y en aurait plus aucun d'opérationnel. Du coup, le Miston verrait son beau projet tomber à l'eau, totalement désavoué par la population.
- Je préfère que tu te taises, la Douille, intima le Vautré.
- Puisque c'est comme ça, je m'en vais, conclut celui-ci, claquant la porte brutalement.
- Bon, redevenons sérieux, exigea le Chef des Repusmalins.
- Étant la seule femme de cette équipe, j'ai une idée, intervint Isatine-la-Calle-Sèche. Demandons à chacun de nos militants d'ouvrir un Casino Personnel et un mois après, de se déclarer en faillite. Ça nous permettra d'afficher un sacré gage de sérieux et par les temps qui courent, on en a bien besoin.
- Pourquoi pas ? Admit le Vautré. Le problème, c'est que dans ce cas on fait ce que souhaite le Miston, tout en accréditant ce que prétend la Mélasse. Ça fait un peu beaucoup, non ?
- Tu oublies aussi que ça amène la preuve concrète que le projet du Miston est pourri.
- Argument choc en effet mais tant pis. On va lancer l'opération via les réseaux sociaux. Charge au maximum notre page Facebook pour inciter chacun de nos sympathisants à ouvrir des CP et de nous en informer dès qu'ils deviennent opérationnels. Après, nous irons les voir un par un pour leur demander d'annoncer une faillite les obligeant à tout fermer. Ouais, c'est pas mal. Un peu lourd à gérer mais pouvant donner des résultats. Le principal, c'est d'arriver à décrédibiliser le Miston aux yeux des Gauloisiens.

Dans le même temps Livet-le-Foret qui avait réussi tant bien que mal, à reconstruire la Caste des Penseurs Satisfaits, se demandait s'il fallait ou non réagir à cette nouvelle offensive du Chef-Président. Devait-il ne rien faire ? Ou bien au contraire, devait-il mettre en place une contre-offensive ? Il était perplexe et se sentait seul. Depuis 2017, les Penseurs Satisfaits s'étaient défaits puis, sous son impulsion, légèrement refaits. Aujourd'hui, ils vivotaient en attendant des jours meilleurs. N'était-ce pas le moment de se lancer dans une opération de reconquête du pays ?

Seulement voilà, il ne voyait pas qui pourrait le conseiller. Il réfléchit, passant en revue tous ceux susceptibles de l'aider. Francesco-le-Batave, bien que toujours prêt à revenir était véritablement hors-jeu depuis l'abandon de sa candidature à l'élection Chef-Présidentielle. Juju-le-Drain, bof, beaucoup trop primaire dans ses raisonnements. Guimauve-le-Bachotage, pas mal, bien que trop bas de gamme. Il n'avait jamais eu jusqu'à présent que de simples rôles d'animation, autant dire, rien de bien utile. Non, vraiment, il allait devoir une fois de plus ne pouvoir compter que sur lui.

Une brusque inspiration lui vint. Et s'il demandait à Harnois-le-Montecarlo. Il était un peu casse-pieds, mais toujours plein d'idées, ça, on ne pouvait pas le lui contester. Il décida de l'appeler et de lui exposer la situation :

- À ton avis, qu'est-ce qu'on peut faire ?
- Rien mon grand, rien.
- Je ne t'ai pas appelé pour entendre ça.
- Qu'est-ce que tu veux que je te dise d'autre. Le Miston a marqué un formidable point contre lequel il n'y a rien à faire.
- C'est gai.
- Eh oui, tu as raison.
- On n'a plus une thune, on n'a plus de logement à nous puisqu'on l'a vendu, nos encartés sont réduits à la portion congrue et plus aucun média ne veut de nous. La cata quoi.
- Je comprends mon grand, je comprends. Une fois de plus, qu'est-ce que tu veux que je te dise ?

Il s'interrompit un instant, puis reprit.

- Je pense à quelque chose.
- Vas-y, s'empressa le Foret.
- Pourquoi est-ce que tu n'achèterais pas une usine qui fabriquerait l'intégralité de l'attirail des Casinos Personnels, qu'il ne te resterait plus ensuite qu'à commercialiser pour t'en mettre plein les fouilles ?
- Tu es fou. Tu nous vois nous lancer dans un business pareil ?
- Et pourquoi pas ? Moi, je verrais bien une grande campagne de communication sur le thème « Le Miston joue l'étranger contre les Gauloisiens, nous, Penseurs Satisfaits, on fabrique gauloisien ». Ça sonne bien non ?
- Oui, ça sonne très bien mais là, c'est compliqué. En ce qui me concerne, je n'ai jamais réellement travaillé et je ne sais pas du tout comment on gère une entreprise.
- Moi je sais. Si ça t'intéresse, je peux m'en occuper.
- Ça demande réflexion. Et en admettant, tu auras besoin de qui ?
- Surtout de personne de chez toi, s'empressa Harnois-le-Montecarlo. Juste de la monnaie pour acheter une première usine. Après on verra.
- Tu sais bien que depuis la dernière Chef-Présidentielle, on est à sec.
- Désolé, alors dans ce cas, je ne peux rien pour toi.
- Attends, attends, je vais voir si je ne peux pas gratter les fonds de tiroirs et te trouver un peu d'argent pour nous payer ça.
- Il en faut plus qu'un peu. Dès que tu seras suffisamment garni, appelle-moi. Après je m'occuperai de tout. En attendant, débrouille-

toi pour récupérer un max de fonds mais fais vite car les autres ne vont certainement rester les deux pieds dans le même sabot.

Livet-le-Foret était content. Quelle inspiration géniale que d'avoir fait appel au Montecarlo. Lui au moins savait toujours ce qu'il fallait faire. En plus, fabriquer gauloisien avait toujours été sa marque de fabrique. C'était le cas de le dire. Un sourire vint ponctuer ce jeu de mots qu'il venait de se faire à lui-même. Les Penseurs Satisfaits devaient donc commencer dès aujourd'hui leur prospection pour trouver de l'argent. Acheter une usine serait en effet génial. Ils pourraient du même coup montrer leur réelle volonté de participer au développement de l'industrie gauloisienne.

Les jours de février s'écoulaient paisiblement au Palais de l'Étable et dans tout le pays, rendant ainsi presque sympathique la vague de froid qui venait de s'abattre sur l'ensemble des régions. Si réchauffement climatique il y avait, ça n'était pas pour les Gauloisiens mais bien pour le reste de la planète. Soudain, alors qu'Estoppel-le-Miston lisait les notes du jour que lui avaient préparées ses collaborateurs, Crispite-la-Castagne venu directement de son bureau de la Place Bellevache dès qu'il avait appris la nouvelle, entra en trombe, l'air totalement hébété.

- Qu'est-ce qu'il t'arrive ? S'inquiéta le Chef-Président.
- J'avais demandé pour aujourd'hui un bilan sur l'installation de tes CP, nombre, activité et tout le bazar. Il y a quand même près de deux semaines que tu as signé tous les papiers et tu sais quoi ?
- Non, évidemment.
- Il n'y en a que deux qui ont fait l'objet d'une déclaration d'ouverture et tu sais quoi ?
- Toujours pas, tu peux me la faire courte ?
- Oui, désolé Estoppel, je suis tellement abasourdi par ce que je viens d'apprendre.
- Tu te décides ou quoi ? S'impatienta le Chef-Président.
- J'ai enquêté pour en connaître la raison. C'est tout bête, les gens ne savent pas où acheter le matériel.
- Comment ont fait les deux qui en ont installé ?
- D'après ce qui m'a été rapporté, ils auraient trouvé des équipements de casino d'occase sur Internet.
- Je n'avais pas pensé à ça. On peut se les procurer où, ces machins neufs ?
- Pour l'instant, les industriels qui les fabriquent n'en vendent qu'aux casinos traditionnels, pas aux particuliers.
- Va falloir qu'ils changent.
- On fait comment pour les convaincre ?
- Je ne sais pas moi. En tout cas, on ne leur demande surtout pas leur avis, on se contente de changer directement la loi. C'est toi qui es

chargé de discuter en mon nom avec les élus du Parloir. Alors débrouille-toi mais fais vite. Nous sommes déjà dans la dernière semaine de février et si j'en crois ce que tu me racontes, ce n'est pas glorieux.

- Je vais voir ce que l'on peut faire. Qui pourrait me conseiller ?
- Demande à Beffroi-Ronge-le-Bestiau. Comme il a remplacé l'année dernière Piépié-le-Gâteux, c'est lui qui maintenant supervise les entreprises du pays.

À peine sorti, Crispite-la-Castagne décida de se rendre tout de suite au siège du Mousseron des Entresols DE Frangipane pour en discuter avec le Bestiau. Il était tellement concentré sur ce qu'il allait dire, qu'il en oublia en entrant, de saluer le Chef du Mousseron.

- On a un gros problème, Beffroi.
- Tu pourrais au moins dire bonjour non ? S'offusqua celui-ci.
- Excuse-moi, je suis un peu perturbé par ce que je viens d'apprendre.
- Tiens donc ! Qu'est-ce que vous avez encore fait comme bêtises ?
- Rien de particulier, répondit la Castagne, sauf qu'il n'y a pas de matériel à vendre pour équiper les CP.
- Je n'y comprends rien. Recommence depuis le début et explique, parce que pour l'instant, je ne vois pas où tu veux en venir.

Crispite-la-Castagne commença à décrire et à expliquer la situation de pénurie que vivaient les particuliers qui voulaient commencer une activité de Casino Personnel.

- Lol, s'esclaffa le Chef du Mousseron, histoire de se montrer dans le coup. Vous ne changerez donc jamais. Vous, comme les autres, vous faites toujours n'importe quoi. Comment avez-vous pu lancer cette opération sans même vous soucier de la logistique ? Quand on veut mettre en place une nouvelle activité, faut-il encore s'en donner les moyens. Si je comprends bien, vous voulez que je vous trouve un approvisionnement régulier en matériel de casino.
- Non, pas pour nous, simplement pour que les Gauloisiens puissent facilement trouver à en acheter sur le marché.
- C'est bien ce que je voulais dire, s'énerva quelque peu Beffroi-Ronge-le-Bestiau. Tu te doutes que je ne peux évidemment pas te répondre comme ça. Je t'appellerai d'ici ce soir.
- Sûr ? C'est très urgent.
- Si je te dis ce soir, ce sera ce soir et surtout que ça vous serve de leçon. Vous êtes vraiment de jeunes impétueux, sans rien dans la cervelle.

Vers 23 heures, Beffroi-Ronge-le-Bestiau fidèle à sa parole, appela Crispite-la-Castagne.

- Malgré le décalage horaire, personne ne dort lorsqu'il s'agit de business. Je t'ai trouvé quelque chose. Ça vaut ce que ça vaut, mais ça devrait pouvoir le faire. D'abord, il faut que tu saches que même s'il en existe quelques-uns, il n'y a pas énormément de fabricants dans le monde pour ce type d'articles. Pas en Gauloisie en tout cas, le plus gros se trouvant en Allemagne. Quelques autres sont répartis dans divers pays à travers la planète.

- Donc, on a ce qu'il faut ? S'empressa Crispite-la-Castagne.
- Attends, je n'ai pas fini. Le seul problème, c'est que c'est très cher. Tu n'auras donc que peu de Gauloisiens qui voudront ou qui pourront se lancer dans un tel investissement, qui plus est, pour un profit inconnu. Du coup, j'ai recherché des « pas chers » un peu partout. Là, le choix est restreint. Je t'ai malgré tout dégoté un fabricant Chinois bon marché. Je ne te garantis pas la qualité, par contre, il s'engage sur la quantité quelle qu'elle soit.
- Pas mal. La qualité on s'en fout. Du moment qu'on peut l'acheter, on peut démarrer le CP, le reste n'a aucune importance.
- Comme tu veux. Je vais t'envoyer par SMS les contacts pour que tu puisses t'assurer avec eux d'un approvisionnement régulier sur la Gauloisie. Ah oui, et aussi que je n'oublie pas de te dire, ils veulent bien tout ça, mais à une condition.
- Laquelle ?
- Ils approvisionneront les particuliers à la seule condition de pouvoir ouvrir des bureaux sur le sol gauloisien. En plus, ils exigent que ce ne soit que des collaborateurs à eux qui managent l'intégralité des filières import et distribution de leurs articles. Ils ont argumenté, prétextant des raisons d'efficacité. Après tout, pourquoi pas, non ?
- Si ce n'est vraiment que ça, il n'y a aucun problème. J'aurais préféré qu'ils fabriquent ici, mais sinon, tant pis. Le principal c'est que nous soyons alimentés en matériel. Le reste n'a que peu d'importance.
- C'est bien ce que je me suis dit.

Beffroi-Ronge-le-Bestiau lui communiqua ensuite toutes les informations à diffuser aux Gauloisiens, leur permettant dès les accords formalisés, de se fournir en matériel de Casino.

Rassuré, Crispite-la-Castagne appela immédiatement Estoppel-le-Miston. Quelle que soit l'heure, une telle bonne nouvelle ne pouvait pas attendre. Celui-ci le félicita, lui recommandant de gérer le dossier très rapidement car le temps pressait. Dès le lendemain, il commença la tournée des médias, répandant la bonne parole, expliquant comment dorénavant chaque Gauloisien allait pouvoir acheter à prix raisonnable du matériel de casino, pour ainsi, monter et exploiter ses propres CP.

Dans le même temps, une autre Caste fourbissait elle aussi ses armes. Il s'agissait de La Gauloisie Bistrophile qui s'était mise en mouvement dans une offensive d'envergure. John-Lucho-la-Mélasse bouillonnait d'effervescence. L'opération avait été préparée dans le plus grand secret.

De son quartier général de Marssalia, tout en surveillant la fin des travaux, il pensait avec amusement à la surprise que ça n'allait pas manquer de provoquer. Il avait décidé de mettre en place un Casino Personnel bistrophile directement exploité dans les locaux de la Caste. Certes, il s'était ingénié à dénigrer au mieux le système du Miston, mais comme il ne pouvait pas empêcher cette libéralisation de l'activité casino, autant en profiter. Par contre, la contradiction entre ses propos sur YouTube et l'exploitation d'un CP par La Gauloisie Bistrophile ne serait pas facile à justifier. Mais il n'était pas inquiet, il trouverait bien quelque chose le moment venu. Pourquoi par exemple ne pas dire qu'en exploitant elle-même, la Caste faisait de la réalité augmentée ? Tiens, ça, c'était geek. Il avait bien fait un hologramme, une chaîne YouTubesque, alors pourquoi pas de la réalité augmentée. Après tout, son message étant « le CP c'est pas bien », la réalité augmentée se traduira par, « le CP c'est pas bien mais comme il est là, le voilà et il y est, en augmenté ». Bon, évidemment ce n'était pas réellement comme de la réalité augmentée mais quelle importance après tout ? Le principal n'était-il pas de contrer le Chef-Président et son équipe de zozos ? Il fit venir Bastounet-le-Chausson et Exquis-le-Corbillard pour une réunion improvisée. Il adorait faire des réunions improvisées. C'était tellement plus sympa et surtout plus excitant. On ne savait jamais à l'avance ce qui allait s'y passer.

- Je veux maintenant annoncer très rapidement aux gens, l'ouverture d'un CP dans notre QG de Marssalia. Comme du coup je dois lever la contradiction du, « c'est nul et ça va faire perdre de l'argent » que j'ai déclaré sur ma chaîne, avec l'ouverture de notre propre CP, j'ai pensé qu'il serait sympa de dire que nous mettons en place l'exploitation d'une réalité augmentée à nocivité programmée. Ça n'a pas grand sens, c'est sûr, mais je trouve que ça en jette bien. Donnez-moi d'autres idées.
- Génial ta nocivité programmée, admira Exquis-le-Corbillard. C'est bon, avec ça, tu es paré.
- Paré de rien du tout, contesta la Mélasse. C'est en effet une excellente explication puisque c'est moi qui je l'ai trouvée, mais ça ne suffira pas.
- Moi je trouve ça très bien et largement suffisant, insista le Corbillard. Tu veux quoi de plus ? La réalité augmentée, c'est branché et la nocivité programmée c'est topissime. En plus, ça représente à la fois tout et rien. Le pied quoi.
- Non, c'est trop court.

- Pour ma part, je partage le point de vue du Corbillard, intervint Bastounet-le-Chausson. Il a raison, qu'est-ce que tu veux de plus ? C'est impeccable. Tu as donné un avis négatif et tu le prouves en le réalisant.
- Sauf que l'on va gagner de l'argent et que fatalement ça me désavouera, me faisant du coup devenir non crédible.
- Pas forcément, affirma le Chausson. Si notre CP gagne de l'argent, on dira que, conformément à ce que tu avais affirmé et après avoir testé le process consistant à rejouer, on a tout reperdu et même beaucoup plus que ce que l'on avait gagné. Là, tu ne perds rien en crédibilité. Au contraire, tu deviens la référence.
- Je n'avais pas pensé à ça, admit la Mélasse. Alors, c'est entendu. On va tout bien finir l'installation et le 28 au soir j'annoncerai l'ouverture de notre CP pour le lendemain. Comme pour bon nombre la paie sera déjà arrivée, les gens pourront jouer.
- Prépare quand même une intervention médias complète, conseilla le Corbillard. C'est trop important pour ne se contenter que d'une petite déclaration confidentielle.
- Je ne demande pas mieux mais personne ne veut plus m'inviter. Ils ont tous peur des représailles d'en haut.
- Mais non, je vais t'organiser ça, affirma Exquis-le-Corbillard. Moi, ils m'invitent tout le temps et je les connais tous par cœur. Fais-moi confiance. Pas de soucis, Chef.

Malheureusement quelques jours plus tard, l'air penaud, Exquis-le-Corbillard revenait voir John-Lucho-la-Mélasse.

- Incroyable ! Personne ne veut plus te diffuser « en prime ». Ils accepteraient quand même de te recevoir mais seulement pour du confidentiel de type, interview discrète de cinq minutes maximum, diffusée en cours d'après-midi. Surtout pas plus, ni autrement.
- Je te l'avais bien dit. J'étais sûr que tu te planterais, assura la Mélasse. Entre-temps j'ai réfléchi. Tu sais ce que je vais faire le 28 ?
- Non, tu vas faire quoi ?
- Un meeting d'enfer avec tous les ouvriers et travailleurs qui viendront me rejoindre. Ce sera à 21 heures au Stade de Gauloisie. Là, je les nique à fond la caisse. Tous les médias seront forcément obligés d'être présents et de me retransmettre. Pour tout te dire je me suis déjà renseigné. C'est un jeudi, il n'y a ce jour-là, ni match, ni rien d'autre de prévu. On va le louer pour une miette de pain. Je veux que vous me fassiez un battage colossal sur cet évènement.
- Alors là, Chapeau Chef.
- C'est pour ça que je suis devenu le Chef de la Gauloisie Bistrophile, ne put s'empêcher de parader John-Lucho-la-Mélasse. Bien, il ne nous reste plus que quelques jours. Allez, au boulot le Corbillard et

n'hésite pas à mobiliser les militants dont tu auras besoin. Fais-moi du plus que grandiose.

- On refait le coup de l'hologramme ?
- Non, pas pour l'instant. Il faut varier. Par contre si tu as d'autres idées de ce genre, n'hésite pas. La seule chose qui m'importe, c'est que le stade soit plein. Commence à diffuser l'information partout et arrose à fond les réseaux sociaux.

Le jour venu, à 21 heures précises, c'est un John-Lucho-la-Mélasse rayonnant qui apparut sur l'estrade éphémère du Stade de Gauloisie installée pour l'occasion. Il faisait froid mais il avait absolument tenu à se présenter dans un accoutrement pouvant être interprété tout autant habillé que décontracté.

Costume sans cravate et petit gilet d'appoint usagé, permettaient d'afficher la touche irrespectueuse qu'il s'appliquait à montrer en permanence. Malgré le froid régnant, l'heure tardive et le vendredi de travail du lendemain, le stade était plein à craquer. Et surtout, une bonne partie des médias était là. Seule défection mais de taille à déplorer, celle de TG1 qui n'avait pas voulu effectuer de déprogrammation pour retransmettre le show bistrophile. Sinon, la plupart des autres chaînes généralistes y compris et surtout Gauloisie 2, ainsi bien entendu que les chaînes d'information, étaient là. Premier objectif atteint. Maintenant il ne me reste plus qu'à convaincre, pensa John-Lucho-la-Mélasse.

- Bonsoir à vous qui êtes venus si nombreux, commença-t-il, car il me faut vous dire à quel point je suis heureux de vous avoir devant moi. Vous me connaissez, j'adore les gens. C'est la raison pour laquelle nous allons faire ce soir, quelque chose d'exceptionnel. Du jamais vu. Vous savez combien j'aime ça.
  Je vais d'abord vous exposer ce que j'ai à vous dire, pour ensuite, et c'est là l'exceptionnel, vous offrir la possibilité de me poser des questions auxquelles je répondrai. Des membres de La Gauloisie Bistrophile circuleront dans les travées avec un micro afin que vous puissiez me poser toutes les questions que vous voudrez.

Un tonnerre d'applaudissements et d'acclamations vint ponctuer ses derniers mots. Dès qu'il put reprendre la parole, il poursuivit :

- Alors, sachez que la grande nouvelle est là et que je vais vous la révéler. La Gauloisie Bistrophile ouvre demain matin dès 9 heures, dans les locaux de son QG de Marssalia, un Casino Personnel.

À cette annonce, le silence se fit instantanément et la stupeur put se lire sur le visage de la plupart des spectateurs présents. Avec lui, ils s'attendaient à tout, mais pas à ça. Il avait tellement dénigré les CP que ça paraissait totalement irréaliste. Il poursuivit :

- Vous devez certainement penser à juste titre, qu'est-ce qu'il lui prend ? Lui, qui n'arrête pas de nous affirmer que le Casino

Personnel est une abomination, n'apportant que la ruine personnelle de l'exploitant. Eh bien, je vous le dis tout net, vous avez raison. Le CP ne rapporte pas d'argent, sinon à ceux qui l'ont inventé. Pour mieux comprendre ce que je veux vous expliquer, faisons un comparatif entre le virtuel et le réel.

Le virtuel c'est quoi ? C'est ce que l'on veut nous faire croire, à savoir, que le CP permet de gagner de l'argent, voire carrément de s'enrichir. Ça, c'est le virtuel.

Le réel c'est quoi ? C'est exactement le contraire, donc toute autre, puisque venant contredire cette affirmation péremptoire gratuite. Pourquoi ? Simplement, parce que lorsque l'on est dans la virtualité, il est facile d'affirmer tout et n'importe quoi dans la mesure où l'on évolue dans l'irréalité. Comment contester, puisque c'est virtuel ? Oui, mais voilà, au final, le réel seul garant de la vérité vraie, l'emporte. Ainsi ma réalité, celle que je viens de vous exposer, démontre dans toute sa brutalité le contraire de la virtualité. Alors qui a raison, je vous le demande ?

Un brouhaha commença à se faire entendre. Imperturbable, il poursuivit :

-   La réalité naturellement. C'est pourquoi j'ai décidé de vous montrer cette réalité en face. Elle saute aux yeux et vient de plein fouet remplacer une virtualité factice ne correspondant à aucune réalité effective. Ça, c'est la réalité.

Voyez-vous, les gens et néanmoins chers amis, grâce à La Gauloisie Bistrophile et à moi-même, le CP que nous avons mis en place va vous permettre de voir cette réalité en face. Vous pourrez ainsi la comparer au virtuel mensonger d'une propagande, proclamant le profit tiré d'une exploitation se voulant lucrative mais se révélant en vérité, ô combien dispendieuse.

Telle est la réalité du CP que vous proposent ou plutôt que nous imposent les dirigeants de notre si beau pays. Elle vous permet de mesurer l'écart cosmique existant entre, ce qui vous est affirmé au plan théorique sur le CP virtuel et la réalité augmentée d'un véritable CP opérationnel. Voilà ce dont je voulais vous faire part. L'État-Major Dirigeant du Chef-Président ayant cru bon de libéraliser l'activité traditionnelle des casinos en créant ce Casino Personnel, à vous de voir et de constater par vous-même ce qu'il en est réellement. C'est pourquoi, ainsi que je vous l'ai suggéré, je vous invite à venir le pratiquer dans la réalité de notre QG de Marssalia, sachant que nous en installerons très rapidement beaucoup d'autres dans chacun de nos autres QG gauloisiens. Je ne saurais donc trop vous convier à vous y rendre, dès leur ouverture. Les lieux, ainsi que bien d'autres informations, sont dès à présent consultables sur notre site <u>www.lagauloisiebistrophile.fr</u>, dont vous trouverez le lien sur notre page Facebook, ainsi que sur chacun des autres réseaux sociaux sur lesquels est présente La Gauloisie Bistrophile. Bien, maintenant, passons aux questions.

Des bras se levèrent en quantité impressionnante. Les micros se déplacèrent rapidement pour recueillir les questions :

- Comme je pense bon nombre d'entre nous, je n'ai pas trop compris votre discours sur la virtualité et la réalité. Néanmoins, comment pouvez-vous affirmer que le Casino Personnel fera perdre de l'argent, puisque vous n'avez pas encore commencé à en exploiter ?
- Excellente question. En effet, que n'ayez rien compris sur l'antinomie existant entre la virtualité et la réalité et que vous soyez étonné par l'affirmation que le CP fera perdre de l'argent à l'exploitant, c'est normal. Je vais vous l'expliquer concrètement. La réalité, c'est notre CP sur lequel nous avons effectué « en chambre » de très nombreux essais et simulations de jeux et de re-jeu, si je puis me permettre ce petit néologisme anodin. Ça aussi, c'est la réalité vraie et nos résultats sont aujourd'hui sans appel. Le différentiel, profit du jeu moins le re-jeu, donne un résultat négatif. Le jeu, c'est quoi ? C'est la personne qui vient dans un CP et qui, pour jouer ses parties, sort de sa poche et engage un certain montant d'enjeux. Un profit brut est ainsi dégagé par l'exploitant. Là, c'est bon. C'est même excellent. Oui mais, et le mais, c'est le re-jeu. Le re-jeu ce sont les parties jouées en engageant le profit dégagé lors du jeu. Et c'est à ce niveau que rien ne va plus, le montant du re-jeu dépassant mécaniquement le profit issu des enjeux du jeu initial. Le résultat final aboutit de manière inéluctable à un déficit plus ou moins important. Ainsi le profit initial apparent, se finalise toujours par un bénéfice négatif appelé déficit faisant ainsi exploser la virtualité qui annonçait un bénéfice bénéfique assuré.

Suite à ces explications, un silence total se mit à régner sur une assistance en pleine réflexion, essayant de déchiffrer le raisonnement de l'exposé qu'elle venait d'entendre. Beaucoup en effet, n'y avaient rien compris. Malgré tout, dans l'ensemble ils faisaient confiance à l'orateur.

- Autre question ? Demanda John-Lucho-la-Mélasse.
- Oui, quels sont les pourcentages que vous prélevez sur chaque enjeu ?
- Cela dépend des appareils. Une machine à sous est programmée pour effectuer un prélèvement proportionnel à l'enjeu qu'elle reçoit et pour en reverser la différence aux gagnants. S'agissant de la table de roulette et de boule, là aussi, un prélèvement proportionnel est effectué en suivant le même principe pour le reversement de la différence. Ce sont donc les pourcentages standards tels que

préconisés dans la loi de libéralisation qui sont appliqués. Vous voyez, rien de bien original dans la forme comme sur le fond.
- De quelle manière vous êtes-vous approvisionné en matériel de casino ?
- Très simplement, nous avons fait comme tout un chacun. L'entreprise qui nous fournit est la même que pour n'importe qui. Elle est basée en Gauloisie, ce qui pour nous a été un critère déterminant de choix.
- Oui, il paraît même que c'est une entreprise chinoise qui est derrière. Confirmez-vous cette information ?
- C'est possible car il n'en existe pas de gauloiso-gauloisienne. Nous n'avons donc pas pu faire autrement. Bien, pas d'autres questions ?

Un spectateur se leva.
- Moi j'en ai une. Pouvez-vous nous expliquer, comment La Gauloisie Bistrophile qui crie haut et fort mépriser l'argent en passant le plus clair de son temps à le dénigrer, peut se payer des CP pour ses QG ?

Visiblement surpris par cette question à laquelle il ne s'attendait pas, il répondit :
- Nos militants et sympathisants savent se montrer généreux. Grâce à eux, nous pouvons ainsi agir dans le cadre d'une action concentrée sur les objectifs des résultats à atteindre. Bien, maintenant il me reste plus qu'à vous remercier pour votre présence et pour votre attention en vous souhaitant une bonne fin de soirée.

Pendant que le stade se vidait, revenu en coulisses, John-Lucho-la-Mélasse ne décolérait pas. S'adressant à Franssou le Rupin qui, en tant que chargé des études économiques de La Gauloisie Bistrophile avait organisé le spectacle, il l'apostropha :
- C'est quoi cet olibrius qui m'a posé la dernière question ?
- Je ne sais pas moi, je n'y suis pour rien. Il est impossible de deviner à l'avance les questions. Tu te rends compte, il y avait au moins soixante mille spectateurs.
- Comment ça au moins soixante mille ? Tu ne connais pas le nombre exact de personnes ?
- Si, je le connais, comme ça, à la louche.
- Ben non, tu me dis au moins soixante mille.
- Oui, c'est à peu près ça. Je n'ai pas tout compté.
- Tu as quand même donné des billets, non ?
- Pour quoi faire ? On n'en a pas eu besoin. C'était gratuit. Est venu qui voulait.
- C'est nul. Pour un tel évènement, on ne remplit pas un stade avec tous les clodos qui traînent dans la rue.
- Ce n'étaient pas des clodos. Enfin tout au moins pas tous, répondit le Rupin.

- En ben, on l'a échappé belle. Tu te rends compte, on aurait pu avoir n'importe quoi comme question. Qu'est-ce que ça peut lui faire à cette andouille, la manière dont on trouve l'argent pour équiper nos CP ? D'ailleurs c'est vrai, comment on a fait ?
- En fait, on n'a pas encore payé le matériel.
- Tu plaisantes ? Si on ne l'a pas payé, on ne va pas pouvoir l'utiliser, s'inquiéta John-Lucho-la-Mélasse.
- On peut en faire ce que l'on veut, j'ai négocié un paiement étalé sur neuf mois.
- Pourquoi neuf mois ?
- Pourquoi pas ? Il fallait bien que je propose quelque chose. Je me suis dit que six mois ce serait un peu court pour tout rembourser et un an un peu long. Alors, j'ai fait la moyenne.
- Comment veux-tu arriver à tout rembourser en si peu de temps ?
- Tu as l'air d'oublier que je suis ton chargé des études économiques, fit remarquer le Rupin. J'ai fait les calculs. Normalement, entre ce que va nous coûter le matériel de chaque CP et ce qu'il va en moyenne nous rapporter, ça ne devrait pas poser de problème.
- Tu en es sûr ? Il ne s'agirait pas que l'on se plante.
- J'en suis certain. Si nous devions avoir des problèmes avec certains CP déficitaires, on compenserait avec les excédentaires.
- Et s'il n'y en a pas ? Rétorqua la Mélasse.
- Impossible, j'ai fait refaire ces mêmes calculs par un ami à moi, statisticien. Même en étant pessimiste, au global, on devrait se faire un beau gros pactole.
- J'espère, parce qu'en plus j'ai entendu dire, je ne sais plus par qui, que ce matériel chinois c'était de la gnognote.
- De la quoi ? Demanda le Rupin.
- De la gnognote. C'est vrai que tu es un peu jeune pour connaître ce terme. Ça veut dire de la cochonnerie. Là, tu comprends, non ?
- Il est fort possible en effet que la qualité ne soit pas terrible et alors, quelle importance ? Aucune.
- Tu trouves ? Imagine qu'il tombe en panne et qu'il faille le remplacer. Si on ne l'a pas encore payé, on sera mal.
- Rassure-toi, ça n'arrivera pas. Tout le matériel est sous garantie pendant un an. Tu vois, il n'y a aucun problème.
- Sauf que le fournisseur étant chinois, qui te dit que la garantie marchera ? Je tiens à ce que ce foutu matériel fonctionne de manière impeccable pour qu'on puisse comme ça, disposer d'un bon petit revenu sympathique, histoire de nous regonfler quelque peu le porte-monnaie, tu comprends ?
- Sois tranquille, tout ira bien.

- À ce propos, est-ce que les appareils CP qui font des calculs de prélèvements automatisés sont fiables, tant sur les pourcentages appliqués que sur les montants redistribués ?
- L'un dépend de l'autre, s'il y en a un de faux, l'autre l'est aussi.
- Tu peux développer ?
- Ce que je veux dire, c'est que si le calcul du prélèvement est faux, celui du montant redistribué le sera aussi forcément puisqu'il est le résultat du calcul des enjeux moins le prélèvement. Donc tu vois, ça réduit déjà le champ des investigations.
- Je ne vois rien du tout. La seule chose dont je sois certain, c'est qu'un bug toujours possible n'est pas à écarter.
- Vu la simplicité du calcul, ça m'étonnerait. D'ailleurs les Chinois n'ont-ils pas la réputation d'être des mathématiciens de haut niveau ? En plus, chaque appareil est vérifié avant sa mise en exploitation. Il n'y a donc aucun risque particulier de ce côté-là.
- Dis-moi, ça me fait penser, si l'on veut changer les taux de prélèvements, on fait comment ? Demanda John-Lucho-la-Mélasse.
- Pas de soucis, il suffit de modifier les paramètres des pourcentages concernés et tout va bien.
- Admettons, mais si l'on change les paramètres, ça change aussi les montants redistribués, et là, tu fais comment ?

Franssou-le-Rupin resta interloqué par cette question à laquelle il n'avait pas réfléchi. Son Chef n'étant pas plus spécialiste des calculs que de l'informatique, il esquissa un léger sourire et répondit :
- Je ne fais rien, parce que là aussi comme je te l'ai dit tout à l'heure, c'est automatique, l'un dépendant de l'autre, ou plutôt pour être plus clair, l'autre dépendant de l'un.
- Ah bon, finit par admettre la Mélasse qui visiblement restait quand même un peu sceptique. Maintenant il faut te remuer. Heureusement qu'on en a déjà eu un pour Marssalia. On t'a donné un planning pour la livraison des équipements CP dans nos autres QG ?
- J'attendais ton feu vert avant de négocier.
- Quoi ? Tu n'as encore rien négocié ? Tu aurais quand même pu le faire avant, avec ou sans mon feu vert. Le temps que tu discutes avec eux, on n'est pas arrivés.
- Oh non, ça devrait aller très vite, ils ont un barème par quantité.
- Et le temps de livraison ? C'est loin la Chine. On va passer pour des billes si on n'ouvre pas rapidement des CP dans nos QG.
- Ils m'ont garanti une livraison rapide, dès la signature du contrat.
- J'espère. Essaie quand même d'obtenir des prix. Surtout, dis-leur bien que c'est pour un leader gauloisien important, John-Lucho-la-Mélasse. Je suis sûr qu'ils te feront un tarif préférentiel. Allez, vas-y, on est pressé, tu devrais déjà être au boulot.

Mars 2019

La première quinzaine qui finissait les vacances de neige venait paisiblement de s'écouler sur une Gauloisie un peu engourdie, quand Livet-le-Foret commença à montrer de sérieux signes d'impatience. Depuis sa dernière discussion avec Harnois-le-Montecarlo, non seulement, en dépit de nombreuses démarches auprès des militants et autres sympathisants, il n'avait pas réussi à trouver le moindre fifrelin permettant aux Penseurs Satisfaits d'acheter une quelconque usine mais en plus, il n'avait aucune nouvelle de lui. Probablement n'avait-il rien trouvé lui non plus, sinon il l'aurait forcément recontacté. Ça le faisait d'autant plus rager, que pendant ce temps-là, La Gauloisie Bistrophile avait pratiquement fini d'équiper ses QG. D'après le retour qu'il en avait, leur début avait été difficile mais maintenant ça allait drôlement vite. Que faisait le Montecarlo ? Il l'appela :

- Depuis tout ce temps, tu deviens quoi ? Tu ne devais pas t'occuper de nous trouver un industriel gauloisiens ?
- Si, mais tu devais d'abord de ton côté récolter des fonds pour acheter une usine.
- Je n'ai rien trouvé, déplora Livet-le-Foret.
- Tu me vois surpris ? Tu sais, je m'y attendais un peu, alors j'ai pas mal creusé la solution d'un fabricant gauloisien.
- Content de l'apprendre. Tu aurais pu me tenir informé.
- Je comptais le faire, je viens juste d'avoir une proposition. J'attendais d'en avoir la confirmation avant de t'en faire part.
- Et alors ?
- En fait, j'ai eu plus de mal que prévu.
- Pourquoi ?
- Parce qu'il y a pénurie. La Rabdologie, les Repusmalins et les QG de la Mélasse ont complètement asséché le marché.
- Je ne vois pas le rapport puisque nous, on s'adresse à des industriels gauloisiens et que l'on veut une fabrication gauloisienne.
- C'est très compliqué.
- Je ne vois pas ce qu'il y a de compliqué à fabriquer du matériel de CP sur le sol gauloisien.
- Si, justement ça l'est, parce que pour pouvoir en fabriquer il faut une licence. Et qui est habilité à vendre une licence de fabrication ? Obligatoirement une entreprise étrangère puisque l'on n'en a pas ici. Donc, il faut en trouver une et discuter.
- Quel rapport avec le soi-disant assèchement du marché ? Nous, on veut du gauloisien, s'il n'y a aucun matériel de CP fabriqué en Gauloisie, que le marché soit asséché ou non, ça nous est égal.

- Là, visiblement tu n'y comprends rien. Évidemment que ça nous importe puisque c'en est la conséquence. Par ailleurs, pour ne pas perdre de temps, dès réception de la confirmation dont je t'ai parlé, j'ai eu l'excellente et magnifique idée de préparer une grande campagne de communication sur tes CP. Elle commencera demain et s'appuiera sur deux axes :
  Premier axe, une entreprise totalement gauloisienne nous vend du matériel de CP. Vu que j'ai l'accord, c'est du billard.
  Deuxième axe, cette même entreprise gauloisienne fabrique elle-même en Gauloisie l'intégralité de ce matériel.
- Tu as fait ça au nom des Penseurs ?
- Naturellement.
- Là, tu ne manques pas d'air et c'est nous qui allons la payer ?
- Qui veux-tu que ce soit d'autre ?
- En qualité de quoi as-tu commandé cette campagne ?
- Tu oublies que je suis très connu et que pour tout le monde je suis toujours censé être un membre éminent de ta Caste, même si par les temps qui courent ce n'est pas une référence.
- Bon, pour cette fois je passe l'éponge mais surtout ne recommence plus sans m'en parler avant. D'autant plus que dans ton premier axe, on fait comme les autres. C'est embêtant. Où est notre originalité ?
- Attends, dès qu'on passera au deuxième axe, nous serons de très loin indiscutablement les plus appréciés.
- Sauf, si nos concurrents font pareil.
- Je leur souhaite bien du plaisir. Il leur faudra déjà trouver des industriels capables de fabriquer en grandes quantités ce matériel complexe. Comme il y a plus de 29 millions de foyers en Gauloisie, imagine qu'il y en ait les trois quarts qui s'équipent, ça ferait plus de 21 millions d'équipements CP à produire. Alors-là, waouh ! Par contre, moi, j'en ai trouvé un tout à fait capable de répondre très rapidement, quelle que soit l'importance de la demande.
- C'est qui ?
- Il s'agit du Groupe Piment.
- Ah oui, quand même ! Comment as-tu réussi à convaincre ce prestigieux fabricant d'équipements de haute technologie à se lancer dans la production de CP en Gauloisie ?
- Quand je veux, je sais être très persuasif. En plus, ils sont super-contents.
- Je suis d'autant plus étonné que c'est une entreprise qui n'aime pas trop les Penseurs Satisfaits.
- Au début, je n'ai pas parlé de vous. Par contre, en tant qu'ancien Lieutenant qui a claqué la porte de Francesco-le-Batave pour aller travailler en entreprise, ils m'apprécient beaucoup. Ils m'ont donc

reçu à bras ouverts. Bien sûr, après ils ont tiqué quand je leur ai dit que je le faisais pour vous mais avec de bons arguments, on arrive à tout.
- Qu'est-ce que tu leur as raconté ?
- Modestement, je pourrais dire que j'ai été génial. Je leur ai dit que les Penseurs Satisfaits étaient en Gauloisie, la Caste qui avait le plus de sympathisants.
- C'est pas vrai, tu as osé leur raconter cette baliverne ? Et ils t'ont cru ? Avec la pâtée que l'on a prise il y a presque deux ans, ils ont dû se dire que tu étais en plein délire.
- Effectivement, au début ils ont rigolé pensant que je faisais de l'humour. Je les ai laissés se calmer. Après je leur ai expliqué qu'avec les fadaises du Miston, tout était changé. L'opinion gauloisienne s'était totalement retournée en faveur des Penseurs Satisfaits.
- Là, ce n'est pas totalement faux.
- Oui, mais ils ont malgré tout pensé que je leur racontais des charres.
- Ça ne m'étonne pas.
- Je leur ai donc proposé qu'ils se renseignent en insistant sur le fait qu'ils allaient passer à côté d'un marché mirifique, prometteur d'un chiffre d'affaires plus que colossal et je suis parti. Deux jours plus tard ils me rappelaient, me disant qu'au final, après enquête, ils acceptaient de lancer dans une, voire dans plusieurs de leurs usines, les chaînes de fabrication nécessaires à la production de l'ensemble du matériel équipant les Casinos Personnels.
- Parfait, belle stratégie.
- Il n'empêche que j'ai refusé, au prétexte qu'ils n'avaient pas voulu me suivre lorsque j'étais venu les voir.
- Non ! T'es drôlement gonflé.
- Juste un peu ballonné, répondit-il en éclatant de rire. Écoute plutôt la suite. Après, je me suis rendu une nouvelle fois au siège du Groupe Piment et je leur ai mis en mains le marché suivant : soit ils créaient une filiale chargée de gérer la production et m'en nommaient Président Directeur Général, soit je confiais le marché à un autre industriel. Alors là, je te dis pas, succès complet, avec accord sur toute la ligne.

Livet-le-Foret était totalement estomaqué. Non seulement le Montecarlo avait réussi à redresser l'image des Penseurs Satisfaits auprès d'un des plus gros industriels de Gauloisie, mais en plus, il s'était personnellement casé à un niveau exceptionnel. Quel olibrius celui-là. Il enchaîna :
- Chapeau l'artiste, tout ça me paraît bel et bon. Et on commence quand ?

- Laisse un peu de temps pour convertir deux ou trois usines en y installant les nouvelles chaînes de fabrication. Ce devrait aller assez vite. D'après ce que nous avons vu, d'ici fin mars nous devrions pouvoir commercialiser les premiers matériels sous label gauloisien.
- C'est un peu long mais bon, on fera avec.
- Au contraire, vu le travail pour rendre tout ça opérationnel, je trouve que c'est plutôt rapide et surtout très efficient. Aller vite, c'est autant ton intérêt que le mien.

Il prit congé, laissant Livet-le-Foret songeur. Celui-ci se félicitait de s'être adressé à Harnois-le-Montecarlo. Sans lui, il n'aurait jamais eu l'idée de solliciter un industriel de la taille et de la renommée du Groupe Piment. Il pensa que ça commençait à sentir bon pour son avenir. L'heure de sa revanche aurait-elle sonné ?

Justement, l'autre de ses concurrents qui se proclamait haut et fort comme un des leaders éminents de la Gauloisie, était impatient de faire le bilan des installations de Casinos Personnels dans ses QG. Il avait pour cela organisé une réunion avec Franssou-le-Rupin, auquel il avait associé Bastounet-le-Chausson et Exquis-le-Corbillard.

- On en est où ? Commença John-Lucho-la-Mélasse.
- Tout va bien Chef, s'empressa le Rupin. Le planning des installations a pris un peu de retard mais dans l'ensemble tout se passe tel que prévu.
- Faudrait savoir, il y a du retard ou ça se passe comme prévu ?
- Ce que je veux dire c'est qu'à aujourd'hui, il ne nous reste plus que deux QG à installer. Tous les autres sont déjà opérationnels.
- Bien, alors dépêche-toi de tout finir rapidement. Je commence à en avoir un peu marre de ces foutus CP.
- Oui Chef.
- Et toi le Corbillard, tu en es où des Casinos Personnels que doivent ouvrir nos sympathisants ?
- Sur ce point, c'est moins glorieux. On n'en a que très peu qui soient opérationnels.
- Pourquoi ?
- Toujours pour la même raison d'approvisionnement.
- Je croyais que c'était résolu avec les Chinois ?
- Pas vraiment car en fait ils n'ont plus de stock. Tu les connais, ils vendent en priorité aux plus offrants.
- C'est normal approuva la Mélasse. Pourquoi ce ne sont pas les nôtres qui sont les plus offrants ?
- Par ce qu'ils ne peuvent pas suivre. Ce sont les sympathisants du Miston qui font la razzia.
- Qu'est-ce que tu racontes ? Ses sympathisants ne sont pas plus riches que les nôtres.

- Il en a une tripotée de bourrée aux as. Bon nombre d'entre eux font
  même partie du gratin de la bourgeoisie gauloisienne. Mais en vérité,
  ce n'est pas pour ça.
- C'est pourquoi alors ?
- Ils ont trouvé l'astuce. J'ai appris que La Rabdologie En Mouvement
  subventionnait en douce, à hauteur de 50 %, les installations de ses
  encartés.
- Tu rigoles ou quoi ? Si c'est vrai, c'est un véritable scandale. C'est
  de la concurrence déloyale. Je n'ai jamais entendu parler de ça. À
  l'époque où tout se sait, comment est-ce qu'ils ont fait pour être
  aussi discrets sur cette subvention crapuleuse ?
- Crapuleuse, c'est bien le mot Chef, approuva le Corbillard. Figure-
  toi que pour pouvoir avoir accès à l'espace adhérent de leurs réseaux,
  j'ai dû prendre une carte de La Rabdologie sous un pseudo. Et là,
  bingo, ça m'a permis de tout voir.

Dès la fin de cette explication, John-Lucho-la-Mélasse fit éclater sa
colère.

- Pourquoi ne m'as-tu pas alerté avant ? J'aurais pu intervenir.
- Ils ont été super-discrets et je me suis dit qu'il n'y avait rien à faire.
- Tu ne me connais pas. Ma puissance de conviction associée à ma
  force de frappe sont terribles. Si tu avais daigné m'en parler, j'aurais
  entrepris une large campagne d'indignation et d'injustice sur ma
  chaîne YouTube. Alors que là, maintenant, c'est trop tard. On est
  pieds et poings liés à ces pantins de Rabdologues En Mouvement.
- Tu es dur Chef, s'offusqua le Corbillard.
- La ferme, répliqua la Mélasse. Je tiens absolument à rectifier le tir, et
  rapidement.
- Comment veux-tu que l'on fasse ? On n'a pas trop d'argent et nos
  sympathisants non plus.
- Pour nous c'est certain, pour nos sympathisants, même si on en a
  moins que le Miston, il y a parmi eux un bon paquet de bobos aux
  revenus confortables, qui du coup peuvent très bien payer.
- Ce ne sera pas suffisant.
- Si, parce qu'ils auront un effet d'entraînement sur les autres.
- Entraînement ou pas, si les autres n'ont pas d'argent, même avec la
  meilleure volonté du monde ils ne pourront pas payer.
- Ils paieront. On va la leur donner nous, la solution.
- La solution ? Laquelle ? Je ne vois pas comment on peut faire.
- Une fois de plus, c'est pour ça que je suis Chef, s'enorgueillit la
  Mélasse. Le Chausson, tu vas me préparer un clip sur ma chaîne
  YouTube dans lequel j'expliquerai à nos sympathisants nécessiteux,
  la manière de pouvoir s'équiper en contractant un petit prêt bancaire.
  Procédure à suivre : On emprunte, on achète, on installe, on ouvre

l'exploitation et on gagne de l'argent avec lequel on rembourse son prêt. Voilà, voilou.

- Je ne comprends pas. Dans ton clip mais aussi dans ton meeting, tu as expliqué exactement le contraire, en disant qu'en exploitant le CP on ne pouvait que perdre de l'argent, s'étonna le Chausson.

- Bah, qui s'en souviendra ?

- Tout le monde, ce n'est pas si vieux, intervint à son tour Exquis-le-Corbillard. Le clip, tout autant que ton discours, étaient axés sur l'antagonisme du gain virtuel avec la perte réelle. Tu as même bien enfoncé le clou lors du meeting. Tu te rappelles ?

- Naturellement que je me rappelle, je ne suis pas sénile, simplement je sais par expérience que les gens ont la mémoire courte. Je suis sûr qu'ils ne feront même pas le rapprochement.

- Ça fait à peine deux semaines. Comment veux-tu qu'ils ne s'en souviennent pas ? Entre ton clip et ton meeting, je ne dis pas que c'était inoubliable, mais quand même.

- Écoute bien attentivement mon petit gars, répondit John-Lucho-la-Mélasse, commençant à s'énerver quelque peu, tu connais Charly-le-Magnifique ?

- Qui ne se souvient pas de lui ? Enfin tout au moins en tant que Gauloisien historique.

- Bon, eh ben, il répétait à l'envi cette phrase devenue célèbre, qui a d'ailleurs fini par devenir une des maximes les plus populaires : « Les Gauloisiens sont des veaux ». Tu as déjà vu toi, des veaux comprendre quelque chose ? Même avec la génétique, ce serait nouveau. Maintenant, si ça peut te rassurer, lorsque je leur dirai de faire un prêt bancaire pour, au final gagner de l'argent, je préciserai qu'il s'agira ensuite de faire un break.

- Un break de quoi ?

- Tu ne sais pas ce que c'est qu'un break ? Je donnerai une nouvelle procédure à suivre, venant juste après celle du prêt :
Tu exploites, tu gagnes de l'argent et là, au lieu de commencer l'étape de perte, tu le verses à la banque pour ton remboursement. Après, tu peux rejouer ce que tu as gagné pour le perdre. Et tu suis scrupuleusement cette procédure jusqu'à ce que tu aies tout remboursé de ta dette relative à l'installation de ton CP. Impeccable non ?

- Sauf ton respect Chef, ça ne peut pas marcher.

- Et pourquoi donc ?

- Tout simplement parce que si le gain sert à rembourser le prêt, il n'y aura plus cet argent pour le rejouer.

John-Lucho-la-Mélasse marqua un temps d'arrêt. Il n'avait pas pensé à ça. Réfléchissant rapidement, il enchaîna :

- Je préciserai de ne verser à la banque qu'une partie des gains, comme ça, pas de problème pour rejouer le reste.

Exquis-le-Corbillard, tout autant que Bastounet-le-Chausson et Franssou-le-Rupin s'émerveillèrent. Ce dernier prit la parole :
- Franchement, là, c'est génial, Chef.
- Oui, c'est pas mal, admit modestement la Mélasse. Bon, allez maintenant que j'ai défini l'axe à suivre, y a plus qu'à.

À un peu plus d'un mois après la déclaration d'Estoppel-le-Miston libéralisant l'activité casino, tout le monde était maintenant en pleine action.

La Rabdologie En Mouvement voyait, grâce à sa subvention sur les équipements, le nombre de ses CP fleurir en quantités impressionnantes. C'était sans commune mesure avec les Repusmalins dont les sympathisants, comme d'ailleurs ceux de La Gauloisie Bistrophile, avaient du mal à s'approvisionner à un coût raisonnable. Quant aux Penseurs Satisfaits, leur fabrication gauloisienne de CP n'avait pas encore vu le jour. Inquiet devant cette effervescence dont il était pour l'instant écarté, Livet-le-Foret se dit qu'il se devait d'intervenir pour faire patienter ses ouailles. Pourquoi pas un tweet annonçant une déclaration à venir sur la page Facebook des Penseurs ? Bonne idée, mais pas n'importe comment. Il décida de pratiquer ce qu'il avait vaguement appris à l'école de son vénéré maître aujourd'hui disparu, Francisco-la-Rose, à savoir, le teasing. À l'époque, ça ne s'appelait pas comme ça et pourtant, de quelle classe celui-ci avait su fait preuve à chaque fois qu'il avait fallu préparer ses compatriotes à un évènement. Aussitôt il rédigea un tweet destiné à déclencher la curiosité :

« Tous les Gauloisiens et Gauloisiennes vont bientôt pouvoir consommer gauloisien »

Pas mal, pensa-t-il avec satisfaction. C'était à dessein vraiment très vague. Suspens assuré. Et il le posta.

Il ne s'était pas écoulé quinze minutes, qu'il recevait un appel de Lolotte-la-Rossinante, l'ancienne Lieutenante sous Francesco-le-Batave, des Smalas, des Bambins et des Règles des nanas, qui, en tant que consommatrice gauloisienne, s'était sentie concernée par le tweet de Livet-le-Foret. Elle voulait savoir ce que cela signifiait.
- Je ne peux pas t'en dire plus, lui répondit celui-ci.
- Tu as l'air d'oublier que j'ai été une éminente Lieutenante du Batave.
- Comment voudrais-tu que j'aie oublié la quantité industrielle d'actions magnifiques que tu as entreprises, la flatta-t-il, mais si je te dis quelque chose, ce n'est plus du teasing.
- Du quoi ?

- Du teasing, tu sais, cette technique marketing qui consiste à appâter le client sans quasiment trop rien lui dire. Il paraît que c'est hyperefficace.
- Qu'est-ce que tu veux que ça me fasse, s'offusqua la Rossinante. Je ne suis pas ta cliente et que je sache, je suis toujours membre des Penseurs Satisfaits, non ? Alors à ce titre, j'ai le droit de savoir.
- Ne t'énerve pas, je ne peux vraiment pas t'en dire plus, c'est tout. Suppose qu'il y ait une fuite, toute l'opération serait en l'air.
- Quoi ? Tu ne me fais pas confiance ? Tu as peur de mes fuites ? Si tu me dis de ne rien dire, je ne dirai rien.
- Je sais, je sais, ma petite Rossinante, essaya de la calmer, le Foret. En fait, les enjeux sont tellement importants que l'on ne peut pas prendre de risque.
- Si je comprends bien, tu me prends pour un risque, moi qui ai travaillé pendant des années pour les Penseurs Satisfaits. Je rêve.
- Pas du tout, tu n'es pas un risque. Simplement j'ai un engagement qui m'oblige à garder le silence. Ce n'est pas toi qui es concernée, c'est tout le monde en général.
- Voilà maintenant que tu me traites de « tout le monde », alors que j'ai voué toute ma vie à la cause de notre Caste.
- J'en suis parfaitement conscient. C'est bien pour ça que je ne peux rien te dire. Tu sais, je te connais parfaitement et à ce titre, je n'ai pas le moindre doute sur ton silence, mais imagine qu'une phrase t'échappe.
- Une phrase de quoi ?
- Je ne sais pas moi, une phrase qui, involontairement donnerait un indice. Tout serait par terre et sur ce coup-là, on perdrait beaucoup d'argent.
- Tu es toujours aussi peu perspicace mon pauvre Livet. Au lieu de me mettre dans la confidence, ce qui me permettrait de t'aider, tu te méfies de moi.
- Pourquoi me méfierais-je de toi ? Je te dis ça, simplement pour toi. Pour que tu ne regrettes pas une parole malheureuse comme ça arrive à tout un chacun.
- Je vois que tu es buté. Va donc te faire empapaouter chez les Grecs.

Et elle raccrocha brutalement. Livet-le-Foret resta quelques instants songeur. Ce n'était pas que Lolotte-la-Rossinante puisse être d'une grande utilité, mais il n'aimait pas se fâcher avec qui que ce soit. C'était dans sa nature. À son âge, il n'allait quand même pas se refaire. Il décida d'oublier l'incident et d'appeler Juju-le-Drain.

- Tu as vu mon tweet ?
- De quoi tu parles ?
- Du message que je viens de poster.

- Tu crois que je n'ai que ça à faire ? Répondit Juju-le-Drain. Je le verrai plus tard. Si c'est tout ce que tu as à me dire, je te laisse. Je suis en pleine concentration pour la préparation de ma prochaine intervention sur Gauloisie 2. Salut.

Et il raccrocha lui aussi à son tour. Décidément, ce n'était pas sa journée, pensa le Foret.

Pendant ce temps, Crispite-la-Castagne malgré l'impartialité que sa fonction de Lieutenant du Centre lui imposait, se félicitait du nombre important de Casinos Personnels que les sympathisants de La Rabdologie En Mouvement avaient installés. L'idée de la subvention était géniale. Quoi de mieux quand on veut réussir quelque chose, que de donner de l'argent. C'était le sans-faute. Les dernières informations dont il disposait, donnaient les Rabdologues en tête, bien devant les Repusmalins et les Bistrophiles. Quant à ces pauvres Penseurs, ils pédalaient dans la semoule. Ils n'avaient quasiment pas de CP.

Tout ça, n'aurait été que de bonnes nouvelles, s'il n'y avait une petite ombre au tableau. L'objectif initial du Chef-Président était que chaque foyer gauloisien dispose de son Casino Personnel. N'avait-il pas dit que son but était de faire en sorte que chaque citoyen s'enrichisse, grâce à son CP ? Et là, les nouvelles étaient nettement moins bonnes car il restait encore de nombreuses familles à ne pas s'être équipées.

Non pas que les CP ne rapportaient pas réellement de l'argent à ses exploitants mais le constat montrait qu'il y avait toujours pas mal de réfractaires. Il avait sous les yeux les dernières statistiques qui venaient de sortir. La Rabdologie était bien entendu leader mais il restait beaucoup de monde à convaincre. Il fallait trouver quelque chose qui donne à chaque famille, l'élan par l'envie. Tiens, ça c'était beau. Quelle belle formule. Il se la répéta plusieurs fois mentalement : « Donner à chaque famille, l'élan par l'envie ». Oui, mais comment ? Et là il ne savait pas répondre à la question.

Une campagne sur les réseaux sociaux ne serait pas suffisante. Peut-être le Chef-Président aurait-il une idée ? Il allait lui en parler. Une heure plus tard il était en tête-à-tête avec Estoppel-le-Miston.
- T'a été piquée par une guêpe ou quoi, pour venir en catastrophe me casser les pieds, lui demanda celui-ci d'emblée.
- Excuse-moi Estoppel, il y a urgence.
- Il n'y a jamais d'urgence qui ne puisse attendre, lui répondit-il en souriant. Il avait entendu cette maxime quelque part. Vu la précipitation dont faisait preuve la Castagne, c'était l'occasion de la ressortir.

- Pas cette fois, juge par toi-même. Je viens de recevoir les dernières statistiques sur les installations de CP dans les foyers gauloisiens. C'est correct pour nous, bien que globalement très insuffisant.

Il lui donna sa tablette sur laquelle étaient affichés pour chacune des Castes, les pourcentages respectifs de leurs sympathisants équipés en Casinos Personnels.

- Ce n'est pas mal, remarqua le Chef-Président.
- Comme je te l'ai dit, pour nous oui, mais regarde en ce qui concerne les citoyens non encartés, c'est catastrophique. Malgré le bon départ du début, il y en a pour l'instant au total assez peu.
- C'est quoi ce délire ? Je croyais que tout était sur rail et que ça roulait tout seul ?
- Après un départ canon, ça s'est arrêté d'un coup, comme subitement grippé.
- C'est naze, affirma Estoppel-le-Miston.
- Oui, mais tu sais si l'on veut y arriver, il faut donner à chaque famille l'élan par l'envie.

Il était content, il avait placé la petite phrase qui lui était venue à l'esprit tout à l'heure.

- Ce qui signifie ? Demanda Estoppel-le-Miston.
- Rien, juste pour tout te dire que je ne sais pas trop quoi faire pour motiver.
- Moi je sais, pour motiver, faut payer.
- C'est évident que là, ça donne envie, mais payer quoi de plus ?
- On va étendre le système mis en place pour nos sympathisants, en attribuant à tout le monde une subvention sur chaque équipement, sauf cette fois ce ne sera pas notre argent mais celui du Trésor Public.
- Je croyais qu'il n'y avait plus d'argent dans les caisses ?
- Il n'y en a plus mais quand il faut on en trouve toujours. Et puis après tout quelle importance ?
- Remarque c'est vrai, je n'avais pas vu les choses sous cet angle. On s'y prend comment ?
- Comme je te l'ai dit. Et pour que l'on n'ait pas tous les tocards du pays, on exigera des contreparties, assura le Chef-Président.
- Là, je n'ai pas tout compris.
- Si c'est le Trésor Public qui paie, tout le monde viendra, y compris les sympathisants des autres Castes. Quel mal à ça ?
- Le mal, c'est que La Rabdologie En Mouvement aura payé pour rien l'aide à ses propres sympathisants, répondit la Castagne.
- Tu réfléchis ou quoi ? C'est clair que non. Dans des cas pareils, il faut ajouter du plus au plus. Je sais que tu n'es pas très fort en maths mais si je te dis plus, plus, plus, on arrive à quoi ?

- C'est un peu du charabia ce que tu me racontes.
- Pourtant c'est simple. Plus, plus, plus, ça donne deux fois plus en admettant que le deuxième plus soit équivalent au premier. C'est ce que nous allons faire. Tu vois ?
- Ah bon ? S'inquiéta la Castagne qui visiblement ne voyait pas.
- On va officiellement dire qu'à compter d'aujourd'hui, qui pourra être demain ou après-demain en fonction du jour de l'annonce, tout citoyen gauloisien, sans exception, qu'il soit riche, pauvre ou même moyennement friqué, aura droit à une subvention de 50 % sur son équipement de Casino Personnel.
- Mais, c'est ce que nous avons déjà fait pour nos sympathisants.
- Je viens à l'instant de t'expliquer que nous, c'était le premier plus. Le deuxième plus, ce sera le Trésor Public.
- Je n'y comprends toujours rien du tout, assura la Castagne.
- Bon, je reprends. Tu as deux catégories de Gauloisiens, ceux qui ont déjà reçu une aide de 50 % de la part de La Rabdologie En Mouvement pour ouvrir leur CP et les autres, qu'ils soient encartés ou non.
- Ça, je sais.
- Suis-moi bien. À présent, je vais annoncer au peuple, que tout le monde pourra avoir une subvention de 50 % sur chaque ouverture de Casino Personnel. Ceux qui voudront en ouvrir un deuxième, bénéficieront non pas de 50 mais de 75 %. C'est mon deuxième plus. Naturellement comme je te l'ai dit, ce sera à la charge exclusive du Trésor Public.
  Arrivée des courses, nos sympathisants qui ont un CP, ont déjà bénéficié de 50 % pour le premier et bénéficieront ainsi de 75 % pour chacun du ou des autres qu'ils ouvriront. Dans le même temps, La Rabdologie n'aura plus rien à payer. Et voilà le travail !
- Pour ceux qui n'en ont pas encore installé un et qui voudront directement en ouvrir deux, on paiera deux fois ? Demanda la Castagne.
- Pas du tout. Je viens de te l'expliquer. Nous de toute manière, on ne paiera plus rien. C'est simple. Soit un CP est déjà installé après avoir reçu la subvention des 50 % payés par nous et là, ils auront droit aux 75 % pour les suivants, soit ce n'est pas le cas et ils recevront 50 % du Trésor Public pour leur premier Casino Personnel. À charge pour eux d'en ouvrir ensuite un autre s'ils veulent cette fois, bénéficier des 75 %.
- C'est compliqué.
- Pas du tout, relaxe-toi et réfléchis. Tu verras au début c'est un peu dur mais après on s'y fait, ne put s'empêcher de plaisanter le Chef-

Président. Pour changer, je vais demander à Doudou-le-Filou de s'en occuper. Faut bien qu'il bosse un peu.

Le soir même, tout sourire, le Premier Lieutenant annonçait sur TG1 et Gauloisie 2, la nouvelle aux Gauloisiens.

L'intervention télévisée de Doudou-le-Filou à peine terminée, Livet-le-Foret appela Harnois-le-Montecarlo.

- Tu as vu le Filou, c'est bon pour nous tout ça. Il faut te grouiller. Tu en es où ?
- On avance, on avance bien. Le Groupe Piment vient juste de terminer la conversion des chaînes de fabrication de trois usines. Remarque, ça n'a pas été trop difficile car dans les deux cas c'était déjà de la fabrication de précision.
- Concrètement, ça donne quoi ?
- Ça donne que dans deux jours, je serai à la tête de ces trois usines, en attendant les deux autres pour finaliser la capacité de production prévue.
- Ta promotion, je m'en tape, la seule chose qui m'intéresse, c'est de savoir quand je vais pouvoir annoncer la mise sur le marché des premiers équipements de fabrication entièrement gauloisienne.
- Dès demain tu pourras le faire puisque tout sera prêt exactement pour dans deux jours.
- Tu en es sûr ? Il ne faudrait pas que l'on se ridiculise par un quelconque retard.
- Fais-moi confiance. Il n'y a aucun souci.

Le lendemain c'était le vendredi 22, excellent jour de semaine pour l'occasion. Les Gauloisiens allaient pouvoir dès ce samedi, acheter des CP cent pour cent gauloisiens et ce, durant tout le reste du week-end. Oui, mais le Montecarlo ne se serait-il pas trompé en lui parlant de deux jours ? Normalement le samedi les usines sont fermées. Il le rappela :

- Tu ne t'es pas planté en me parlant de deux jours pour le lancement de l'opération ? Dans deux jours c'est samedi et le samedi les usines sont à l'arrêt que je sache ?
- En fabrication tu as raison mon grand mais pas en commercial. Business is business, ajouta-t-il en éclatant de rire. Si ça t'arrange je te fais un week-end portes ouvertes. Ça te va ? C'est moi le Patron, je fais ce que je veux. Surtout si ça peut faire accélérer ton schmilblick.
- Donc, je peux annoncer à la fois, le début de la vente d'équipements entièrement fabriqués sous pavillon gauloisien et une opération portes ouvertes dans toutes tes usines ?
- Puisque je te le dis. Précise bien aussi dans ta com, que la visite et la vente se font également sur Internet.

- Internet c'est évident, mais tu m'as dit que c'était portes ouvertes à l'usine.
- Les deux mon capitaine, ne put s'empêcher de plaisanter Harnois-le-Montecarlo. Ceux qui voudront venir à l'usine pour acheter ou pour simplement visiter, seront les bienvenus et ceux qui ne voudront pas se déplacer pourront faire la même chose sur Internet. Que veux-tu de plus ? C'est pas beau ça ?
- Parfait.

Aussi ce vendredi matin, Livet-le-Foret s'appliqua-t-il à venir détailler dans les médias, l'opération qu'il avait appelée « Portes ouvertes au CP gauloisien », donnant force explications sur les avantages d'une production entièrement gauloisienne de ces petites merveilles à hautes technologies, qu'étaient ces magnifiques appareils, destinés à équiper les Casinos Personnels de ce non moins magnifique pays qu'était la Gauloisie.

Pourtant, tout le monde ne pavoisait pas après l'annonce de la subvention aux CP décidée par Estoppel-le-Miston. John-Lucho-la-Mélasse était une fois de plus en rage. Il avait encouragé ses sympathisants à s'endetter, alors qu'ils auraient pu avoir tous leurs équipements à moitié prix. Quel boulet ce Miston, ne pouvait-il s'empêcher de penser. Qu'est-ce qu'il allait bien maintenant pouvoir leur dire ? Ils ne lui feraient plus confiance. Le Corbillard qui avait l'habitude des médias aurait sûrement une idée. Il l'appela et après lui avoir exposé la situation, lui demanda :
- Tu en penses quoi ?
- Calme-toi Chef, ce n'est pas grave.
- Tu trouves, toi ? On a demandé à nos sympathisants de s'équiper pour ouvrir leur Casino Personnel en contractant un prêt bancaire, et aujourd'hui ils peuvent avoir la même chose à moitié prix ?
- Mais il n'y a même pas dix jours que tu le leur as dit. Il y en a plein qui sont encore dans la période de rétractation de leur prêt. Il suffit que tu rectifies le tir et tout rentrera dans l'ordre.
- C'est vite dit. Je vais encore passer pour un excité.
- Rassure-toi, pas plus que les autres fois.
- J'ai une idée. Je vais m'adresser à nos sympathisants en généralisant à tous les Gauloisiens. Pas évident mais jouable, ajouta-t-il, se délectant intérieurement de cette fine allusion. Je remercierai les gens qui m'ont suivi et les féliciterai de m'avoir fait confiance, le Chef-Président s'étant trouvé, suite à mes propos, dans l'obligation de mettre en place cette subvention publique pouvant être qualifiée d'universelle, puisque bénéficiant à tout le monde.
- Je ne vois pas le rapport entre notre incitation à un prêt bancaire et la subvention du Chef-Président.

- Très simple, je dirai qu'il ne faut pas pousser mémère dans les orties parce que le Miston peut raconter ce qu'il veut mais ce n'est en rien sa subvention. En vérité ce sont les contribuables qui la paieront et non pas lui, pas plus d'ailleurs que sa Caste.
- C'est évident, c'était juste une façon de parler.
- Sache qu'il est important d'avoir les idées claires là-dessus. Pour en revenir au suivisme Chef-Présidentiel, j'expliquerai que grâce à ma suggestion auprès des sympathisants de la Gauloisie Bistrophile les incitant à emprunter auprès des banques pour acheter les matériels de leurs CP, Estoppel-le-Miston a compris que, sans aide, le taux d'équipement resterait faible et que donc, pour remédier à ça, il lui fallait en distribuer un peu. D'où sa subvention donnant de l'argent aux gens pour éviter qu'ils ne s'endettent plutôt que de consommer. C'est donc grâce à moi et à moi seul, que le pays va s'équiper à moitié prix. Au final, c'est un beau coup. Je vais aller raconter ça aux saltimbanques médiatiques. Là, je suis sûr qu'ils ne me jetteront pas. Et toi, fais pareil, histoire d'enfoncer le clou.

Estoppel-le-Miston prenait son petit-déjeuner, discutant à bâtons rompus de choses et d'autres avec un de ses meilleurs amis, Marco-le-Fer-à-Cheval.

- J'ai besoin de toi, commença le Chef-Président.
- Si je peux. Pour faire quoi ?
- Tu te souviens, lors de mon élection on avait parlé de formation professionnelle.
- Oui, très bien, sauf que c'était juste pour ton élection. Depuis on a fait a minima.
- T'as entendu parler de mes CP que j'ai lancés.
- J'ai trouvé que c'était une excellente idée. Ça va occuper le bon peuple et en plus, si j'ai bien compris, ça devrait rapporter pas mal d'argent au Trésor Public. Tu as prévu des prélèvements je suppose ?
- Bien sûr mais pour l'instant je reste à un modeste à 5 %. Après, il sera toujours temps d'augmenter. Comme le dit Gibritte : « Faut laisser la bête s'élancer avant de la faire courir ».
- Belle citation. À propos de Gibritte, il y a longtemps que je ne l'ai pas vue, comment va-t-elle ?
- Très bien merci. J'aimerais que tu t'occupes d'une formation.
- Tu veux te former à quoi ?
- Pas moi, les Gauloisiens. J'ai promis une formation gratuite de croupier de casino à tous ceux et celles qui le voudraient.
- Ça risque de te coûter un bras.
- Il faut bien appâter. Je me suis dit que pour animer un Casino Personnel, il était au minimum nécessaire de connaître le boulot de croupier.

- Tu es trop perfectionniste, reprocha Marco-le-Fer-à-Cheval. Dans mon Université Pantalon-Assisté, je dis toujours à mes élèves, que trop c'est trop et que le trop est l'ennemi du bien. Donc, dis-toi qu'à quelques exceptions près, tout le monde s'en fout.
- Moi, je ne le crois pas. Explique-moi comment le type va pouvoir dans son CP tenir correctement la table de Roulette, s'il ne sait même pas ce que doit faire le croupier ?
- Il ne le saura pas et il improvisera, c'est tout.
- Je suis étonné qu'un prof tel que toi, réagisse comme ça. Tu devrais au contraire trouver l'idée excellente. Faire apprendre, c'est ton métier non ? En plus, tu as même reçu le prix du meilleur économiste de Gauloisie, mes CP, ça devrait te brancher.
- C'est bien en tant qu'économiste que je réagis. Ton idée de CP, c'est impeccable, mais est-ce que tu as estimé ce que cette formation allait te coûter ?
- Non, je n'en ai pas besoin. Ça ne me coûtera rien puisque ce n'est pas moi qui paierai et qu'en plus, à bonne formation, bon ouvrier comme le disait mon grand-père.
- Tu en as de ces références toi ? D'abord Gibritte, après ton grand-père. Plaisanterie mise à part, tu devrais calculer ce que va coûter la formation par rapport à ce que va rapporter l'activité CP.
- Pour quoi faire ? La formation c'est une fois, l'activité c'est tout le temps. Y'a pas photo.

Marco-le-Fer-à-Cheval ne put s'empêcher de sourire.
- Tu me rappelles les réactions primaires de mes élèves. Réfléchis. La formation c'est une fois, oui, la première fois. Après, tu auras tous ceux qui par la suite voudront se remettre à niveau.
- Connaissant les Gauloisiens, ça m'étonnerait qu'il y en ait beaucoup qui repiquent au jus.
- Détrompe-toi. Tu sais bien que le Gauloisien est à l'affût de tout. Dès qu'il a une occasion de se goberger à l'œil, il le fait.
- Tu n'exagérerais pas un peu, non ? Demanda le Chef-Président.
- Pas du tout, comment crois-tu que ça va se passer dans la pratique ? Le Gauloisien lambda, sachant qu'il a l'opportunité de buller quelque temps sans que ça lui coûte le moindre sou, tu crois qu'il va s'en priver ? Pire, je suis même persuadé que certains négocieront avec leur hiérarchie pour y aller sur leur temps de travail.
- Seulement si le patron accepte.
- Il acceptera.
- Pour quelle raison ?
- Pour t'aider. Ils te doivent tous bien ça.
- C'est vrai.

- Attends, je voudrais terminer sur un point auquel tu n'as visiblement pas réfléchi. As-tu une idée du nombre de personnes qui suivront la formation de croupier et qui n'exerceront jamais ? Tu y as pensé ?
- Je n'y ai d'autant moins pensé que je ne vois pas pourquoi quelqu'un prendrait la peine de suivre une formation pour rien.
- Justement, comme tu dis, pour rien, ou plutôt là aussi, pour passer gratis un bon moment de détente.
- Eh ben dis donc, le tableau que tu dépeins n'est pas terrible. Qu'est-ce que tu me conseilles ?
- Que tu fasses une formation gratuite conditionnée par le suivi.
- Tu peux déchiffrer ?
- La gratuité sera fonction de l'activité réelle du CP exploité ensuite par l'apprenant.
- Donc, concrètement ? S'impatienta Estoppel-le-Miston.
- Concrètement, l'apprenant paiera de sa poche sa formation et sera remboursé par la suite, au fur et à mesure de son activité.
- Ça ne change rien.
- Détrompe-toi. Dans un premier temps ça te fera de la trésorerie puisque tu empocheras le montant de la formation.
- Moins le coût à payer pour le formateur et les locaux.
- C'est vrai, mais il t'en restera quand même pas mal. Après, tu rembourseras l'apprenant en fonction de l'activité de son CP.
- Comment je pourrai faire ?
- Facile, tu m'as bien dit que tu prélevais 5 % sur chaque CP ?
- Oui.
- Alors tu continues à prélever tes 5 %, sur lesquels tu lui en redonnes un, jusqu'au remboursement complet de la formation.
- Super-top, s'enthousiasma le Chef-Président. Avec ton système, la formation coûtera à l'apprenant, mais au final ne lui coûtera rien puisqu'il sera remboursé en fonction de l'activité de son CP.
- Tu as tout compris, félicita Marco-le-Fer-à-Cheval.
- Il va falloir que j'explique ça au pays.
- Tu veux que je m'en occupe ? J'ai plus l'habitude que toi de faire de la pédagogie. Tu sais, cette fameuse pédagogie qui sert à expliquer comment on va te le mettre profond tout en te faisant du bien, ajouta-t-il en riant bruyamment.
- Non je vais le faire. Je tiens simplement à ce que tu prennes en charge l'organisation de la formation. Ce sera déjà pas mal. Par contre je ne veux plus que tu plaisantes avec la pédagogie, c'est trop sérieux et surtout trop utile pour la dénigrer.
- On peut bien quand même rigoler un peu, non ? Cela dit, le mieux serait que tes CP deviennent d'utilité publique.
- D'utilité publique ? S'étonna le Chef-Président.

- Absolument, c'est conforme à la définition. À partir du moment où tu mets en place une mesure publique pour une exploitation privée qui doit rapporter de l'argent au citoyen, c'est qu'il s'agit d'une mesure que l'on peut qualifier d'utilité publique.
- Et j'en fais quoi ?
- Tu t'en sers pour te faire mousser.
- Tu verrais ça comment ? Si je me souviens bien de mes cours en droit administratif, l'enquête publique ne peut être lancée que par le Prépuce de région et ne doit concerner que des aménagements ?
- De par ta fonction, légalement tu es le Super-Prépuce de la Gauloisie et que je sache, tes CP ça concerne bien des aménagements non ?
- On peut voir ça comme ça, répondit Estoppel-le-Miston, hésitant malgré tout quelque peu.
- C'est tout vu. En tant que Chef-Président, tu fais ce que tu veux.
- Là, tu vas un peu loin.
- Un peu, c'est vrai. Alors restons sur le concept d'aménagement. Lorsque tu exposeras le mécanisme de remboursement, tu n'auras qu'à préciser, que pour assurer la pérennité de l'investissement, le CP sera dans les jours qui viennent, déclaré comme mesure d'utilité publique.
- Tu crois vraiment que ça suffira à convaincre le peuple ?
- C'est certain pour peu que tu le présentes dans du chocolat.
- Dans du chocolat ?
- Oui, comme tu le fais habituellement. Pour tes CP, le chocolat c'est : on investit a minima puisque l'on bénéficie de subventions, on dispose d'une formation gratuite puisque entièrement remboursée et on gagne beaucoup d'argent puisque l'investissement initial se voit ainsi fructifié.

À ce moment-là de la conversation, Gibritte-le-Miston entra. Elle salua Marco-le-Fer-à-Cheval :
- Salut Marco, il y a un bail que l'on ne t'a pas vu.
- Oui, ça fait bien trois mois. Tu sais, j'ai beaucoup de boulot. En plus ton mari vient encore de charger la mule.
- Ça ne m'étonne pas de lui. Il faut toujours qu'il sollicite ses collaborateurs. Même la nuit, tu te rends compte.
- Je sais, il m'a déjà réveillé plusieurs fois.
- À part ça, qu'est-ce que tu racontes de beau ?
- Rien de particulier, sinon que je dois mettre en place une formation gauloisienne de croupier.
- Ah, il t'a embauché pour son invention de Casino Personnel.
- Exactement.
- Et tu crois, toi l'économiste éminent, que ça va marcher ?
- C'est certain.

- Merci de t'avoir comme supporter, intervint en souriant Estoppel-le-Miston.
- Non ce n'est pas ça, affirma le Fer-à-Cheval. Simplement c'est une excellente idée, qu'il faut un peu peaufiner pour s'en assurer le meilleur profit.
- Peaufine, peaufine, enchaîna Gibritte-le-Miston tout en commençant à déguster une viennoiserie. Dis donc Estoppel, ils sont drôlement bons ces pains au chocolat.
- Oui, tu sais bien que j'ai gardé le fournisseur du Batave.
- C'est vrai, j'oublie toujours que je te le dis à chaque fois. En tout cas, tu as bien fait.
- Je sais, je sais, s'impatienta le Chef-Président. Bon, Gibritte, tu peux maintenant nous laisser bosser ?
- Tu as raison je m'en vais, moi aussi j'ai à faire.

Et elle sortit, emportant un autre pain au chocolat, ajoutant :
- Ce n'est pas bien raisonnable. J'en prends quand même un autre pour la route, précisa-t-elle en riant aux éclats.

Marco-le-Fer-à-Cheval enchaîna :
- Gibritte est rentrée et tu ne m'as pas répondu, Estoppel. Veux-tu que je m'occupe de diffuser les explications sur la manière dont va être gérée la formation ? Je te fais pour ça deux ou trois pavés sur ton Facebook, accompagnés de quelques tweets bien saignants comme ceux de Dodo-la-Trompette.
- Je t'ai répondu, je t'ai déjà dit non. En plus, des tweets du style de ceux que pond la Trompette, je préfère m'en passer. Non, la seule chose qui m'intéresse, c'est que tu mettes en place les centres de formation.
- Comme tu voudras. Surtout n'oublie pas de préciser que la formation devra d'abord être payée avant d'être remboursée. Détaille aussi la manière dont sera géré le remboursement, sinon tu n'auras personne.
- Tu fais bien de me le rappeler, je n'avais pas encore intégré le process.

Il marqua un petit temps d'arrêt, puis enchaîna :
- Allez, on y va. Organise la formation et moi, je me charge du baratin qui va avec. Par contre, je veux aller vite. Il faut que tout soit opérationnel pour le 1er avril.
- Pas terrible comme date, ça fait un peu gag mais bon, on fera avec, termina Marco-le-Fer-à-Cheval, prenant dans le même temps congé du Chef-Président.

Avril 2019

Comme toujours en pareille circonstance, Estoppel-le-Miston pestait. Cela faisait déjà trois bons mois qu'il avait annoncé la libéralisation de l'activité Casino par la création des CP mais après un début tonitruant, plus rien ne semblait avancer. Le retour terrain qu'il en avait, montrait pour l'instant au niveau national, une progression plus que poussive.

La seule bonne nouvelle était que les Gauloisiens se bousculaient déjà aux portes des organismes de formation que Marco-le-Fer-à-Cheval avait réussi en un temps record à mettre en place.

Il devait absolument trouver un boost, sinon on n'en serait encore au même point à Noël mais il n'avait pas trop d'idées sur le sujet. Fallait-il modifier les règles du CP ? Fallait-il les conserver telles quelles et en créer d'autres en complément ? Ou au contraire, fallait en supprimer ? Il ne savait pas qu'en penser. Son indécision était totale. Le mieux était de faire travailler là-dessus Raldo-le-Romarin. Après tout, n'était-il pas son Lieutenant de la Débine et des Ardoises Publiques ? Si lui n'avait pas d'idée, qui en aurait ?

Il l'appela, lui détailla les différentes alternatives qu'il voyait et conclut en lui demandant de plancher sur un booster CP efficace. Raldo-le-Romarin estima avoir besoin de quarante-huit heures de réflexion et ils convinrent d'une réunion de travail pour le lundi 15, quatorze heures.

Estoppel-le-Miston était particulièrement satisfait du déjeuner qu'il venait sinon de déguster, tout au moins d'avaler. Crevettes et loup grillé étaient ses plats préférés. Heureusement que Gibritte veillait à ce que leur soit servie une nourriture équilibrée et saine. Être Chef-Président exigeait une forme physique à toute épreuve. Ce fut donc avec une bonne humeur bienveillante qu'il reçut Raldo-le-Romarin :
- Tu nous l'as trouvé ce booster d'enfer ? Explique-moi comment « on va s'en toucher une, en faisant bouger l'autre », a contrario de ce que disait un de mes vénérés prédécesseurs, Jacquot-le-Croquant.

Peu habitué à voir le Chef-Président plaisanter sur des sujets aussi sensibles, il le dévisagea l'air surpris.
- Quoi ? Pourquoi tu me regardes comme ça ? S'étonna Estoppel-le-Miston.
- Je suis étonné de te voir prendre ça à la rigolade.
- Non, je disais ça, juste pour insister sur le fait qu'il est très important pour moi, que le CP s'implante dans le pays mais tu as raison, restons sérieux, alors donc ?
- Tu as l'air d'avoir complètement oublié un point très important.

- Impossible, je n'oublie jamais rien. Tous les soirs avant de m'endormir, je révise ce que je vais faire et dire le lendemain.
- Ah bon ? Alors pourquoi ne parles-tu que de tes CP ? On dirait que tu as complètement zappé les prochaines élections.
- Quelles élections ?
- Les élections européennes. Tu sais bien qu'elles vont avoir lieu le mois prochain.
- C'est pourtant vrai. Personne n'en parle. Et moi, je n'y pensais plus du tout. Avec tout le bordel gauloisien que l'on a à gérer, j'ai d'autres chats à fouetter.
- Sauf, que tu vas devoir ramer encore plus que pour ta libéralisation de l'activité casino, s'inquiéta Raldo-le-Romarin.
- Rappelle-moi la date prévue ?
- Le samedi 25 mai. On a encore le temps de s'organiser pour les gagner, mais sans plus.
- Pourquoi un samedi et pas le dimanche comme d'habitude.
- Parce qu'elles ont lieu le même jour dans toute l'Union et qu'elles ont été fixées le samedi.
- Et le deuxième tour, il aura lieu le samedi suivant ou quinze jours après ?
- L'élection européenne n'est qu'à un seul tour.
- Ah oui, exact ! Il n'y a bien que les Gauloisiens pour inventer des élections à deux tours. Bon, on va soigner tout ça. Ce sera la première fois que La Rabdologie En Mouvement présentera des candidats européens sous son étiquette. Tu vas voir, ça va en jeter. Et si on se servait de l'opération CP comme tremplin ?
- Si ça plaît oui, sinon non.
- Mais ça plaît.
- Vu les résultats actuels, il est encore un peu tôt pour le dire. De fait, les sondages sont unanimes, ton CP plaît de par tout ce que l'on a fait miroiter comme argent à gagner. D'ailleurs les statistiques d'activité montrent qu'en effet les choses commencent à bouger un peu. De là à dire que c'est gagné, ce n'est pas évident.
- Je m'en fous. Après tout pourquoi ne pas coupler les deux ? Le CP c'est de l'argent, alors y associer l'Europe ne peut que favoriser nos candidats et aussi le CP par simple effet d'entraînement.
- Quel rapport ?
- Réfléchis. L'Europe a inventé l'Euro, ce n'est pas de l'argent ça ? Si on dit : « Avec l'Europe gagnez des Euros sur vos CP », tout le monde va applaudir. Eh ! Je viens d'avoir une fulgurance.
- Une quoi ?
- Une fulgurance, une idée quoi, tu ne connais pas le terme ?
- Non, avoua Raldo-le-Romarin.

- Tant pis. Ma fulgurance, c'est juste un slogan qui m'est venu spontanément. Écoute bien, si je dis : « Avec La Rabdologie En Mouvement pour une Europe dans la Gauloisie ». C'est pas grandiose ça ? Il y a des fois où je me surprends à avoir des accents Charlistes.
- Mais, la Gauloisie est dans l'Europe et non l'inverse.
- C'est là où ça flashe. Suis bien mon raisonnement. La Gauloisie a inventé le CP et comme il y a des élections européennes, profitons-en pour que le CP s'étende à toute l'Europe. Ainsi, de facto, elle deviendra gauloisienne et on enchaînera en expliquant ce que sera l'Europe dans la Gauloisie. Tout bien réfléchi, je veux que ça devienne notre slogan.
- Tu n'irais pas un peu loin par hasard ?
- Pas du tout. Plus j'y réfléchis, plus je suis convaincu que ça va faire un bœuf.
- Moi, je veux bien, assura le Romarin, l'air dubitatif.
- Et tu as pensé à mon boost CP ?
- Oui, mais tu me déstabilises un peu avec ton Europe gauloisienne. Tu tiens vraiment à ce que l'on communique là-dessus ?
- Ne discute pas, c'est décidé. Le boost ?
- J'avais pensé à une com autour de : « Le Chef-Président à la campagne ». C'est peuple et la campagne c'est plouc mais ça branche tout le monde. En plus, le grand air ça fait oublier les petits tracas quotidiens.
- Pas mal. Par contre ça m'oblige à y aller et pour y faire quoi ?
- Jouer au CP.
- Qu'est-ce qui te prend Raldo, tu as bu ou quoi ?
- Je t'explique. On te trouve une ferme, avec une famille disposant d'un CP.
- Stop, je t'arrête. Une ferme, ce n'est pas la campagne.
- Les fermes sont bien dans la campagne non ? Argumenta Raldo-le-Romarin. Donc, c'est pareil.
- Admettons. Cela dit, je ne sais pas s'il y a beaucoup de fermes qui se sont équipées d'un Casino Personnel.
- Aucune importance, on en installera un quelque part au fin fond de la brousse gauloisienne.
- Pourquoi pas ? Ce n'est pas une mauvaise idée, finit par admettre le Chef-Président.
- On va te trouver une famille fermière sympa et tu y passeras une journée entière.
- Tu es fou, c'est beaucoup trop.
- Attends, tu prendras tes, petit-déjeuner, déjeuner, goûter et dîner avec eux.

- Et puis quoi encore ? Pas le dîner, faut rien exagérer. Pourquoi pas dormir aussi tant que tu y es ?
- Quand même pas. Bon, alors, on oublie le dîner. Pendant toute cette journée, tu discuteras avec eux et tu joueras sur les appareils de leur CP. Je t'avoue qu'au départ, je n'avais pas pensé aux élections, mais après, je me suis dit que l'on en profiterait pour coupler les deux. On demandera aux médias de broder autour du thème : « Le Chef-Président va à la ferme pour prendre le pouls paysan », en ajoutant : « et pour y parler également des élections européennes ».
- Pas mal mais un peu sec. Il faut creuser pour améliorer en gardant l'idée.
- C'est un premier jet, précisa modestement Raldo-le-Romarin.
- Plus j'y pense, plus je trouve ton idée excellente.
- Merci Estoppel.
- Je vois bien le canevas à développer et à mettre en place. Une ferme gauloisienne est visitée par le Chef-Président. Tu l'appelleras : « Estoppel à la ferme ».
- Ce n'est pas un peu familier ? On ne pourrait plutôt pas dire : « Le Chef-Président à la ferme ».
- Certes, je suis le Chef-Président mais pour le coup c'est trop protocolaire. Donc ce sera Estoppel. Après, il faudra détailler le planning de la journée autour du CP. Mon idée de pitch :
Estoppel joue à la machine à sous, gagne puis perd. Ensuite, Estoppel joue à la roulette et gagne. Soit dit en passant, il faut que je gagne à la roulette car je veux absolument promouvoir ce jeu en tant que table de jeu de CP à part entière. On terminera par du poker. Je ne sais pas très bien y jouer, ce qui n'aura aucune importance car là, il faudra que je perde. Le bilan global de ma journée devra dans tous les cas être une perte finale de quelques dizaines d'euros.
Fin du pitch. Tu vois, il est très important que les Gauloisiens apprécient cette journée à deux niveaux :
Un, leur Chef-Président aime le peuple.
Deux, il est raisonnable et sait s'arrêter quand il perd sans trop perdre.
- C'est noté. Qu'est-ce que l'on fait pour les élections ?
- J'en parlerai aux autres dans la journée. Comme elles n'ont que peu d'importance aux yeux des Gauloisiens, je les évoquerai de temps en temps en faisant attention à ne pas trop saouler car c'est vraiment le cadet de leurs soucis. D'ailleurs, tu vois, même moi je les avais complètement oubliées.
- Il faut quand même que nous ayons des députés européens LREM.
- Naturellement on va tout faire pour, mais fondamentalement ça n'a pas grande importance.

- Pour ta balade à la ferme, tu voudras la faire quand ?
- Je ne sais pas moi, évite simplement le mercredi pour que l'on n'ait pas les gamins dans les pattes.

Raldo-le-Romarin consulta l'agenda Chef-Présidentiel et réfléchit quelques secondes :

- J'hésite entre le mardi 23 et le jeudi 25. Je pense que le jeudi serait le plus efficace. Pour l'instant, tu n'as rien de particulier de prévu ce jour-là. Ce ne serait pas mal non ? Regarde, si on balaie la semaine. Le lundi, le Gauloisien rentre de week-end et ne pense qu'à la dure reprise de la semaine. Le mardi ce n'est pas mal, bien que ce soit malgré tout encore le début de la semaine, toujours un peu pénible. Le mercredi, on l'a vu. Le jeudi, là, le travailleur pense au week-end qui arrive bientôt même s'il est encore un peu loin. On peut donc ce jour-là capter son attention en lui parlant. Quant au vendredi, c'est trop tard, le week-end est au bout de la journée, il n'y a plus que ça qui compte.
- Allez, vas-y pour le jeudi 25. Je dois préparer quelque chose ?
- Non, reste naturel. Le mieux, c'est que tu discutes avec les fermiers.
- Pour leur dire quoi ?
- Tu leur parles de tout et de rien. Reste classique. Demande-leur la manière dont ils vivent et ce que justement ils pensent du tout et du rien. Glisse aussi quelques banalités sur les élections européennes.
- C'est tout ?
- Non, en même temps tu joues.
- Ça risque de faire long toute une journée.
- Pense que le CP c'est ton initiative pour le bien de la Gauloisie.
- Alors, j'insisterai sur le côté hyperbénéfique et hyperenrichissant de la libéralisation de l'activité casino.
- Insiste surtout sur l'enrichissement dont chaque famille gauloisienne bénéficiera ou bénéficie déjà pour celles qui se sont équipées.
- Surtout que comme au bilan de la journée, j'aurai perdu un peu d'argent, ma famille fermière d'accueil se sera enrichie d'autant.
- Absolument, on fera mousser tout ça.
- Allez c'est parti, railla le Chef-Président. Mais j'y pense, et les élections européennes je les place comment ?
- Comme je te l'ai dit, évoque-les de temps en temps au fil de l'eau. De toute manière ça n'intéresse personne. Tu y seras quand même obligé parce que tu auras les médias autour de toi pour enregistrer et commenter cette visite que l'on déclarera comme mémorable. Fais ça au feeling.
- J'en profiterai aussi pour faire rentrer dans les cervelles mon slogan qui deviendra la devise de La Rabdologie pour les élections : « L'Europe dans la Gauloisie ».

- À la campagne, c'est culotté de dire ça, mais pourquoi pas ? Plus c'est gros, plus ça passe, conclut Raldo-le-Romarin.

Il était temps, pour le plus grand plaisir du Chef-Président, chaque jour de ce mois d'avril voyait les Gauloisiens ouvrir un peu plus de Casinos Personnels. Les mesures d'aides annoncées et surtout très largement expliquées, commençaient enfin à porter leurs fruits. Elles étaient maintenant utilisées à grande échelle par les Gauloisiens qui y voyaient une aubaine à ne pas rater. Du coup, le parc des CP commençait à devenir conséquent.

Le 25 vint rapidement. La veille, l'ensemble des journalistes et autres accrédités ne tarissaient pas d'éloges sur le côté peuple du Chef-Président. Le service médias du Palais de l'Étable avait insisté sur l'appellation de la journée : « Estoppel à la ferme ». La région de la Gauloisie profonde choisie avait été la Sartine, à même pas deux cents kilomètres de Lutécie. Il était huit heures du matin. Toute la famille d'accueil, grands-parents et parents, était présente pour l'évènement, à l'exception bien entendu des enfants que l'on venait de déposer à l'école. Les médias amassés devant la ferme attendaient le Chef-Président.

L'hélicoptère se posa à huit heures cinq précises. Estoppel-le-Miston, sourire aux lèvres, fit une première déclaration à la foule des micros qui se tendaient vers lui.
- Bonjour à toutes et à tous. Nous allons passer ensemble, je l'espère, une excellente journée.

Il enchaîna ensuite sur une petite tirade, expliquant la raison principale de ce jour à la ferme.
- En venant ici, j'ai voulu me rendre dans une famille fermière grâce à laquelle nous pouvons manger. La ferme produit notre nourriture. Il est donc important que nous lui rendions hommage. C'est tout le sens de ma visite.

Il se dirigea vers la famille qui l'attendait à l'entrée.
- Merci de bien vouloir m'accueillir pour cette journée qui, je l'espère, sera profitable à chacune et à chacun d'entre nous.

Il se dit que ça ne signifiait pas dire grand-chose, mais le principal n'était-il pas de faire un premier geste de courtoisie ?

Il s'avança de quelques pas et se retrouva directement dans la cuisine. Celle-ci ouvrait sur l'entrée de l'habitation comme cela se faisait traditionnellement dans les maisons sartinoises. Quelques journalistes ainsi que le cameraman avaient été sélectionnés pour le suivre tout au long de cette journée à la ferme. Il se dirigea vers le grand-père :
- Bonjour cher Monsieur. Vous vous appelez comment ?

- Alphonso-le-Pédalo, très heureux de vous accueillir parmi nous, Monsieur le Chef-Président.

Puis se tournant vers la mère de famille :
- Et vous, chère Madame ?
- Martigne-la-Pommade, Monsieur le Chef-Président.
- Très bien Martigne. Allez, on prend le petit-dej ? Moi, c'est thé et corn-flakes.
- J'ai bien du thé mais je n'ai pas de corn-flakes, Monsieur le Chef-Président, je n'ai que du pain.
- Va pour le pain et arrêtez avec les « Monsieur le Chef-Président », Martigne. Appelez-moi simplement Estoppel. Ne doit-on pas passer toute une journée ensemble ?
- D'accord, Monsieur le… Heu, Estoppel.

Il pensa aux journalistes présents. Pourvu que le cameraman n'ait pas loupé la scène. C'était vraiment trop top.

Les présentations faites, il ne restait plus maintenant qu'à s'attabler. Le petit-déjeuner semblait vraiment copieux.
- Je ne pourrai jamais manger tout ça, ne put s'empêcher de penser le Chef-Président.

Se tournant vers ses hôtes, il enchaîna :
- On va goûter toutes ces merveilles. Pour préparer cette journée qui s'annonce comme magnifique, allons-y Martigne pour un bon thé bien infusé et un petit nuage de lait.

La fermière le servit copieusement. Il trempa sa tartine dans son bol tout en déclarant :
- Succulent, apprécia-t-il. Rien ne remplace un bon petit-déjeuner pour avoir la forme. Ça me fait penser, comment se porte votre CP ?
- Pour l'instant je ne peux encore rien vous dire, répondit-elle, on vient juste de l'installer.

La tuile. Le Romarin aurait quand même pu choisir une ferme ayant déjà un Casino Personnel opérationnel. Du coup, à chaque fois qu'ils allaient découvrir un jeu, on allait avoir droit à des « oh » et des « ah ». Quelle plaie. Il décida de ne rien laisser paraître de son mécontentement, enchaînant avec le sourire.
- Vous verrez c'est génial. Vous allez pouvoir, à la fois vous amuser et gagner de l'argent.
- On aimerait bien surtout gagner de l'argent, intervint Alphonso. Les affaires de la ferme ne sont pas très florissantes. Si ça pouvait nous mettre un peu de beurre dans les épinards, ce serait vraiment très bien pour nous.
- Mieux que ça, insista Estoppel-le-Miston. Vous verrez, vous allez vous faire une petite fortune.

- Vous savez, enchaîna Alphonso, nous ne demandons pas la fortune. Nous avons juste besoin d'un petit complément pour mieux vivre.

Ils commencent à me saouler, pensa le Chef-Président. C'était quoi ces pleurnicheurs. Franchement, là, ça faisait beaucoup. Il allait devoir une fois de plus rattraper le coup.

- Ne vous inquiétez pas. Vous verrez, vous ne serez pas déçus.

Il se dit que pour pouvoir déclencher l'enthousiasme de ses hôtes, il lui faudrait jouer plus gros que prévu. Vu le nombre de médias présents, il n'était pas question du moindre couac. Tiens, c'est vrai, est-ce qu'il avait assez de monnaie sur lui ? De toute manière il était trop tard pour s'en préoccuper. Il improviserait le moment venu.

Ne voulant rien laisser paraître de sa contrariété, il enchaîna pour faire diversion.

- Et les enfants, ça va bien ?

Sans attendre la réponse, il poursuivit :

- En tant que Chef-Président, je veux que tous mes chers concitoyens soient heureux et puissent bénéficier de la meilleure éducation possible.
- De ce côté-là, pas de problème, affirma Martigne-la-Pommade.

Ouf, enfin quelque chose de positif à mettre sous la dent des médias. Il fallait profiter du filon.

- Et ils veulent faire quoi ces petits loulous ?
- Il n'y en a qu'un seul et ça nous suffit.

Décidément quand ça ne veut pas, ça ne veut pas, pensa Estoppel-le-Miston.

- Et donc ? Enchaîna-t-il.
- Il veut plus tard, reprendre la ferme, indiqua Martigne.
- Excellent. Ça doit vous faire plaisir de voir la pérennité de votre exploitation assurée.
- Oui, s'il arrive à gagner suffisamment avec pour pouvoir en vivre.

Encore ? Qu'est-ce que c'était que ces obsédés par l'argent. En tout cas il devait absolument les rassurer.

- C'est bien normal. Vous allez voir, votre CP va vous donner le complément que vous attendez, et même au-delà.

Marquant un temps d'arrêt, il enchaîna :

- Et ce, avant l'au-delà si je puis oser cette métaphore.

C'était moyen. Où est-ce qu'il était allé chercher ça ? Se demanda-t-il. Voulant faire oublier ce final plutôt déplacé, il enchaîna :

- Je vous propose que nous fassions les premiers essais. Vous pourrez ainsi juger sur pièce. Je commencerais bien une petite mise en jambes sur votre machine à sous. Qu'est-ce que vous en pensez ?

- Si vous voulez mais elle est encore dans les cartons, déplora
  Martigne. On ne savait pas que vous voudriez y jouer, alors on a
  juste préparé la roulette et la table des jeux de cartes.

Incroyable, le Romarin avait vraiment bâclé le travail. Il allait lui
remonter copieusement les bretelles. Maintenant il ne lui restait plus
qu'à redresser la barre. Les médias devaient pouvoir montrer qu'il savait
faire face à toutes les situations. Affichant un grand sourire, il déclara :
- Ce n'est pas grave Martigne, on va tout simplement l'installer
  ensemble. Montrez-moi où vous voulez la mettre et on va la faire
  marcher. Vous allez voir.

Ils se dirigèrent vers la pièce où se trouvaient les cartons de la
machine à sous. Les journalistes relataient la scène avec admiration. Le
Chef-Président se préparait à installer lui-même une machine à sous.
Comme il n'y avait que deux cartons, Estoppel-le-Miston se dit que ce
ne devait pas être trop compliqué. Pourvu qu'il y ait la notice de
montage.

Les journalistes et caméras suivaient, curieux de voir comment le
Chef-Président allait s'y prendre. Les cartons défaits, il poussa
mentalement un soupir de soulagement. Le plus gros était l'emballage
du corps de la machine et l'autre, le bras qu'il suffisait apparemment de
clipper. Il se tourna vers les caméras et déclara :
- Je vais aider cette famille en lui montant sa machine à sous, de sorte
  qu'après, je pourrais ou plutôt, on pourra y jouer afin d'apporter un
  peu d'argent au moulin de cette exploitation fermière méritante.

Il était vraiment content de cette formule qui, comme d'habitude, lui
était venue spontanément.

Prenant le bras, il l'appuya brusquement sur le corps de la machine.
Tout le monde entendit le bruit du clip assurant l'assemblage des deux,
les rendant ainsi indissociables. Il brancha la prise électrique qui
déclencha l'allumage des lumières intégrées. Puis, s'adressant à la
famille qui le regardait avec surprise :
- Vous voyez Martigne, quand on a besoin de moi, je suis là.

Il se tourna vers les caméras et ajouta :
- Comme d'ailleurs je le suis toujours pour tous les Gauloisiens.

Revenant vers ses hôtes, il conclut :
- Bon, maintenant on va enfin pouvoir jouer.

Il tâta les poches de son costume. Ouf, il y avait quelques pièces. Il
les sortit, prenant soin à ce que les caméras puissent enregistrer ce qu'il
allait faire :
- Vous voyez Martigne, la manette que j'ai installée ?
- Oui, elle semble bien fixée maintenant.

- Je l'ai effectivement clippée. L'avantage, c'est que vous n'êtes pas obligée de vous en servir pour jouer.
- Ah bon ? Je croyais que c'était ça qui déclenchait la partie.

Il introduit une pièce, appuya sur le gros bouton rouge face à lui, faisant ainsi démarrer la rotation des rouleaux.

- Tout à fait, mais vous pouvez faire la même chose en appuyant sur ce bouton. Vous voyez, ça tourne.

Une fois les rouleaux arrêtés, il conclut :

- Voilà, j'ai perdu et vous, vous avez gagné ce que j'ai perdu.

Les journalistes présents ne manquant pas d'ajouter par la pensée : moins les prélèvements.

Malgré tout, personne ne se permit la moindre remarque, à l'exception d'Alphonso qui s'extasia :

- C'est drôlement bien ce machin. On gagne de l'argent sans rien faire.
- Oui, c'est pour ça que j'ai libéralisé l'activité casino.

Se tournant à nouveau vers les journalistes et leurs caméras, il ajouta :

- Chaque Gauloisienne et chaque Gauloisien peuvent ainsi gagner de l'argent. Beaucoup d'argent. Profitez-en, croissez en multipliant vos gains et vous deviendrez riche, à l'abri du besoin de façon durable. Cette exploitation simple et lucrative du CP permet d'accroître, non seulement la richesse de chacune et de chacun d'entre vous, mais aussi et par contrecoup celle du pays tout entier ainsi que celle de l'Europe dont nous élirons nos représentants le mois prochain.

Bien joué les élections se félicita-t-il. Il se sentait porté par une vague d'excitation que la réussite de ce subtil placé décuplait.

Sous l'œil toujours admiratif des journalistes présents, s'extasiant en direct sur l'efficacité Chef-Présidentielle qu'il venait une fois de plus de montrer et même d'ailleurs ajoutaient-ils, de démontrer, il poursuivit :
- Puisque tout va bien, je vais continuer à jouer.

Il fouilla à nouveau dans ses poches et constata qu'en fait, il ne lui restait plus beaucoup de pièces. Pas grave. Il les prit, les montra aux caméras et déclara :

- J'ai encore de la monnaie sur moi, je vais donc pouvoir continuer à jouer.

Et s'adressant à tous, il poursuivit :

- Vous voyez, bien qu'il me soit possible à chaque partie de jouer plusieurs pièces en même temps, je vais me contenter de n'en jouer qu'une seule à la fois. L'avantage c'est que ça fera durer le plaisir et me permettra du même coup de m'amuser plus longtemps. C'est sympa non ?

Sans attendre, il enchaîna plusieurs parties. Tout à coup, une sonnerie retentit et quelques pièces tombèrent :

- Regardez, j'ai gagné. Voyons, combien ? J'ai ce que l'on appelle les trois doubles « BAR », ce qui me donne un gain de 500 euros. Eh ! Comment se fait-il que je n'ai que 8 euros dans la goulotte ?

Un journaliste s'approcha, lui indiquant aussi discrètement que possible :

- C'est normal Monsieur le Chef-Président, vous venez d'installer la machine. Elle ne contient que les pièces que vous avez jouées avant.

Il a raison, pensa Estoppel-le-Miston. Mieux vaut que je me la ferme, sinon ça risque de tout foutre par terre. Il rectifia :

- Ah oui, c'est vrai, c'est toujours comme ça au début. Après, tout rentre dans l'ordre. Bon, je vais donc continuer, il n'y a pas de raison.

Il joua à nouveau plusieurs parties, jusqu'à ce qu'il n'ait plus de pièces.

- Dommage, je n'ai plus d'argent sur moi. J'aurais bien continué, mais bon.

On y était, il ne restait plus maintenant qu'à improviser. Aussitôt Davy-le-Pugiliste qui était au premier rang des journalistes, se précipita, lui tendant une poignée de monnaie :

- Tenez Monsieur le Chef-Président.
- Merci le Pugiliste, ce ne sera pas nécessaire.

Voyant cela, Crispite-la-Castagne présent aux côtés d'Estoppel-le-Miston, s'approcha pour lui murmurer à l'oreille :

- Va chercher de l'argent avec ta carte bancaire, tout le monde va s'y croire, lui susurra-t-il.

Il était gentil Crispite, est-ce qu'au moins il l'avait sur lui, sa carte bancaire ? Depuis qu'il était Chef-Président il n'en avait plus besoin puisque tout était pris en charge par le protocole. Il palpa ses poches, ne trouva rien. La poisse ! Soudain il eut une illumination et regarda la pochette de sa veste. Dans le temps il la mettait toujours là car c'était le plus pratique. Oui, elle y était. Merci Gibritte de ne pas avoir donné le costume au pressing. L'air décontracté, il déclara :

- Comme je suis parmi vous en excellente compagnie et que je considère ne pas avoir assez joué, je vais aller chercher un peu d'argent pour continuer.

Tout le monde sortit pour suivre le Chef-Président, sauf qu'il ne savait pas où il pourrait trouver un distributeur dans ce coin pourri qu'il ne connaissait pas le moins du monde. Son chauffeur le saurait certainement. Il s'excusa auprès de ses hôtes :

- Désolé, si vous voulez gagner plus d'argent, il me faut aller chercher un peu de sous. J'en ai pour cinq minutes. Attendez-moi, je reviens tout de suite.

Effectivement, le chauffeur le déposa devant le distributeur de la banque d'à-côté. Ouf ! Il se souvenait de son code. Combien allait-il retirer ? Il ne devait pas faire trop radin, ni trop joueur non plus. Il décida que deux cents euros seraient très bien.

Une fois les billets récupérés, il se dit qu'il allait avoir besoin de pièces. On n'était pas dans un casino traditionnel avec des machines à sous acceptant et distribuant des reçus papiers en guise d'argent. Il demanda à son chauffeur de s'arrêter chez un ou plusieurs commerçants pour faire de la monnaie.

Ce ne fut pas simple. On était le matin et les commerçants n'avaient que très peu de pièces en caisse. Tout au plus quelques euros qu'ils échangèrent avec grogne et réticence. Aucun n'avait reconnu le Chef-Président. Ah ! On était bien dans la Gauloisie profonde. Rendre service, à la rigueur mais faire de la monnaie juste sur le fond de caisse, là, non.

Une fois ses deux cents euros malgré tout échangés et les pièces réparties dans plusieurs de ses poches, veste et pantalon, il se fit reconduire à la ferme pour y continuer la séance.

La suite se déroula dans le calme et la sérénité. Il joua, évoquant au gré de la matinée, l'opportunité que représentaient les élections pour améliorer le profit du CP en l'européanisant, perdit, gagna de temps en temps et décida de s'arrêter sur un dernier gain.

Il fit les comptes et constata :
- Voilà, j'ai perdu et donc vous avez gagné 58 euros. Pas mal pour un début de journée, vous ne trouvez pas ?
- Oui, c'est vrai, admit Martigne-la-Pommade.

Les caméras enregistraient en continu, les journalistes commentant en direct la prestation Chef-Présidentielle. Il consulta sa montre :
- Bon, c'est pas le tout, il commence à se faire tard et à faire faim aussi. On a tellement été occupés qu'on n'a pas vu la matinée passer.
- C'est vrai, admit Martigne. Si vous voulez, on peut passer à table, Monsieur le Chef-Président.
- Estoppel, je vous ai dit de m'appeler Estoppel. Qu'est-ce que vous nous avez préparé de beau et surtout de bon pour déjeuner ?
- Un excellent cassoulet avec des cocos blancs extras que j'ai congelés l'année dernière. Ce n'est pas un plat très sartinois mais c'est tellement délicieux, qu'on n'a pas résisté à vous le faire déguster.

Je rêve, pensa Estoppel-le-Miston. Me faire un cassoulet à moi, le Chef-Président et en plus devant toutes les télés, faut vraiment être complètement fêlé. Compte tenu de la situation, il décida de faire contre mauvaise fortune bon cœur.

- Génial ! Par contre vous savez, j'ai un petit appétit, ne put-il s'empêcher d'ajouter.

Ils s'installèrent autour de la table familiale.

- Par contre, j'ai préparé une entrée totalement sartinoise, des rillettes avec des cornichons.

La totale se dit Estoppel-le-Miston. Heureusement que j'avais demandé à Raldo de faire préparer un repas léger. Rillettes et cassoulet, après ça, il ne me restera plus qu'à faire la sieste.

- Surtout et vous allez être content Estoppel, que ces cornichons sont comme les rillettes, produits dans la région, poursuivit-elle. On a plusieurs jeunes agriculteurs qui viennent de se lancer dans la culture du cornichon. Plus besoin de cornichons indiens, que des cornichons gauloisiens d'origine sartinoise.

Elle semblait visiblement très fière d'annoncer la nouvelle devant l'ensemble des médias présents.

- Tout ceci me paraît excellent, apprécia le Chef-Président, se forçant à sourire.
- D'autant que je vous ai réservé un petit rouge « Cottage du Soir », produit un de nos amis voisin. Je ne vous dis que ça.
- Impeccable, mais je ne bois que très peu de vin. J'en resterai à de l'eau minérale si vous le voulez bien.

Un peu déçue par cette demande Chef-Présidentielle, Martigne-la-Pommade proposa de passer à table.

Ils déjeunèrent tranquillement, Estoppel-le-Miston devisant sur la grogne permanente des Gauloisiens et les vicissitudes du pouvoir qui en découlaient, tout en s'informant sur la manière dont était gérée la ferme.

- C'est compliqué, affirma Alphonso-le-Pédalo. On a du mal à trouver de la main-d'œuvre. Les jeunes Gauloisiens n'ont plus envie de faire ça et en plus, les grandes surfaces ne veulent plus nous acheter nos produits.
- Pourquoi ? S'enquit le Chef-Président.
- Avant, on pouvait discuter mais depuis la nouvelle procédure de calcul de leur prix d'achat, elles prétendent que c'est trop cher et ne nous achètent plus rien. Pourtant, ce n'est que notre prix de vente, calculé à partir du prix de production.
- Je sais, c'est moi qui ai fait mettre en place cette réglementation, justement pour que vous puissiez vendre à meilleur prix.
- Oui, mais en réalité c'est le contraire.
- Je n'ai pas eu ce feed-back, s'étonna Estoppel-le-Miston.
- Ce quoi ? Demanda le Pédalo.

- Je voulais dire, ce retour. En plus, je n'ai pas entendu parler d'une quelconque pénurie.
- Évidemment, puisque depuis, la grande distribution s'approvisionne directement à l'étranger au sein de l'Union Européenne.

Conscient que les journalistes présents attendaient sa réaction et surtout qu'elle serait commentée sans concession, il répondit :
- Je comprends. Faites-moi confiance, nous ferons appel à nos élus de la prochaine élection européenne pour réguler tout ça. Par contre, on m'a toujours affirmé que les Gauloisiens continuaient à privilégier les produits gauloisiens.
- C'est vrai, expliqua Alphonso, sauf que les produits arrivent bruts en Gauloisie, qu'ils y sont conditionnés ou transformés comme y disent et que du coup, ils ont le droit de se faire étiqueter comme Gauloisiens.
- Vous avez raison de m'en parler, je verrai ça dès mon retour à Lutécie. Malgré tout, ça fait quand même travailler des Gauloisiens. L'honneur est sauf.

Puis, changeant complètement de sujet, il enchaîna sur l'après-midi :
- Comme on doit passer le reste de la journée ensemble, que diriez-vous après ce délicieux déjeuner, d'une petite partie de poker dans votre CP ?
- Volontiers, approuva Martigne-la-Pommade. Avant, vous ne voulez pas un petit fromage ? J'ai préparé un beau plateau et ensuite terminer sur un dessert ?
- Certainement, par contre comme je ne bois que de l'eau, je ferai l'impasse sur le fromage.
- Dommage, lui aussi est réellement excellent. Tant pis.
- Que ça ne vous empêche pas d'en prendre, assura Estoppel-le-Miston.
- Ce n'est pas grave, assura Martigne, malgré tout quelque peu contrariée. Pour le dessert, j'ai préparé une de mes spécialités, des œufs au lait avec des œufs bios et du lait de nos magnifiques vaches sartinoises que l'on voit paître partout dans nos prés.

Là, on atteignait le sommet, se dit le Chef-Président. Terminer un repas aussi lourd par des œufs au lait, c'était purement délirant. Pour assurer la partie cinéma attendue par le téléspectateur, il décida de contourner l'obstacle en félicitant la maîtresse de maison :
- Ce repas était excellent Martigne. Vous êtes vraiment une cuisinière hors pair. Votre famille a bien de la chance. Après un aussi succulent et copieux déjeuner, je n'ai plus faim. Un petit fruit peut-être pour terminer ?

- Merci Estoppel, je suis contente que ça vous ait plu. Vous savez, mes petits œufs au lait se mangent sans faim, insista-t-elle. Je les ai préparés exprès pour vous. C'est ma spécialité.
- Bon, si vous voulez, juste un peu pour goûter.

Martigne-la-Pommade désireuse de faire plaisir au Chef-Président, le servit copieusement. Il retint une grimace. En homme bien élevé, il ne voulait pas montrer à quel point il allait avoir du mal à les manger.
- Vous m'en direz des nouvelles, Estoppel, insista-t-elle.

Il prit son temps pour finir de tout ingurgiter, puis se tournant vers sa cuisinière d'hôtesse, lui demanda si elle avait suivi un stage de formation pour réussir aussi bien ses plats.
- Non, c'est de famille. Ma mère m'a appris tout ça. Pas besoin de stage. Vous m'avez dit un petit fruit, je crois ? Là par contre, je n'ai pas grand-chose à vous proposer. En avril, il n'y en a pas encore beaucoup. Plutôt que la sempiternelle orange ou mandarine d'Espagne, voire de Floride, j'ai de très belles pommes. Je sais bien que ce n'est pas la saison mais ce sont les nôtres. Nous les avons récoltées et gardées sur clayettes à la cave comme le faisait mon grand-père.

Décidément, pensa Estoppel-le-Miston, elle va bientôt me raconter toute sa saga familiale. En plus, s'il faut que je me farcisse des pommes ayant traîné tout l'hiver à la cave, merci bien.
- Non vraiment, cette fois j'arrête Martigne, sinon vous allez me faire exploser, insista-t-il, se tournant vers les caméras, esquissant un sourire se voulant complice.
- Bon, alors pas de pomme. Je ne voudrais pas rendre malade mon Chef-Président, ajouta-t-elle en riant.

Enfin une remarque sensée, pensa Estoppel-le-Miston. Lui, qui avec Gibritte avait pour habitude de manger léger, quel cauchemar que ce repas, certes pas mauvais, mauvais, mais si peu raffiné comme y sont habitués les fermiers. Et la journée était encore loin d'être terminée. S'il ne tenait qu'à lui, il rentrerait direct au Palais de l'Étable pour s'octroyer un moment de détente. Sauf, qu'il lui fallait terminer le travail.
- Et si l'on se faisait une petite partie de poker ? Proposa-t-il, veillant à ne s'adresser à personne d'en particulier, sinon aux médias qui attendaient patiemment la suite de l'opération « Estoppel à la ferme », comme s'était appliqué à le spécifier Crispite-la-Castagne, lors du brief de préparation du suivi médiatique.
- Avec plaisir, approuva Alphonso-le-Pédalo. De ce côté-là, tout est prêt.

Ils se dirigèrent tous ensemble vers la table de jeux du Casino Personnel de la ferme.

Tout en y allant, Estoppel-le-Miston se remémorait ce qui avait été convenu avec le Romarin. Le Chef-Président devait perdre un peu d'argent, mais pas trop. Encore heureux qu'il ait pu en retirer ce matin. Personne n'y avait pensé mais comment voulait-on qu'il joue et perde lors de la partie de poker, sans avoir quelques euros en poche ? D'autant qu'après la partie sur la machine à sous, il était évident qu'il ne lui en resterait pas beaucoup. Pourtant tout était censé avoir été planifié. Quel manque de jugeote de la part d'un conseiller habituellement aussi performant que Raldo.

Bref, on en reparlerait le moment venu. Pour l'instant, il fallait assurer la suite.

Installés autour de la table de poker, ils se retrouvèrent à trois personnes. Martigne-la-Pommade, qu'Alberto-le-Pédalo avait rejointe et bien entendu, Estoppel-le-Miston. Celui-ci se dit, que pour avoir une partie un peu spectaculaire, il faudrait qu'ils soient au minimum quatre. Il s'adressa aux journalistes agglutinés à distance respectable de la table :
- Il nous manque un joueur. Qui veut venir se joindre à nous ?

De nombreuses mains se levèrent, dont celle d'Abri-la-Crêpe-Marante. Flatter TG1 était toujours rentable. Retour sur investissement garanti, pensa-t-il souriant intérieurement. La désignant, il lui dit :
- Adjugé ! Nous vous attendons Madame la Crêpe-Marante. Vous savez à quel point j'attache de l'importance au respect de la parité. Comme cela, nous serons deux femmes et deux hommes.

Elle s'installa à la table. Alphonso battit et distribua les cartes.
- Vous avez suivi le stage de croupier ? Lui demanda le Chef-Président.
- Non, pourquoi l'aurais-je suivi ? Je sais jouer au poker depuis toujours.
- Bien, alors Martigne blinde à combien ?

Il y avait encore deux jours, Estoppel-le-Miston ne savait pas du tout jouer au poker. Depuis, Crispite-la-Castagne en charge sur le territoire de la surveillance des Cercles de Jeux, s'était à ce titre efforcé de le préparer, en lui en apprenant les termes et en lui inculquant les rudiments de la tactique et de la stratégie à suivre.
- Ça veut dire quoi ? Demanda Alphonso-le-Pédalo.
- Et ce stage, hein ? La blinde, c'est la mise de départ. Comme quoi, le stage Alphonso, le stage ! Donc, puisque Martigne est juste à la gauche d'Alphonso, c'est à elle de blinder.
- Je blinde à 50 centimes, se hasarda Martigne-la-Pommade. Vous savez Estoppel, d'habitude nous, on joue avec des haricots blancs.

- Des haricots blancs ? Pour rigoler ça va, mais quand on exploite un Casino Personnel on ne joue que de l'argent et pas 50 centimes.

Et dans le même temps il pensa : « J'espère que ce n'étaient pas ceux du cassoulet ».

- Bon, alors je blinde à 10 euros, rectifia-t-elle.
- C'est déjà mieux, approuva le Chef-Président. Ma cave est à…

Il marqua un temps d'arrêt pour sortir et compter la monnaie qui lui restait de ce matin.

- À 100 euros.
- La quoi ? Demanda à nouveau Alphonso-le-Pédalo.
- La cave c'est le montant total de l'argent que je suis prêt à engager. Vous êtes sûr de savoir jouer ? S'inquiéta Estoppel-le-Miston.

C'était quoi ça ? Qui donc avait bien pu choisir cette famille de ploucs pour promouvoir les CP gauloisiens ? Dès son retour, il ne manquerait pas de tancer copieusement le coupable. Et maintenant, il allait une nouvelle fois être obligé de rattraper ce bazar. Tout étant filmé, il n'avait pas d'autre alternative que celle de continuer comme si de rien n'était.

- Je suis à 10, je rajoute 5 euros, indiqua-t-il après avoir pris connaissance de ses cinq cartes.

Et la partie commença, se déroulant selon les prévisions, Estoppel-le-Miston finissant par perdre l'intégralité de ses 100 euros au seul profit de ses hôtes. Abri-la-Crêpe-Marante avait quant à elle réussi, à quelques euros près, à préserver les 50 euros qu'elle avait initialement placés sur la table.

- Bon, j'ai tout perdu, constata le Chef-Président. Les affaires marchent bien, n'est-ce pas Martigne ? Constata-t-il.
- Ma foi, oui, dommage que vous ayez tout perdu. Vous voulez que je vous rembourse ?
- Il n'en est pas question. Au jeu quand c'est perdu, c'est perdu. Bien et si on se faisait un petit goûter ?

Aussitôt, il regretta ses paroles. Son estomac était encore lourd du repas du midi. Il avait dit ça par habitude, comme quoi il fallait « inverser les facteurs ». Gibritte lui disait toujours : « Réfléchis avant de parler et non l'inverse ». Cette fois encore, il aurait dû appliquer cette maxime de bon sens.

Trop tard, il ne lui restait plus qu'à assumer.

- Avec plaisir Estoppel, s'enthousiasma Martigne-la-Pommade. Pour le goûter, j'ai prévu une petite collation à base de crêpes, accompagnée d'une bonne bolée du cidre que nous faisons nous-mêmes avec nos pommes du jardin.

Encore leurs satanées pommes décaties. Pourvu que je ne tombe pas malade, s'inquiéta-t-il. Sinon, c'était chouette. Il n'avait pas faim du tout mais il adorait les crêpes, surtout au Nutella. Il demanda :
- Vous avez du Nutella ?
- Forcément, avec les enfants, comment faire autrement ? Répondit la Pommade en riant.

Ne se rendant pas compte de l'allusion et comme il lui restait le dernier volet de l'opération à accomplir, il poursuivit :
- Allez, on y va. Pour le cidre, je préfère là aussi de l'eau minérale.

Le goûter à peine terminé, Estoppel-le-Miston enchaîna :
- Il nous reste à faire une petite séance de roulette. On y va ?
- On y va, répondit Martigne.
- Avec tout ça, je n'ai plus d'argent remarqua le Chef-Président.

Entendant cela, quelques journalistes se précipitèrent, lui proposant une poignée de monnaie.
- Merci, finalement j'ai ce qu'il faut, affirma-t-il après avoir fouillé dans ses poches. Regardez, il me reste 42 euros sur les 200 de ce matin.

La partie commença. Martigne-la-Pommade avait tenu à assurer le rôle de croupière, histoire de bien montrer au Chef-Président qu'elle était capable d'assumer cette fonction.

La suite se déroula tranquillement et sans passion. Estoppel-le-Miston perdit, remportant malgré tout quelques mises sur bande « pair » car il n'avait confiance et ne jouait donc que sur « pair ». Une fois qu'il eut tout perdu, il se le va et prit congé de ses hôtes déclarant :
- Il me reste à vous remercier pour cet accueil plus que chaleureux. Sachez que j'ai passé une excellente journée en votre compagnie. J'espère qu'il en a été de même pour vous.

Puis, se tournant vers les journalistes, il enchaîna :
- Mes chers compatriotes, à l'occasion de cette sympathique journée auprès de cette non moins sympathique famille de Gauloisiens, j'ai voulu vous montrer les immenses possibilités et débouchés que représente le Casino Personnel. À cette occasion, vous avez pu constater que cette magnifique famille sartinoise a gagné en une journée 200 euros. Et encore, parce que j'étais seul. Imaginez le potentiel de gain que représente un repas rassemblant plusieurs de vos amis. La richesse est au bout de chaque CP, alors ne vous en privez pas. Achetez, installez et exploitez vos CP. J'ai mis en place tout ce qu'il vous faut pour que vous puissiez le réaliser : financement aidé et formation gratuite. Pensez à ce slogan que je veux gauloisien : « Avec le CP tout est gratuit, tout est réalisable ».

Je terminerai en vous disant ceci : n'hésitez pas à vous enrichir. Je suis là pour vous faciliter la réussite.

Avec le sentiment du devoir accompli, le Chef-Président repartit vers le Palais de l'Étable. Il était déjà près de 18 heures et il voulait absolument faire à chaud le débriefing de la journée avec Raldo-le-Romarin.

- Tu as vu le travail ? Qu'est-ce que tu en penses ? C'est du bon boulot non ? Se félicita-t-il. Si avec ça, tout le monde ne s'équipe pas d'au moins un CP, je ne vois pas quoi faire de plus.
- On verra bien, répondit le Romarin. À présent il va devoir se concentrer sur les prochaines élections.
- Encore ? C'est vrai, je n'y pensais plus. Quelle plaie ce truc. Tu as vu, j'en ai parlé.
- Oui, je t'ai entendu. En tout cas, truc ou pas truc, si tu ne veux pas passer pour une bille aux yeux de tes collègues des autres pays, il faut que la Rabdologie gagne. Sinon tu deviendras la risée de tout le monde et en Europe, tu ne seras plus audible.
- Tu as raison. Je vais me mettre au boulot.
- Demande à Jo-Vonvon-le-Criant de préparer un canevas d'actions. Ça nous donnera une base pour la suite.
- Pourquoi pas. C'est vrai qu'à part se balader à l'étranger, il ne fait pas grand-chose de ses journées. D'ailleurs il est où en ce moment ?
- Je crois qu'il est à Baden-Baden.
- Qu'est-ce qu'il est parti foutre là-bas ? Je ne lui ai pas demandé d'y aller et il ne m'a rien dit. On n'a rien de particulier à traiter en ce moment avec l'Allemagne, que je sache ?
- Je crois qu'il est parti faire une petite cure thermale.
- Qu'est-ce qu'il a, la goutte ?
- Peut-être.
- Il aurait quand même pu m'en parler. Demain on est déjà le 26, les élections sont dans moins d'un mois. Tiens c'est vrai, c'est quel jour exactement ?
- Bruxelles t'a envoyé un tweet pour te rappeler que ce serait le dernier samedi de mai, le 25. En plus, on en a déjà parlé.
- Je ne me souvenais plus de la date exacte, je n'ai pas le temps de lire tous les tweets. Dis au Criant de revenir immédiatement. Je m'en balance de sa cure. Il aura toujours le temps de la faire quand il ne sera plus Lieutenant.
- Il n'est plus tout jeune.
- Oui, bon et après, quel rapport ?
- C'est normal à son âge qu'il se fasse une petite douceur.
- Je ne veux pas le savoir. Il n'avait qu'à pas accepter le poste. Envoie-lui un hélicoptère et ramène-le-moi pour demain matin. Je le veux à

8 heures pile dans mon bureau. Après cette petite journée qui m'a d'ailleurs bien cassé les pieds, je ne voudrais pas perdre de temps. Gibritte me dit toujours : « Pense au rugby, le contact petit, le contact ».

- Je m'en occupe tout de suite.

Le lendemain à 8 heures précises, Jo-Vonvon-le-Criant débarquait dans le bureau d'Estoppel-le-Miston. D'entrée, il l'apostropha :

- Qu'est-ce qui t'arrive ? Il paraît que tu vas te larver à Baden-Baden ?
- Non j'entretiens ma forme, c'est tout.
- Ça tombe bien, tu vas en avoir besoin. Il faut que je te parle des prochaines élections.
- Les Européennes du mois prochain ?
- Exactement ! Ça me fait penser, comment as-tu trouvé ma prestation d'hier ?
- Laquelle ?
- Tu n'as pas vu le super show d'enfer que j'ai fait dans une ferme sartinoise ?
- Non, je n'étais pas là.
- Je sais, mais tu n'as même pas eu la curiosité de te renseigner ?
- En Allemagne personne n'en a parlé. Ils n'en ont rien à faire.
- Dommage. Ce fut pourtant une journée à rayonnement international.
- Dans une ferme sartinoise, il ne faut rien exagérer, remarqua en souriant Jo-Vonvon-le-Criant.
- Aucun rapport. Bon, passons. Comme je te l'ai dit, les élections vont vite arriver et on n'a rien préparé.
- D'habitude, ce n'est pas moi qui m'en occupe.
- Tu as l'air d'oublier qu'il s'agit d'élections européennes. C'est bien toi le Lieutenant de l'Extérieur, non ?
- Sauf que les électeurs sont gauloisiens. Si tu veux gagner, il te faut travailler la persuasion au niveau de la population gauloisienne.
- T'as pas tort et c'est ce que je m'efforce de faire, remarqua le Chef-Président. C'est quoi ton idée ?
- Je n'en ai pas. En tout cas ce n'est pas à moi de m'en occuper.
- Super, tu l'as déjà dit ! Allez, retourne à ta cure, je vais me débrouiller.

Jo-Vonvon-le-Criant sorti, il appela Crispite-la-Castagne.

- Le Criant vient de me lâcher pour les élections.
- Pour tout te dire, je m'y attendais un peu. Et alors, c'est grave docteur ?
- Non, pas vraiment, mais il va falloir se bouger. Je veux absolument que La Rabdologie remporte ces élections pour que nous soyons le groupe gauloisien le plus important du Parlement européen.

- En parlant de docteur, je suis en train de penser. Et si on s'adressait à ton spin doctor pour qu'il organise la com de la campagne ?
- Je n'ai pas de spin doctor.
- Mais si, tu oublies Alaska-the-Camel.
- Impossible, il n'est même pas gauloisien. Si ça se savait, je ne te dis pas le scandale.
- Pourtant, ça ne t'a pas empêché de l'embaucher pour ton élection. En plus c'est un gauloisophile déclaré.
- Ce n'était qu'une élection personnelle, alors que là, il s'agit d'une élection nationale.
- Pour le Parlement européen.
- Oui, mais non, nos représentants seront gauloisiens. Je ne veux pas d'embrouille durant la campagne. On n'aurait pas plutôt une ou un petit génie de la com en Gauloisie ?
- Si probablement mais moi, je n'en connais pas.
- Et mon pote de toujours, Benji-le-Grivois ?
- À la rigueur pourquoi pas, bien qu'il ne soit pas très médiatique.
- Qu'est-ce que tu racontes, évidemment qu'il est médiatique. C'est d'ailleurs pour cela que je l'ai nommé au poste de Rodomont de l'État-Major Dirigeant, même si aujourd'hui il a des visées sur la Marâtrie de Lutécie. En plus, pour préparer un plan de com, il n'y a pas besoin d'être médiatique, il suffit de savoir baratiner, c'est tout.
- Donc, je peux très bien le faire. Tu ne m'as pas nommé Scribe Pariétal chargé des Relations avec le Parloir, juste pour faire joli.
- Non, juste pour te faire plaisir, ajouta-t-il en souriant.
- Sympa !
- Je plaisante. Si tu te sens de taille à préparer l'élection, vas-y.
- Alors, c'est parti.

Revenant à sa voiture de fonction que protégeaient quatre motards, Crispite-la-Castagne était songeur. Pourquoi avait-il demandé à se lancer dans cette galère ? S'il gagnait, il aurait droit à une poignée de main Chef-Présidentielle, s'il perdait, au mieux il serait voué aux gémonies, au pire, même ami du Chef-Président, il serait viré.

Maintenant qu'il s'était porté volontaire, il lui fallait réfléchir et vite. Il restait vraiment peu de temps, à peine un mois.

Première étape, choisir un second. Pas n'importe quel second, un vrai, un qui soit motivé, à l'exclusion de tous les mous-mous habituels. Pourquoi ne pas demander à Raldo-le-Romarin ? Il était dynamique et avait souvent de bonnes idées. Il décida de l'appeler pour l'inviter à déjeuner :
- Salut Raldo, c'est Crispite. Je sors de réunion avec Estoppel et j'ai pensé à toi pour les élections.
- Quelles élections ?

- Les Européennes de mai.
- Oh là, là, encore ce machin. Comment se fait-il que personne n'en parle ?
- Tout le monde s'en fout.
- Et tu veux quoi ?
- Je ne veux rien. Je veux juste te proposer de m'aider à définir une stratégie gagnante pour La Rabdologie. Ça te branche ?
- Pas trop, sauf si ça peut rendre service.
- Je te propose de déjeuner ensemble pour en parler.
- Pourquoi pas. Tu voudrais quand ?
- Demain midi, ça te va ?
- J'avais déjà un déjeuner à mon Ministère de la Débine et des Ardoises Publiques, mais je peux le déplacer.
- Demain midi à La Roture, ça t'irait ? Estoppel adore cette brasserie. D'après lui, elle fait peuple chicos.
- C'est bon, je fais le nécessaire pour me libérer.

Arrivé quelques minutes avant midi, Crispite-la-Castagne était en pleine réflexion concernant ces fameuses élections européennes. Dès hier, il avait demandé à l'Institut Gauloisien d'Opinion Publique, un sondage express pour lui permettre de se rendre compte de la réelle popularité de La Rabdologie dans le pays.

Il venait juste de prendre connaissance des résultats. Pas terrible, seulement 26 % des suffrages. Comme c'était à la proportionnelle, ça ne représenterait sur les 74 sièges destinés à la Gauloisie, tout au plus qu'une vingtaine. Désolant.

Justement le Romarin arrivait.
- Salut Raldo, j'espère que tu as trouvé quelque chose, parce que ce n'est pas fameux.
- Attends au moins que je retire ma veste. Qu'est-ce qui n'est pas fameux ?
- Les sondages. J'ai demandé à l'IGOP d'en faire un hier après-midi, résultat, seulement 26 % d'élus.
- Moi je trouve que ce n'est pas mal. C'est pareil qu'Estoppel à l'élection Chef-Présidentielle et ça ne l'a pas empêché d'être élu.
- Je ne vois pas le rapport. Si on ne se remue pas pour améliorer le score, La Rabdologie se retrouvera avec vingt sièges maximum.
- Vingt sièges seulement ? Ah oui, alors là, c'est différent. Tu as raison, il faut réagir et vite.
- Tu as réfléchi à ce que l'on pourrait faire pour améliorer ce score minable.
- On n'en aura probablement pas besoin. Avec les Casinos Personnels qu'Estoppel a lancés, notre cote de popularité devrait remonter.

- Pour l'instant ce n'est pas le cas et les élections sont trop proches. L'effet bénéfique CP, en admettant qu'il y en ait un, un jour, n'aura pas eu le temps de se faire sentir. Il faut trouver autre chose.
- Depuis ton appel d'hier, j'ai réfléchi. Je me suis dit que pour améliorer le ressenti positif des Gauloisiens envers nous, il faudrait trouver en complément des CP qui eux, procurent du rêve financier, un gadget donnant du rêve de jeunesse physique.
- C'est-à-dire ?
- J'y viens. On doit continuer à jouer la carte « jeune ». La jeunesse éternelle, là aussi, c'est le rêve de chacun. J'ai pensé que si on présentait « jeune » en y associant « audace », ce serait à coup sûr détonant.
- Et donc ?
- En demandant à Estoppel d'accomplir une épreuve physique à la fois jeune et audacieuse, son étoile ou si tu préfères sa popularité, donc celle de La Rabdologie, devrait remonter de façon significative.
- Sur le concept je te suis. Tu proposes quoi ?
- Un saut à l'élastique sur le plus haut pont de Gauloisie.
- C'est « ringos ». Il y a des années que c'est passé de mode.
- Donne-moi une autre épreuve sportive à la fois jeune et audacieuse, suffisamment risquée pour faire mousser celui ou celle qui la réalise ? Je n'ai pas trouvé mieux.
- Sur le fond, pourquoi pas ? Sur la forme, on va devoir pédaler sec pour effacer l'image passéiste du saut à l'élastique.
- Passéiste de quoi ? C'est simplement vintage. Comme le vintage revient à la mode, il faut en profiter.
- Vu sous cet angle-là, c'est pas mal, admit la Castagne.
- En plus, on n'aura qu'à insister sur deux points. Le côté physique et le côté dangereux de l'épreuve. Tu vois, physique égal jeune et dangereux égal audace.
- Pas mal. Par contre, je ne sais pas si Estoppel acceptera.
- Il acceptera, j'en suis sûr. On lui expliquera les enjeux. Si ça peut nous faire gagner plus de sièges, il le fera, affirma Raldo-le-Romarin.
- Oui, heureusement qu'il a des « cojones ».

Et ils partirent tous les deux d'un grand éclat de rire.

De retour au Palais de l'Étable, ils se rendirent tout droit dans le bureau d'Estoppel-le-Miston. Celui-ci était tranquillement en train de regarder l'émission de jérémiades que diffusait chaque après-midi Gauloisie 2. Il adorait cette émission. Il disait toujours que ça lui permettait de tâter le pouls du pays. Personne ne comprenait pourquoi le fait d'entendre quelqu'un « raconter sa vie de merde », pouvait lui servir à quelque chose mais bon, après tout, c'était lui, le Chef-Président.

Après lui avoir exposé leur suggestion, Estoppel-le-Miston explosa :
- Vous êtes devenus fous. Vous me voyez ou plutôt, vous voyez le Chef-Président de la Gauloisie faire du saut à l'élastique ? N'importe quoi ! En plus c'est très dangereux.
- T'inquiète, tout sera préparé, peaufiné, sécurisé de manière parfaite et totale, assura Crispite-la-Castagne.
- C'est quoi ta totale ? Demanda Estoppel-le-Miston.
- On va tripler les lanières d'accroche et on répétera tout dans les moindres détails.
- Quand même, c'est dangereux. Un de vous deux n'a qu'à le faire.
- Impossible, intervint Raldo-le-Romarin. Si ce n'est pas toi, ça n'aura aucun impact. N'oublie pas qu'il faut conquérir l'admiration des Gauloisiens. Si ta Rabdologie l'emporte, qui mieux que le jeune sportif audacieux, tout autant que l'intellectuel entreprenant puisque créateur des CP, pour faire respecter les intérêts du pays au sein des instances européennes ?

Flatté par cette perspective valorisante, il admit :
- Je veux bien, mais je persiste à penser que c'est vraiment dangereux. Me lancer comme ça dans le vide, c'est pas cool.

Il réfléchit quelques secondes et conclut :
- Bon, allez, c'est d'accord. Concrètement, on fait comment ?
- C'est simple, expliqua Crispite-la-Castagne. On va organiser ça sur le Viaduc de Milouf. C'est le plus haut pont du monde. Imagine l'impact. Je vois déjà les titres dithyrambiques des médias gauloisiens : « Notre Chef-Président défie le toit du monde ».
- T'en rajouterais pas une petite couche par hasard ? Demanda celui-ci.
- Non, Crispite a raison intervint Raldo-le-Romarin. Rends-toi compte de l'impact mondial que ça aura. Quel est ton homologue qui pourra se vanter d'avoir osé faire ou de vouloir faire la même chose ?
- Aucun c'est certain, confirma Estoppel-le-Miston. Et ce serait quoi la meilleure date pour cette exhibition ?
- On ne s'est pas encore concerté sur le sujet, répondit le Romarin. Pour ma part, je pense qu'il ne faut pas que ce soit trop tôt par rapport au 26 mai car ça doit rester gravé dans les esprits et pas trop tard non plus, pour que l'exploit ait le temps d'imprimer dans les cervelles.
- Logique, approuva Estoppel-le-Miston. Une semaine avant, ça irait ?
- Oui et il est préférable que ce soit le samedi plutôt que le dimanche qui est un jour traditionnellement familial, assura Crispite.
- Alors, adjugé pour le samedi 18, trancha le Chef-Président.

Mai 2019

Le beau temps accompagné d'un début de douce température avaient à nouveau envahi la Gauloisie. Le pays était tout à sa joie de retrouver bientôt l'été et surtout, les vacances. Quel plaisir, rien que d'y penser.

Sauf que le Chef-Président n'avait pas les mêmes préoccupations. Il était inquiet. Dans quelques jours il serait obligé de sauter à l'élastique et qui plus est, du haut du Viaduc de Milouf. Depuis qu'il avait donné son accord pour réaliser ce challenge, il s'était renseigné sur Wikipédia. C'était bien le pont le plus haut de la planète, culminant à plus de 340 mètres. À plusieurs reprises, Gibritte avait essayé de l'en dissuader mais c'était trop tard. Dès la décision prise, le Romarin s'était empressé de déclencher un véritable barouf médiatique. « Fallait que ça paie », comme il disait. Que ça paie, d'accord, mais c'était bien lui, Estoppel et personne d'autre, qui allait faire le clown de service.

Plus il y réfléchissait, plus il regrettait d'avoir accepté cette épreuve. Là aussi, Gibritte lui répétait tous les jours que c'était de la folie. Il s'était aussitôt posé la question de savoir, comment faire machine arrière sans perdre la face. Impossible, ce serait catastrophique pour son image et celle de La Rabdologie En Mouvement. Par contre, depuis l'annonce de ce saut à l'élastique, sa cote s'était très largement redressée pour remonter à 43 %, avec dans la foulée celle de LREM caracolant aujourd'hui à plus de 55. Et la prestation n'avait même pas encore été réalisée. Vu sous cet angle, il n'y avait pas photo, pensa-t-il. Si tout se passait bien, à l'élection européenne ce serait un véritable carnage. À cette idée, il se sentit tout émoustillé.

Les médias gauloisiens ne parlaient que du saut du Chef-Président et la nouvelle s'était répandue dans le monde entier comme une traînée de poudre. Le Chef-Président de la Gauloisie, allait sauter en élastique du haut du viaduc le plus haut du monde. Les Gauloisiens étaient fiers de lui. Tous les sondages en attestaient sans la moindre ambiguïté. Avant l'épreuve, ces nouvelles le réconfortaient.

Il pensa : « Maintenant, c'est le cas de le dire, il va falloir que je me montre à la hauteur ». Ce jeu de mots le fit rire aux éclats. Gibritte-le-Miston qui se trouvait à ses côtés, lui demanda :

- Qu'est-ce qui t'arrive Poussin ? C'était le petit nom qu'elle lui donnait dans l'intimité. Personne ne le savait. C'était un secret mieux gardé que le code du feu nucléaire des missiles gauloisiens.
- Rien, Minouchette, je pensais juste à un jeu de mots que je viens de me faire.
- Dis-le-moi pour que je puisse aussi en profiter.

Il le lui dit. Celle-ci au contraire devint grave.

- Tu rigoles mais je n'arrête pas de te le rabâcher. C'est beaucoup trop dangereux. Laisse tomber ce défi insensé. S'il t'arrive quoi que ce soit, que deviendront les Gauloisiens. Tu as pensé à ça ?
- Ils éliront un autre Chef-Président, c'est tout, répondit-il en souriant.
- Tu oublies que tu es plébiscité à 43 %. Tu as vu les sondages ?
- J'ai vu. Tu sais, aujourd'hui 43, demain on ne sait pas.
- Tu peux me dire ce que tu veux, je trouve quand même très dangereux que tu t'entêtes à vouloir faire ça.
- Je ne peux plus reculer. Vu le retentissement mondial que ça ferait si j'abandonnais, je serais la risée du monde.
- Quelle importante ? Au moins tu serais toujours en vie.
- Mais je compte bien y rester, lui affirma-t-il, éclatant à nouveau de rire. En réalité, il n'y a aucun risque, parce que même si l'élastique venait à casser, je tomberais simplement dans l'eau, alors tu vois.
- Je ne vois rien du tout parce qu'en réalité il n'y a pas d'eau en dessous, seulement de la terre ferme.
- Tu es sûre ?
- Évidemment, j'en suis certaine. Donc, si ça casse, tu es mort.
- Ça ne cassera pas et même, Crispite m'a assuré qu'il allait faire tripler les sécurités. En plus, on va tout bien répéter avant.
- Il t'a raconté des fadaises. Comment veux-tu répéter sans que l'on te voie ? Tu ne vas pas quand même pas te pointer avant sur le viaduc pour faire des essais ?
- On va simplement le faire en réalité virtuelle. Un logiciel 3d que Crispite a commandé, est en cours d'élaboration. Avec les lunettes, je pourrai m'exercer virtuellement pour le saut. Il paraît que je ressentirai presque les mêmes sensations.
- Comme tu veux, c'est toi qui décides.

Deux jours plus tard, le logiciel était livré. Aussitôt, Estoppel-le-Miston commença à sauter en mode virtuel. Après quelques essais, il se dit que ce n'était vraiment pas aussi terrible que ce qu'il avait craint.

Le 18 arriva vite, trop vite à son goût mais ce fut malgré tout relativement décontracté qu'il se leva ce jour-là pour effectuer le saut que tous les médias qualifiaient déjà d'historique.

La partie centrale du tablier du pont et son pilier porteur de haubans métalliques avaient été aménagés pour que le Chef-Président puisse monter tout en haut, le sommet ayant quant à lui, été équipé d'un long plongeoir permettant de se lancer dans le vide. Crispite-la-Castagne avait bien organisé l'évènement. Une campagne sans précédents sur les réseaux sociaux avait été réalisée et tous les journalistes étaient au rendez-vous. Pour parfaire l'opération, il avait été prévu que Davy-le-Pugiliste effectuerait une petite interview avant le saut.

Estoppel-le-Miston arriva, l'air plutôt détendu. Baratiner, il savait et sauter il se sentait bien entraîné grâce à ses lunettes. Donc, tout était parfait en ce matin particulièrement ensoleillé.

- Bonjour Monsieur le Chef-Président, commença le Pugiliste. Je dois d'abord vous poser une première question : comment vous sentez-vous avant ce saut sur lequel les caméras du monde entier seront braquées ?
- Ma foi très bien. Pourquoi ? Devrais-je me montrer inquiet ?
- Non, ce n'est pas ce que je voulais dire. Simplement, je voulais avoir votre ressenti avant ce saut à l'élastique historique.
- Impeccable, assura le Chef-Président. Vous me connaissez, ce genre de défi proche de l'impossible, me plaît.
- Par chance, aujourd'hui il n'y a pas trop de vent.
- Quelle importance ? S'il y a du vent, il y en a et s'il n'y en a pas, il n'y en a pas, c'est tout. Je composerai si nécessaire avec les éléments naturels.
- Quand même, insista le Pugiliste, l'absence de vent va vous éviter d'être chahuté, aussi bien lors de la descente, que de la remontée.

Estoppel-le-Miston sourit et déclara :
- Mon cher Pugiliste, vous savez combien j'aime être chahuté.
- Sauf que là, ça peut être dangereux.
- Ailleurs aussi, mais ce n'est pas pour ça que je recule.
- C'est ce qui fait votre force, ne put s'empêcher d'ajouter le Pugiliste. Il me reste maintenant, au nom du monde entier, à vous souhaiter : bon saut, Monsieur le Chef-Président.
- Merci.

Il commença à monter l'escalier amovible, spécialement aménagé le long du pilier. Aussitôt, il entendit retentir un cri apeuré :
- Stop, stop, Monsieur le Chef-Président, vous n'êtes pas équipé.

C'est vrai, réalisa-t-il. Une peur rétrospective l'envahit et il se mit à trembler. Qu'est-ce qu'il avait failli faire ? Monter ainsi, sans rien, quelle faute d'inattention qui aurait pu lui coûter la vie. Il en claquait des dents. Revenu au sol, un technicien s'approcha de lui :
- Il faut d'abord que je vous pose le harnais de l'élastique, Monsieur le Chef-Président.
- Je sais, je sais, je voulais juste avant de sauter, me rendre compte s'il y avait ou non du vent en haut.
- C'était quand même dangereux de faire ça, sans aucune sécurité. Mais vous tremblez, Monsieur le Chef-Président ?
- Oui, parce que là-haut, je vous assure qu'il fait froid. Du coup pour tout vous dire, je suis un peu transi.

Le technicien ne comprenait pas. Il faisait plutôt bon pour une mi-mai et il n'y avait pas du tout de vent. C'était le temps idéal pour un saut à l'élastique. Il préféra ne pas insister et prépara le Chef-Président, vérifiant minutieusement toutes les attaches. Il ne s'agissait pas qu'il y ait le moindre incident.

- Ça y est, Monsieur le Chef-Président, tout est conforme.
- Vous en êtes sûr ? Insista Estoppel-le-Miston, dont le tremblement, pas plus que le claquage de dents, n'étaient terminés.
- Oui, c'est bon.
- Bien, alors j'y vais. Et il recommença son ascension.

Au fur et à mesure qu'il montait les marches, son calme revenait. Qu'est-ce que c'était haut, pensa-t-il. Ce nombre de marches était interminable. Arrivé enfin au sommet, il découvrit le magnifique paysage 360 degrés qu'offrait le Viaduc de Milouf. Majestueux, se dit-il.

Bon, ce n'était pas le tout, maintenant il fallait sauter. Quelle horreur, rien à voir avec les lunettes. Avec précautions, il avança sur le plongeoir, tenant la main courante installée à sa droite. Il en avait le vertige.

Sur le pont, toutes les caméras qui avaient enregistré la montée du Chef-Président, continuaient à le suivre. Le temps était superbe, le soleil éclairant la scène de tous ses feux. Un hélicoptère, avec trois cameramen à bord, survolait la zone afin de pouvoir filmer les descentes et les montées Chef-Présidentielles qui ne manqueraient pas d'avoir lieu lors du saut. Cela faisait maintenant près de dix minutes qu'il était arrivé en haut et rien ne se passait. Est-ce qu'il admirait le paysage ? Est-ce qu'il se concentrait ? Ou bien encore, est-ce qu'il voulait faire durer un peu l'évènement, compte tenu du caractère exceptionnel de celui-ci ?

En réalité, Estoppel-le-Miston continuait à avoir le vertige. Au début il avait cru que ça se passerait mais non, au contraire, ça s'accentuait. Il n'arrivait pas à se lancer dans le vide. Quel était le dégénéré qui avait pensé à lui faire faire cette exhibition débile ? Gibritte avait raison, il aurait dû refuser, maintenant il ne pouvait évidemment plus revenir en arrière. Il allait devoir sauter, sauf qu'il n'y arrivait pas.

Avant d'y être, on ne pouvait pas se rendre compte du trou que ça représentait. Il ne pouvait quand même pas se jeter comme ça dans le vide ? Pourtant, il allait bien falloir le faire et personne n'était là pour l'y aider. Quelle galère !

Soudain, un vautour fauve fit son apparition. Il faut dire que l'on était tout près du Parc Naturel Gauloisien des Larges Casses, dans lequel évoluaient bon nombre de ces oiseaux. Il vira brusquement de ses grandes ailes, évitant prestement l'hélicoptère et effectua un piqué vers Estoppel-le-Miston toujours rempli de frayeur à l'idée de se jeter dans le vide. Tout à son souci d'arriver à maîtriser son vertige pour se décider à sauter, il ne vit pas le vautour arrivant à toute vitesse sur sa droite.

Celui-ci le frôla de si près, que le Chef-Président déséquilibré sur sa gauche par le déplacement d'air violent provoqué par ses ailes immenses, bascula du plongeoir et commença sa chute dans le vide.

Et, l'élastique fit son travail. Estoppel-le-Miston connut les sensations que connaît le yoyo. Une fois l'élastique complètement étiré, il remonta, puis redescendit et ainsi de suite, jusqu'à ce qu'il soit complètement arrêté.

Dans l'assistance, des « oh » et des « ah » avaient accompagné chacune des descentes et remontées Chef-Présidentielles.

Les journalistes qui venaient de commenter ce qu'ils avaient qualifié d'exploit exceptionnel, étaient éperdus d'admiration, le faisant savoir avec exaltation.

Pendant ce temps-là, Estoppel-le-Miston se sentait un peu étourdi. Après son saut, ponctué, vu la hauteur du viaduc et la longueur de l'élastique, de nombreux allers et retours, il reprenait quelque peu ses esprits. Dans le même temps, il sentait que l'on commençait doucement à le remonter. Une fois arrivé à nouveau en haut sur le plongeoir, il marqua un petit temps d'arrêt pour reprendre quelques couleurs et déclara :
- Très sympa comme expérience. Je vais vous expliquer comment j'ai maîtrisé mon saut.

Un des deux techniciens qui venaient de le remonter lui fit remarquer qu'il n'y avait aucun micro.

Il s'arrêta instantanément et se mit à descendre l'escalier d'une allure la plus alerte possible. Dès qu'il eut retrouvé le tablier du viaduc, Davy-le-Pugiliste se précipita, brandissant son micro.
- Vos premières impressions, Monsieur le Chef-Président.
- Impeccable, ce fut extrêmement agréable et surtout très excitant.
- Pourtant vous sembliez hésiter lorsque vous étiez sur le plongeoir.
- Pas du tout, je profitais simplement de la vue extraordinaire que l'on y découvre. Et puis, en plus, j'en profitais pour respirer l'air pur dont on bénéficie à pareille altitude.

Ouf, pensa Estoppel-le-Miston, personne ne s'était rendu compte que c'était cette andouille de vautour qui l'avait fait tomber. Heureusement que le plongeoir était placé très haut et surtout que de l'hélicoptère, personne non plus n'avait rien vu. Probablement la perspective décalée avait-elle caché le frôlement du rapace qui l'avait déséquilibré. À moins que ce ne soit tout simplement le soleil en contre-jour. En fait, il s'en fichait royalement. Le principal était que l'on ne se soit aperçu de rien.

Ainsi qu'il aimait à le faire, il répondit directement en anglais à plusieurs journalistes de la presse étrangère qui voulaient recueillir ses impressions. Puis, il déclara retourner au Palais de l'Étable. Il était encore tôt et une pleine journée de travail l'attendait.

Quelle euphorie il ressentait. Réussite sur toute la ligne, avec au final, un grand merci à ce sympathique vautour. Il faudrait qu'il pense à faire une loi pour les protéger encore mieux que ce qu'ils l'étaient aujourd'hui, en renforçant les amendes à l'encontre des braconniers.

Gibritte-le-Miston qui n'avait pas osé l'accompagner tant elle avait eu peur, l'accueillit avec enthousiasme :
- Tu m'as fichu une trouille, je ne te dis pas, mais alors-là, chapeau. Quelle prestation magnifique. Sûr, tu vas devenir la coqueluche mondiale.
- Parles pas de malheur, lui répondit-il tout souriant, la coqueluche c'est une maladie.
- J'ai déjà entendu les premiers retours, tu bats tous les records. Sur Facebook, il paraît que la vidéo de ton saut fait déjà plusieurs dizaines de millions de vues. Tu te rends compte ?
- Normal, quand on est le meilleur, il faut que ça se sache.

Et il partit d'un grand éclat de rire.
- D'ailleurs, ça me fait penser qu'il va falloir que je commande à l'IGOP, un sondage pour évaluer l'impact que ça a eu sur les Gauloisiens. Il est où Crispite ?
- Il t'attend dans ton bureau pour un débrief et surtout, pour que vous définissiez la meilleure manière de marketer ton exploit.

Ayant rejoint Crispite-la-Castagne, il commença avec enthousiasme :
- Tu as vu le travail ?
- J'ai vu et ça fait un tabac dans le monde entier.
- Je sais, Gibritte m'a dit pour Facebook.
- Oui, et sur Twitter, Snapchat et autres, je ne t'en parle même pas. On s'échange plein de photos et de vidéos sur toi et ton saut. C'est du délire.
- Il ne reste plus maintenant qu'à transformer l'essai.
- On n'aura pas grand-chose à faire.
- Quand même, il faut faire mousser pour les Européennes, c'est toi-même qui me l'as dit.
- C'est vrai, mais tu as déjà fait 90 % du travail.
- Alors, allons-y sur les 10 % qui restent. Il ne faut rien négliger.

Ils devisèrent ainsi sur les différentes stratégies pouvant être mises en œuvre. Au final ils choisirent la plus discrète.
- Tu es sûr de toi ? Lui demanda le Chef-Président.
- Je t'explique. Tu as fait ce magnifique saut à l'élastique sur le viaduc et donc sur le pont le plus haut du monde.
- Ça, c'est bouclé.

- Justement, on markète de la manière suivante : comme pour toi, ce saut n'a rien d'extraordinaire, tu n'en parles même plus et tu passes à autre chose. Tu vois un peu la gueule que ça donne ?
- Pas mal.
- En plus, personne ne peut t'accuser de chercher à te faire mousser avec ça.
- Allez, adopté. On fait comme tu dis et on continue une campagne discrète, sans plus.
- Exactement approuva Crispite-la-Castagne.

Content de cette décision qui présentait l'avantage majeur de très peu le solliciter, il décida de faire « l'air de rien », une petite émission dans laquelle il vanterait, élections obligent, l'efficacité de l'appui apporté chaque jour par La Rabdologie dans la conduite des affaires du pays. En attendant, il s'écria joyeusement, ainsi qu'il aimait à le faire :
- Gibritte, comme dab, fais péter une nouvelle roteuse. On va arroser la réussite de mon saut à sa juste valeur.

On n'était plus qu'à trois jours des élections européennes et, après l'enthousiasme déclenché par le saut Chef-Présidentiel, l'ambiance dans le pays était redevenue morose. Certes, les Gauloisiens étaient fiers de leur dirigeant, mais la libéralisation de l'activité Casino tardait encore à faire ses preuves et par contrecoup, la promesse de s'enrichir, aussi.

Il ne restait plus que 72 heures avant le scrutin. Il était donc largement temps de faire cette émission. Pour qu'elle ait vraiment « l'air de rien » voulu, il était indispensable de lui trouver une raison ou un thème de la vie courante. Et là, il était sec. Parler CP, il l'avait déjà fait à maintes reprises et il n'avait rien de vraiment nouveau à annoncer. Parler du travail, c'était assez rebutant pour le commun des Gauloisiens. Pourquoi alors, ne pas laisser un petit panel de journalistes lui poser des questions sur n'importe quoi, pensa-t-il, se félicitant aussitôt d'avoir eu cette idée.

Restait à choisir les interviewers qui lui permettraient de s'assurer d'une efficacité maximale. Crispite-la-Castagne qui possédait des dossiers sur chacun d'entre eux, devrait pouvoir le conseiller. Il le fit venir en urgence au Palais de l'Étable.
- Comme valeurs sûres, tu as naturellement l'incontournable Davy-le-Pugiliste et bien entendu Abri-la-Crêpe-Marante. Si tu en veux un troisième, il y a aussi son Chef, Gilou-le-Taf. Ça fera deux TG1 contre un ancien Gauloisie 2 et là, en plus, tu fais plaisir à ton ami Marsouin-le-Bouine.
- Entendu. Débrouille-toi pour que l'interview ait lieu demain soir, mettons à 21 heures. Ce sera parfait ! On sera vendredi, avec son entrée traditionnelle en repos du week-end et l'avant-veille d'un vote dont tout le monde se fout.

- Considère que c'est fait.

Estoppel-le-Miston s'était particulièrement préparé durant toute la journée avec ses conseillers les plus proches. Il allait pouvoir sortir sa « botte secrète » et se repassait en tête les principaux points qu'il se devrait d'évoquer, attribuant à chacun, une lettre numéro d'ordre :

    a. Fixation d'un cap, comme doit le faire un Chef-Président responsable et motivé.

    b. Détermination et volontarisme. Peu importe la nature des propos, la conviction devait toujours apparaître au grand jour.

    c. Et surtout, très important, ses conseillers avaient bien insisté sur l'attitude jupitérienne qu'il lui faudrait montrer tout au long de l'émission. Il devrait donc, en fixant le cap à suivre, prendre de la hauteur et du recul, tout en montrant qu'il restait au-dessus de la mêlée.

Les mots-clés chocs à placer qu'ils avaient ensemble définis étaient : objectif, grandeur, casino et saut de l'ange. Pas facile, mais il le ferait. Par ailleurs, ils avaient décidé que la séance se déroulerait dans les studios de TG1. Le Palais de l'Étable se prêtait mal à ce type d'exercice car ça devait faire peuple. Et puis, tant pis si ça devait au dernier moment bousculer quelque peu la grille du soir des chaînes.

Gardant présent à l'esprit ces recommandations, il demanda à ce que l'émission commence en filmant son entrée, qu'il s'appliqua une fois de plus à rendre majestueuse. Fallait ce qu'il fallait. À peine fut-il installé dans son fauteuil derrière un bureau amené pour l'occasion, que Abri-la-Crêpe-Marante ouvrit le débat :

- Bonsoir Monsieur le Chef-Président, nous sommes à deux jours des élections européennes. Vous nous avez comblés la semaine dernière, en réalisant ce magnifique saut à l'élastique. Le bruit médiatique engendré s'est révélé mondial, tout autant qu'européen. Que pouvez-vous nous dire, concernant ces élections ?
- Voyez-vous, les enjeux sont extraordinaires. Nous allons suivre la voie d'une Gauloisie dont la grandeur n'en sera que renforcée.

Ça y était, pensa-t-il, il avait déjà réussi à placer un mot-clé. C'était bien parti.

- De quelle manière ? Demanda Gilou-le-Taf ?
- C'est simple. À partir du Parlement européen qui sortira des urnes, nous œuvrerons à ce que l'Europe soit dans la Gauloisie.
- Sauf votre respect Monsieur le Chef-Président, c'est la Gauloisie qui se trouve dans l'Europe.
- C'est bien pour cela qu'il faut faire en sorte qu'au Parlement européen, La Rabdologie dispose du plus grand nombre de députés possible. Le cap à suivre sera d'atteindre l'objectif d'une intégration de l'Europe dans la Gauloisie.

Et toc, j'ai casé le deuxième, se dit-il. Restaient les deux derniers. Comme on en était au début de l'émission, il était confiant. Il enchaîna :
- Naturellement, vous êtes étonnés par cette déclaration et je le comprends. Je vais vous expliquer :
La Gauloisie est dans l'Europe, c'est indéniable. La question qui se pose est donc, « comment inverser les facteurs ? ». Et la réponse qui vient tout naturellement à l'esprit est : en faisant en sorte que le concept de Casino Personnel soit étendu à toute l'Europe.

Bingo et de trois. Restait le saut de l'ange. Là, ce serait plus coton. Devant la mine plus qu'ébahie de ses interlocuteurs, il enchaîna rapidement :
- Pourquoi et comment ? Deux questions auxquelles il me faut là aussi répondre. Tout d'abord, pourquoi ? Tout simplement pour que le rayonnement de la Gauloisie devienne mondial. Une Europe qui se dissout dans un de ses pays, ne peut qu'apporter une aura internationale à celui-ci. Et vous le savez, la grandeur de la Gauloisie est infinie, ainsi que le déclarait à juste titre Charly-le-Magnifique.
- Pardonnez-moi Monsieur le Chef-Président, intervint Davy-le-Pugiliste. Avec tout le respect que je vous dois et que je vous porte, c'est totalement utopique. Même le grand Charly ne s'y est pas attaqué.
- Moi, je m'y attaque et j'y arriverai. Je vais vous expliquer comment. En premier lieu et en prérequis, La Rabdologie En Mouvement remporte très largement les élections, lui donnant ainsi une légitimité incontestable et j'irai même jusqu'à dire incontournable. En deuxième lieu, ses élus entament une action en profondeur pour demander et obtenir l'extension des CP à travers tout le territoire européen. Dès lors, en troisième et dernier lieu, l'Europe se gauloisissant, devient peu à peu gauloisienne au fur et à mesure que les installations de CP se développent dans les pays de l'Union. Et voilà, conclut-il, visiblement satisfait par ce qu'il estimait avoir été une belle démonstration.
- Avez-vous déjà fait une étude marketing, pour définir les pays pouvant être potentiellement intéressés par l'implantation de ces CP sur leur territoire ? Demanda Gilou-le-Taf.
- Pas besoin, ils le seront tous, affirma Estoppel-le-Miston. D'ailleurs, si La Rabdologie arrive en nombre au Parlement, tout le monde sera obligé de la suivre. Et l'Europe deviendra ainsi gauloisienne, accomplissant du même coup le grand rêve de Charly-le-Magnifique du rayonnement mondial de la Gauloisie.
- Nous serions fiers au nom de tous les Gauloisiens, si ça pouvait se passer ainsi, remarqua Davy-le-Pugiliste. Cela dit, restons réalistes,

cette Europe gauloisienne ne pourra probablement jamais se faire, ne put-il s'empêcher d'ajouter.

- Je vous trouve bien pessimiste, Monsieur le Pugiliste. Pour vous convaincre, rappelez-vous. Combien d'entre vous auraient parié un seul euro, sur ma capacité à accomplir le magnifique saut de l'ange de la semaine dernière ?

Et voilà le travail, il venait de réussir haut la main à placer le dernier, sans même forcer. Devant le silence de ses interlocuteurs, il poursuivit :

- Personne, répondant ainsi lui-même à sa question. Et pourtant, vous avez toutes et tous vu que je l'ai fait et bien fait, malgré le gouffre impitoyable que j'avais sous mes pieds.

Il se sentait lyrique, bercé par les mots et le souvenir de sa chute ou plutôt de ses chutes, ponctuées de ses remontées spectaculaires.

- C'est vrai Monsieur le Chef-Président, déclara Abri-la-Crêpe-Marante, ce fut magnifiquement formidable. Ce saut de l'ange impérial au moment de votre envol, quel régal.

Chouette, elle reprenait le mot-clé qu'il venait de placer. Il ne se souvenait pas avoir fait le moindre saut de l'ange durant sa chute, mais bon, si elle reprenait elle-même le terme, il ne pouvait que s'en féliciter.

- Merci, je voulais juste attirer votre attention sur le fait, que ce qui paraît impossible a priori, peut toujours être réalisé pour peu que l'on en ait la volonté.

Il avait dit ça, parce que sa grand-mère le lui avait souvent répété quand il était petit.

- De la même manière, si nous en avons la réelle volonté, grâce au CP, l'Europe deviendra rapidement gauloisienne. Je terminerai donc en vous disant ceci : « Votez en masse pour La Rabdologie en Mouvement, afin que nos objectifs puissent être atteints ».

Tiens, il l'avait même répété deux fois celui-là.

- Voilà ce que je voulais vous dire, en vous souhaitant à toutes et à tous, une excellente soirée, kenavo.

Retournant à sa voiture Chef-Présidentielle où l'attendait son chauffeur, il se demanda pourquoi il avait terminé l'interview par « kenavo ». Bof, après tout ce n'était bien grave, ça lui était venu spontanément.

Le jour du scrutin s'ouvrit avec des médias placés dans les bureaux de votes les plus en vue. Inévitablement, Estoppel-le-Miston et son épouse furent suivis jusqu'à l'entrée de l'isoloir. Il en fut de même, toute la journée pour chacun de ses Lieutenants et assimilés.

À 18 heures, les chiffres de la participation tombèrent : plus de 89 %. C'était historique. Qui allait profiter de cet engouement inattendu des Gauloisiens pour les Européennes ? Le pays tout entier attendait impatiemment l'heure fatidique de l'annonce des résultats. Non, pas tout entier, le Chef-Président avec son premier cercle de Lieutenants réunis autour de lui dans son bureau de l'Étable, prenaient déjà connaissance des premiers dépouillements de votes terminés dans pas mal de petites villes considérées comme référentes.

- Vous avez vu, on enfonce tout le monde, y compris ce frimeur de la Mélasse et cet olibrius de Lorgnon-le-Vautré ? Se réjouit Estoppel-le-Miston.
- Normal, on est les meilleurs. J'espère que vous vous êtes rendu compte de la manière maxi-performante avec laquelle j'ai géré tout ça ? Du travail d'orfèvre, s'enorgueillit Doudou-le-Filou.
- Qu'est-ce que tu as fait de particulier ? Demanda la Castagne. On ne t'a vu nulle part durant la campagne, qui d'ailleurs, n'a jamais vraiment démarré. Il n'y a qu'Estoppel qui se soit vraiment donné avec son impeccable saut à l'élastique.
- C'est vrai ça, confirma Brûlot-le-Marâtre. Depuis toujours, tu ne fais rien Doudou. On dirait que tu roupilles à longueur de journée dans tes salons de Maquignon.
- Mais je travaille, se défendit le Filou. Brasser du vent n'est pas dans mes habitudes, ni dans ma nature.
- Pourtant, intervint Frangy-le-Rugby, je devrais t'installer une de mes éoliennes pour que tu puisses enfin ventiler quelque chose d'utile. En plus, ça te ferait faire un peu de sport.
- Stop, intima le Chef-Président. On ne va pas gâcher un moment si magnifique en se chamaillant.
- D'autant qu'on a très largement gagné, insista Raldo-le-Romarin. Si l'on en croit ces premiers résultats officieux, La Rabdologie devrait tourner aux alentours de 60 % ce qui, si ça se confirme, nous donnera au moins 44 sièges sur 74.
- Grâce à notre très cher Chef-Président, affirma Murette-la-Pénible qui jusque-là s'était abstenu de toute intervention.
- C'est vrai, c'est grâce à lui et à lui seul, reprit le Rugby. Par contre, écrase un peu la Pénible. Pour ce que tu fais à longueur de journée, moi, à ta place, je resterais discret.
- Dis le Rugby, tu es plutôt mal placé pour faire ce genre de reproche. Qu'est-ce que tu fais, à part toi aussi, produire du vent chaque fois que tu ouvres la bouche ? Je comprends que tu sois fan de tes éoliennes. Si tu revendais l'électricité qu'elles produiraient avec ton baratin, tu ferais rapidement fortune.

Estoppel-le-Miston jugea qu'il était plus que temps d'arrêter ces altercations stériles. Il enchaîna :
- Du calme. On a gagné et c'est bien-là le principal. Pensez à la tête que fera la Mélasse tout à l'heure, quand il apprendra que ses

Bistrophiles sont à peine à 14 % et celle du Vautré avec les minables 12 % de ses Repusmalins. À nous seuls, comme c'est le cas en Gauloisie, nous aurons la majorité absolue.
- Excuse-moi, Estoppel, mais non.
- Quoi ça, mais non ? S'insurgea le Chef-Président.
- N'oublie pas qu'il y a en tout 751 députés au Parlement européen. Nos malheureux 44 de La Rabdologie ne représenteront même pas 6 % du total, remarqua Crispite-la-Castagne.
- C'est possible et ça n'a aucune espèce d'importance, assura-t-il. Vers 21 heures, tu feras la tournée habituelle des télés. Tu ne parleras que des résultats gauloisiens en te calant sur nos 60 % et l'adhésion totale du pays à La Rabdologie. Tu verras, ça passera comme une lettre à la poste.
- Fais-moi confiance, je nous ferai mousser.

Crispite-la-Castagne décida de commencer par TG1, qui était de loin la plus regardée. Il arriva sur le plateau, la mine concentrée. Les résultats quasi définitifs étaient déjà affichés et La Rabdologie, à elle seule, était créditée de près de 67 % des voix. Quasiment 50 députés sur les 74 Gauloisiens. La gloire quoi, mais surtout pas de triomphalisme. Le peuple n'aimait pas les visages vaniteux des vainqueurs. Ce n'était pas dans sa culture. À peine arrivé sur le plateau, il fut sollicité par Gilou-le-Taf.
- Bonsoir, Monsieur la Castagne. Vos impressions après cette victoire éclatante.
- Je vous arrête Gilou-le-Taf, il n'y a pas de victoire éclatante, juste des élections reflétant la confiance de nos concitoyens pour l'action de leur Chef-Président et de La Rabdologie En Mouvement qui le soutient. Grâce à ce vote, nous allons pouvoir développer le grand dessein d'une Europe gauloisienne au service de la prospérité économique et financière de chacun et de chacune d'entre nous. La richesse individuelle est au bout de cette grande ambition pour notre pays.
- C'est beau ce que vous dites, s'émut Abri-la-Crêpe-Marante.
- Oui et nous allons le faire car nous venons d'être mandatés par le peuple pour accomplir cette mission.

Et il s'en alla discrètement pendant que les discussions sur les résultats obtenus par les autres Castes continuaient.

Ce fut pour lui une soirée harassante comme il les aimait, surtout lorsqu'il s'agissait de commenter l'écrasement à plate couture des adversaires. Restait maintenant comme promis, à implanter le Casino Personnel d'Estoppel dans toute l'Europe.

Le Chef-Président commençait à avoir des fourmis dans les jambes. Il y avait longtemps qu'il n'avait pas fait un petit voyage officiel. Ça lui manquait.

La page des élections tournée avec le triomphe de La Rabdologie En Mouvement, restait à transformer l'essai. Il avait promis de faire une Europe gauloisienne, maintenant il allait lui falloir tenir cette promesse. Sauf, qu'il n'avait pas la moindre idée de ce qu'il devait faire pour y arriver. Bien sûr, un CP européen c'était très beau sur le papier, de là à le faire avaler aux autres pays partenaires européens, c'était loin d'être gagné. Il n'y avait bien que les Gauloisiens pour croire au mythe de la richesse pour tout le monde.

Malgré tout il était fier de ce qu'il avait raconté. Les derniers sondages attestaient qu'une majorité de Gauloisiens adhéraient à ce magnifique concept d'Europe gauloisienne. Quel beau travail de communication. Mais à présent, comment rendre le CP, européen ? Pas évident.

Une fois de plus en pareille circonstance, il téléphona à son mentor préféré, Marco-le-Fer-à-Cheval, pour l'appeler à sa rescousse :

- Marco, j'ai besoin d'un déclic pour faire bouger l'apathie ambiante retombée sur le pays. Tu n'aurais pas une idée ?
- Si probablement, mais il faut que j'y réfléchisse. Qu'est-ce que tu veux exactement ?
- Je ne sais pas moi, quelque chose de be-bop. Depuis les élections le pays est devenu léthargique. Je ne vais quand même pas refaire un saut à l'élastique histoire de le réveiller un peu ?
- Il faut trouver autre chose. Si je me souviens bien, tu as promis de faire l'Europe gauloisienne non ?
- Ce n'est qu'un slogan, juste pour les élections.
- Mais tu as bien dit aussi que tu y arriverais en développant le Casino Personnel dans tous les pays de l'Union ?
- C'est le complément d'explication qui va avec, rien de plus.
- Je viens d'avoir une idée. Simple suggestion à chaud demandant bien entendu à être approfondie. On agit en deux étapes : Première étape, tu négocies l'implantation de tes CP avec un pays à l'économie dominante comme la Chine, la Russie, voire les États-Unis. Deuxième étape, tu t'appuies sur le succès de cette opération d'export pour, ensuite, mettre en place un réseau européen de même nature. Qu'est-ce que tu en penses ?

- Pas mal, pas mal du tout. Par contre, on peut tout de suite éliminer la Chine. Ils nous fournissent en matériels et ils ont déjà plein de casinos.
- Des casinos certainement, mais pas tes CP.
- En fait, ça ne me tente pas trop. Si je fais ça, ils profiteront de leur position de fournisseur pour chercher à nous entourlouper.
- Dommage, c'est une belle vitrine. Et les deux autres ?
- La Russie, je n'en ai pas du tout envie. Il y fait froid et même si j'apprécie Vlasetype-le-Pourboire, ce n'est pas le gars le plus rigolo de la terre.
- Il n'y fait pas froid partout, éclata de rire Marco-le-Fer-à-Cheval. Toujours tes problèmes de géographie. Tu aurais dû t'appliquer à l'école. En plus, le Pourboire est un type dynamique et efficace.
- Ouais, mais non, ça ne me dit rien.
- Alors il ne te reste plus que les États-Unis.
- À choisir, je préfère. Dodo-la-Trompette, c'est le plus drôle des trois.
- Comme tu voudras. Le marché américain est, c'est sûr, une très belle vitrine. Si tu parviens à en tirer quelque chose, tu n'auras pas de mal à faire pareil ici.
- Ici, tu veux dire, dans toute l'Europe ?
- Absolument.
- Là, tu vois, ça me va bien. Prépare-moi un voyage sympa et rameute la troupe des médias. J'en veux un retentissement mondial.
- Désolé Estoppel, je te rappelle que ce n'est pas moi qui m'occupe de ça.
- Ah oui c'est vrai. Bon, je vais voir avec le Criant, ça l'occupera un peu entre deux cures thermales.

Il le convoqua aussitôt, autant ne pas perdre de temps.
- Tu vas me préparer un petit voyage officiel aux États-Unis.
- Petit ? Et pour y faire quoi ? Demanda Jo-Vonvon-le-Criant.
- C'est une façon de parler. Arrête de tout prendre au pied de la lettre. Je ne sais pas moi, organise-nous une balade là-bas, assortie d'un ou de deux entretiens avec la Trompette.
- Pour lui dire quoi ? Ça ne va pas être évident. Il ne reçoit que très peu, tant il se prend pour le roi soleil.
- Mais non, je sais qu'il m'aime bien.
- Et tu veux discuter avec lui de quoi ?
- La seule chose qui l'intéresse c'est le business. Dis-lui que je voudrais développer les échanges commerciaux avec son pays.
- Ça ne marchera jamais. Il ne veut que des accords au niveau européen. Tout le reste, il considère que c'est de la gnognotte.
- Sauf, s'il s'agit d'une spécialité purement gauloisienne, n'existant pas ailleurs en Europe.

- Dans ce cas-là, c'est peut-être possible. Ce serait quelle spécialité ?
- Le CP.
- Le quoi ?
- Le Casinos Personnel. Depuis le temps, avec tout le barouf que j'en fais, tu ne sais pas encore ce que c'est ?
- Si, j'en ai même les oreilles rabattues. Par contre, je ne sais pas s'il sera intéressé.
- C'est ton boulot de le convaincre. Dis-lui que nous allons développer le CP dans le monde entier. Autant que les États-Unis soient les premiers.
- Je veux bien essayer mais ce n'est pas gagné. Le connaissant, il va falloir être plus que convainquant. Il est tellement coincé, qu'il en est totalement buté, borné, pour peu que l'on aille à l'encontre de ses convictions. J'espère que ta proposition lui conviendra, sinon je ne te promets rien.
- Tes états d'âme, je m'en balance à un point que tu ne peux même pas imaginer. Je te répète que c'est à toi de te montrer suffisamment persuasif avec lui pour y arriver. Tu es bien payé pour ça, non ?
- Oui, mais là, il va falloir drôlement secouer le cocotier.

Il sortit du bureau en bougonnant. Voulant à tout prix améliorer les chances de réussite du Criant, Estoppel-le-Miston appela Brûlot-le-Marâtre et lui expliqua la situation.
- Tu fais bien de me prévenir, je vais voir avec lui, le rassura celui-ci.
- Avec la Trompette, le meilleur moyen d'emporter le morceau, c'est de lui parler pognon. C'est toi le mieux placé pour ça, vois avec le Criant.
- Entendu, je m'en occupe tout de suite.

Trois jours plus tard, à la demande d'Estoppel-le-Miston, ils étaient tous les trois réunis dans le Salon Doré du Palais de l'Étable. Endroit plus que discret pour ce type de conversation stratégique, qu'il avait fait aménager en salle de réunion.
- Alors, tu en es où, le Criant ? Questionna d'entrée le Chef-Président, s'adressant directement à lui.
- Ça avance, ça avance, affirma celui-ci.
- Mais encore ?
- On a contacté le staff de Dodo-la-Trompette. Tu vas être content, c'est quasiment bouclé.
- Grâce à moi, intervint Brûlot-le-Marâtre.
- N'exagère pas, se rebiffa le Criant. C'est moi qui ai fait tout le travail de préparation. Toi, tu ne t'es contenté que d'appeler pour ramasser la confirmation.
- Arrêtez les deux, je m'en fous. C'est quoi le résultat ? Demanda le Chef-Président.

- On finalise, indiqua le Criant.
- Tu accouches, oui ? S'énerva Estoppel-le-Miston.
- Pour la visite officielle c'est bon sur le principe, s'empressa de répondre le Criant. La Trompette veut bien discuter avec toi sur les CP et t'accorde pour ça un entretien de deux heures.
- C'est pas assez. Je veux au moins une demi-journée.
- Là, tu es gourmand.
- Propose-lui de le rencontrer à Las Vegas. Il sera en situation. Je suis sûr que ça va lui plaire. Revenez me voir dès que tout sera finalisé. Ah ! J'allais oublier, c'est pour quand ?
- Il propose le lundi 17. J'ai regardé. Tu n'as que trois réunions de prévues ce jour-là. Elles sont mineures, on peut les déplacer sans problème.
- Tu ne m'avais pas dit ça, protesta le Marâtre, s'adressant directement à Jo-Vonvon-le-Criant. En plus, tu m'as l'air « mineure », une des trois est avec moi. Elle est très importante. L'ordre du jour concerne les mises en place de la vignette vélo et de la taxe sur les patinettes pour leur circulation sur trottoirs.
- Tu feras tes patinettes plus tard, lui répondit le Criant.
- Il se fiche de moi. Tu as entendu Estoppel ? Lui, il n'en a rien à faire mais pas moi, enfin pas nous.
- Tant pis, trancha le Chef-Président. Dodo-la-Trompette passe avant, même lorsqu'il s'agit de nouvelles taxes. Ne t'inquiète pas, Brûlot, on les verra à mon retour tes taxes. Du moment qu'on les fait c'est le principal. Voilà, tu es rassuré maintenant ?
- Ça retarde ! Remarqua celui-ci quelque peu amer.
- Dis-toi que ce n'est que partie remise. Bon, je résume. Le 17, je suis à Las Vegas avec la Trompette et je lui fourgue nos CP. Surtout, finalisez bien l'organisation de ma visite. Je veux qu'elle soit fructueuse.

Confortablement installé dans l'avion Chef-Présidentiel « Air Sarcophage One » qui l'amenait à Las Vegas, Estoppel-le-Miston discutait de banalités avec Gibritte. Il avait tenu à ce qu'elle vienne car Dodo-la-Trompette devait pour sa part, être accompagné de son épouse Melody. Pour l'instant, il n'avait encore rien préparé de ce qu'il allait négocier. Il avait bien évoqué quelques points avec Brûlot-le-Marâtre mais il n'était pas persuadé de leur pertinence. Bien entendu, il lui proposerait de le fournir en CP. Même si les échanges gauloiso-américains pouvaient être considérés comme étant malgré tout, un peu au beau fixe, le Chef-Président savait pertinemment que la Trompette n'en avait rien à faire, de la Gauloisie. D'après ce que lui avait affirmé le Criant, il avait simplement accepté la réunion parce que c'était à Las Vegas et qu'il aimait bien aussi « le petit gauloisy », ainsi qu'il l'appelait. Pour lui, il ne s'agissait que d'une rencontre, juste pour le fun. C'était pour ça et pour pouvoir profiter de l'influence positive, même si elle devait être faible, de Melody sur Dodo, qu'il avait emmené Gibritte avec lui. Dans ce genre d'opérations, il ne fallait rien négliger.

Ils atterrirent sous un soleil de plomb. Juin au Nevada, ce n'était pas une balade de santé. À l'ouverture des portes, la chaleur envahit brutalement la cabine. Gibritte se plaignit :
- C'est quoi ce temps de malade ?
- Pas grave Minouchette, ici rien n'est normal. Tu sais bien, même Dodo-la-Trompette ne correspond à rien de normal.

Et il éclata de rire, se rappelant leur dernière rencontre totalement farfelue.
- Tu vas voir, il n'a pas changé. On va bien s'amuser.
- J'espère. Je ne voudrais pas être venue pour rien.
- De toute manière tu vas revoir Melody. Elle, au moins, elle est sympa, non ?
- Oui c'est vrai. Tu as prévu un petit dérivatif ?
- Je n'ai rien prévu du tout. Tu sais, comme on est dans la patrie du jeu, on verra bien.
- Mais, on n'est pas venu ici pour lui vendre tes Casinos Personnels ?
- En théorie, oui. En fait, on verra bien. Tout dépendra de son humeur. S'il est de bon poil, j'essaierai de lui refourguer nos appareils.
- Comme ce sont les chinois qui nous fournissent, il va te dire qu'il lui suffit de s'approvisionner directement chez eux, pour que ça lui coûte moins cher.
- Pas forcément, vu les relations pourries qu'il a avec eux. Je vais lui proposer de lui fournir les CP clés en mains, avec le petit plus que tu sembles oublier.
- Le petit plus de quoi ?
- Je vais lui vendre le CP clé en mains mais pas le simple CP comme il pourrait l'avoir directement chez des fournisseurs chinois. Non, je vais lui proposer le CP équipé de la fameuse « Gauloisy Touch ». C'est marrant tu vois, je viens juste d'y penser à l'instant. Je ne savais pas trop comment lui présenter les choses mais tout en parlant, j'ai eu ce flash génial. Ce sera le CPGT.
- Tu crois vraiment que ça va le brancher ?
- Certain, la « Gauloisie Touch » est réputée et appréciée dans le monde entier. Bon, il faut descendre maintenant. Qu'est-ce qu'il y a comme officiels pour nous recevoir ?

Gibritte-le-Miston regarda à travers le hublot.
- Personne apparemment.
- Tu rigoles ? D'habitude il y a toujours quelqu'un pour nous recevoir.
- Là non, le tarmac est aussi lisse que le crâne d'Alano-la-Jupette.

- Ne plaisante pas Gibritte. Je vais passer pour quoi, moi, aux yeux des médias ?
- Tu ne passeras pour rien puisqu'il n'y a personne.
- Et les journalistes qui nous accompagnent. Tu crois vraiment qu'ils vont se priver de raconter notre arrivée sans personne pour nous recevoir ?
- Dis-leur que c'est toi qui l'as voulu ainsi.
- Ils ne me croiront jamais.
- Si, ils te croiront et ça, pour deux raisons. D'abord, parce que personne ne peut mettre en doute la véracité d'une déclaration Chef-Présidentielle et ensuite, parce que tu leur diras que tu as voulu une arrivée discrète sur le sol Vegasien pour mieux t'imprégner de l'ambiance, avant ton entrevue avec Dodo-la-Trompette. Tu verras, ça suffira.
- Pas mal Minouchette. Toi au moins, tu as des idées.

Et il en fut ainsi. Estoppel-le-Miston justifia son arrivée plus que discrète par son désir de concentration avant ses entretiens avec la Trompette, entretiens qu'il qualifia de décisifs et qu'il devait avoir dès le lendemain matin.

Justement, le lendemain il était 10 heures lorsque la réunion avec Dodo-la-Trompette débuta. Ils avaient convenu que pendant leurs discussions, leurs épouses iraient se promener dans les rues de la ville.

Gibritte était ravie. Elle marchait bras dessus, bras dessous avec Melody-la-Trompette, suivie par une troupe de journalistes locaux. Se tournant vers Melody, elle lui demanda en anglais qu'elle parlait, sinon couramment, tout au moins suffisamment pour se passer d'interprète :
- Une petite partie dans un de tes casinos, ça te dirait ?
- Bonne idée. Avec Dodo, ce n'est pas tous les jours dimanche.
- Pourquoi tu ne le plaques pas s'il te casse les pieds ?
- Si je faisais ça, il piquerait sa crise et je me retrouverais à la rue sans aucun argent.
- Ah oui, je comprends. Ma pauvre biquette, ce doit être pénible de devoir le supporter à longueur de journée.
- Tu n'as pas idée. Heureusement qu'il est souvent en réunion ou en déplacement.

Elles passaient juste à ce moment-là devant le Golden Nugget. Gibritte s'écria :
- Tiens en parlant d'argent, si on allait faire un tour au Nugget ?
- Pourquoi pas, accepta Melody-la-Trompette.

Les journalistes les suivirent, friands de ce qu'elles allaient pouvoir faire et dire. Gibritte-le-Miston se précipita vers une machine à sous et demanda :

- Tu as de la monnaie ?
- Pas besoin, il te suffit de mettre ta carte bancaire pour obtenir un ticket de jeu.
- Moi je préfère les pièces, insista Gibritte. Je le dis toujours, j'aime bien leur bruit quand elles tombent. Il y en a encore chez toi ?
- Oui, ils en gardent quelques-unes, juste pour satisfaire les amateurs de vintage. De toute façon, je n'ai pas de monnaie sur moi.

Aussitôt, un journaliste se précipita avec quelques pièces qu'il tendit à Melody-la-Trompette.

- Merci jeune homme, s'empressa-t-elle, prenant les pièces en se dirigeant vers une machine à sous.

Gibritte la suivit, demandant :

- Quelqu'un peut-il aussi me donner des pièces ? Je le rembourserai.

Un autre journaliste parmi les suiveurs, lui donna une poignée de pièces de 25 et 50 cents.

- Merci sympa jeune homme, apprécia à son tour Gibritte-le-Miston. Faites-moi penser à vous rembourser dès que je verrai mon mari.

Elle rejoignit Melody-la-Trompette qui était déjà en train de jouer. Côte à côte, toutes deux étaient concentrées sur leur jeu. Elles ne parlaient plus et semblaient l'une comme l'autre, défier leur machine à sous.

Tout à coup une sonnerie stridente se mit à retentir et les pièces commencèrent à tomber en cascade. Gibritte venait de gagner les trois « 7 ». Le pactole en quelque sorte. Melody regarda avec envie les pièces s'entasser en un gros tas dans la goulotte. Elle s'arrêta de jouer et un peu envieuse, déclara :

- C'est la chance de la débutante.
- Regarde ce que je suis en train de gagner et ça continue. Je me demande combien ça va faire.

Pendant ce temps-là, les journalistes commentaient la chance de la gauloisienne, venant de remporter un gain plus que conséquent. Le directeur du Nugget qui, pour l'occasion s'était déplacé, en profita pour prononcer un petit discours improvisé :

- Quel honneur inattendu que de recevoir les premières dames de nos deux pays. Qui plus est, quel honneur, que de voir l'une d'entre elles gagner un très beau lot dans notre si beau casino Golden Nugget.

Ne sachant plus trop quoi dire, il se tourna vers les caméras des journalistes et termina :

- Mesdames mais aussi messieurs, profitez de nos jeux. Ils sont là pour vous. Ils sont là pour vous faire gagner.

Gibritte-le-Miston au nom de la Gauloisie, remercia le directeur, remboursa celui qui lui avait donné les pièces pour jouer et s'adressant à Melody-la-Trompette, enchaîna :
- Tu veux encore rester ?
- Je n'ai pas fini mes pièces et j'aimerais bien moi aussi, gagner comme toi.
- Si tu veux on partage, proposa Gibritte avec générosité.
- Vraiment ? S'étonna Melody.
- Oui, tu sais chez nous l'argent c'est bien mais dans le fond on s'en fiche car ça n'a pas grande importance.
- Je sais. On m'a même dit qu'en Gauloisie, l'égalité de tous était la règle. Personne ne devait avoir plus que l'autre.
- Là, on t'a quand même un peu bourré le mou, rectifia Gibritte. On recherche une certaine égalité pour tous, c'est vrai, mais dans la justice et l'équité.
- C'est magnifique ce que tu dis là, sembla s'émerveiller Melody-la-Trompette.
- Oui, et c'est bien comme ça. Mon mari veut que les Gauloisiens ne s'enrichissent seulement qu'en fonction de leurs mérites respectifs.
- Alors-là, je maintiens que c'est beau. Dodo, lui, tout ce qu'il veut, c'est que ce soit seulement le pays qui s'enrichisse. Les gens il s'en fiche.
- Vraiment ? Fit mine de s'étonner Gibritte, prenant un air outré. Tu devrais le remettre un peu sur rail. Au début, avec Estoppel c'était pareil. Je l'ai un peu secoué et tu vois, maintenant il est nickel chrome.
- Ça veut dire quoi nickel chrome ?
- Ça veut dire qu'il a compris que dans ses décisions, il lui fallait tenir compte des gens.
- Sans blaguer ? Si tu as réussi à faire ça, c'est plus que formidable, s'enthousiasma Melody-la-Trompette. Moi avec Dodo c'est mission impossible.

Puis sans transition :
- Bon, allez, on partage.

Après avoir remboursé à son tour le journaliste de Melody, elles se partagèrent ce qui restait, sous l'œil et les commentaires abasourdis des journalistes qui n'en revenaient pas. Au pays de l'argent roi, pareil comportement désintéressé était incompréhensible. Quel curieux pays que cette Gauloisie.
- Ça va me faire un peu d'argent de poche, enchaîna Melody-la-Trompette. Dodo est tellement radin. Il ne me donne jamais de sous.
- Probablement parce que comme moi, tout est pris en charge. En fait, pour ton courant, tu n'as rien à payer.

- C'est vrai, mais j'aimerais bien comme tout le monde pouvoir dépenser un peu et même beaucoup. Je ne sais pas moi, faire les boutiques et acheter. Tiens ! Simplement acheter. Eh bien tu vois, même ça, je ne peux pas le faire à cause de ce satané protocole. Il paraît que je n'ai pas le droit, parce que le protocole exige que la première dame ne s'expose pas. Alors, tu sais quoi ?
- Non, dis-moi.
- Je suis obligée de me rabattre sur des achats Internet avec la carte bancaire de Dodo.
- C'est triste, s'apitoya Gibritte. Tu vois, moi c'est pareil, sauf que je m'y suis habituée et que je ne touche pas à Internet. Je me contente de demander et j'ai, mais je reconnais que ce n'est pas pareil que d'aller dans une bonne boutique pour faire ses emplettes.

Tout en discutant tranquillement, elles venaient de rejoindre leurs maris qui discutaient âprement. Estoppel-le-Miston semblait plutôt surexcité.

- Tu te rends compte Dodo, de l'argent que vont pouvoir se faire tes concitoyens avec mes CP ? Et on te fait du clé en mains. Il ne te reste plus qu'à les importer, pour ensuite les revendre sur ton marché et c'est plié.
- C'est plié, c'est plié, tu es bien gentil. Ici ce n'est pas moi qui fais le business, ce sont les entreprises et elles seules.
- Fais-leur comprendre que c'est leur intérêt. Tu verras, je suis sûr que leurs dirigeants seront sensibles aux profits potentiels que représente le CP importé directement de chez nous. Ajoute aussi, que ces CP auront la « Gauloisie Touch ». En fait, ce seront des CPGT.
- Et tes CPGT, personnellement ça me rapporte quoi ?
- Tu n'as pas besoin d'argent.
- On a toujours besoin d'argent.
- Sûrement mais pour le coup ça ne te rapportera rien directement, sauf, si tu rachètes pour toi une boîte qui importe.
- Tu parles, j'ai bien d'autres choses à faire. En plus, si ça se trouve j'en possède déjà une, voire plusieurs.
- J'ai une idée qui peut sinon te rapporter, tout au moins, qui peut t'apporter.

Il marqua un temps d'arrêt se demandant si celui-ci avait compris la nuance. Il savait qu'il n'avait pas affaire à la flèche du siècle mais quand même.

- Si tu m'aides à implanter mes CPGT chez toi, en contrepartie, je te promets de clamer tes louanges, aussi bien en Gauloisie que dans toute l'Europe.
- Des louanges ? Il est vrai que j'en aurais bien besoin. Est-ce que vraiment tu pourras le faire ?

- Sans problème. J'ai tous nos médias dans ma poche. S'ils ne disent pas ce que je veux, paf, je leur coupe les vivres. Alors tu vois, je te le dis, c'est béton.
- C'est sûr que si la Gauloisie venait à me vénérer, ça ferait boule de neige dans toute l'Europe et peut-être même dans le monde entier. Là, tu me tentes.
- Oui, mais ne délire pas trop, mon cher Dodo. Je ne maîtrise que les médias gauloisiens. Je n'ai aucun moyen d'influencer ceux des autres pays.
- Je m'en doute mais l'effet d'entraînement jouera forcément. Plus j'y pense, plus je suis convaincu que ce sera une excellente chose pour ma notoriété et mon image de Chef d'État. Si tu y mets le paquet, je peux même devenir la coqueluche de la planète.
- Tu n'exagérerais pas un peu par hasard ? Je peux te garantir la brosse à reluire de mes médias, je peux également te garantir qu'à chacune de mes interventions européennes, je dirai au moins une chose positive sur toi, pour le reste, je n'en sais rien.
- Ma foi, je suis prêt à tenter ma chance, finit par accepter la Trompette. Je me débrouille pour promouvoir tes CPGT ici, et toi, tu t'occupes de promouvoir mon image d'élite et de type exceptionnel, non seulement en Gauloisie mais également devant le Parlement européen et tout le reste de l'Europe.
- Parlement européen et reste de l'Europe, c'est pareil mon cher Dodo. En plus, je ne suis pas sûr de pouvoir me faire entendre des autres pays si je me mets à trop chanter tes louanges. Un peu ça passe mais trop ça casse, donc, ça jette.
- Contente-toi de dire combien tu m'as trouvé sympathique, performant et extraordinairement perspicace. Le reste fera son chemin tout seul. N'oublie pas, comme on le dit chez toi, « il n'y a pas de fumée sans feu », enchaîna-t-il directement en Gauloisien, à la grande surprise d'Estoppel-le-Miston.
- Tu parles gauloisien ?
- Non, pas du tout. C'est simplement un de mes conseillers, qui m'a dit de te dire ça au cas où tu te montrerais réticent sur quelque chose. C'était correct ?
- C'était parfait. En plus tu l'as bien placé.
- Tant mieux. Il ne nous reste plus maintenant qu'à concrétiser.
- Comment va-t-on va faire ?
- C'est simple, proposa Dodo-la-Trompette. Toi, tu feras ton baratin dans les pays de ton Union Européenne et moi, je passerai discrètement le mot à quelques industriels, en leur demandant de se mettre en rapport avec les tiens pour convenir d'une importation équitable.

- Équitable ? Tu veux dire quoi par-là ? S'inquiéta Estoppel-le-Miston, pour qui le terme laissait sous-entendre d'inutiles complications de bobos écolos attardés.
- Non, bien sûr, pas équitable au sens écolo mais au sens business du terme. Tes boîtes nous vendent les CPGT à un bon prix et les miennes te les achètent en bonnes quantités.
- Un peu vague non ?
- Au contraire c'est très précis. Ça consiste à fixer les prix de vente en regard des quotas d'importations. Exemple, tu me vends 10 et je t'achète 10.
- Qu'est-ce que tu racontes ? C'est évident ou je n'y comprends rien.
- Effectivement tu n'y comprends rien. C'est pourtant simple. Suppose que tu me proposes 10 CPGT à un prix fixé et que de mon côté, je me débrouille pour qu'on te les achète tous. Correct non ?
- Oui, à condition que le prix que tu dis « fixé », soit raisonnable pour nous.

Dodo-la-Trompette le regarda avec intensité et affirma :
- Là, ça dépend de toi.
- Ah bon ? Quel rapport ?
- C'est très simple. Plus tu chanteras mes louanges et plus nous accepterons un prix de vente élevé. Tu vois, comme je te le disais, c'est correct.
- Mais, c'est du chantage, s'insurgea Estoppel-le-Miston.
- Non c'est du business mais appelle ça comme tu veux, je n'en ai rien à battre. En tout cas, c'est équitable. Plus tu m'encenses, plus tu nous vends. Si tu ne fais rien, tu ne nous vends rien.
- Moi, j'appelle ça du foutage de gueule car ça n'a aucun rapport. Je t'ai dit que j'allais faire ta promotion auprès de mes homologues européens et je le ferai. Pour le reste je ne sais pas.
- Surtout, n'oublie pas que le client a toujours raison.
- Après tout, on verra bien et tu me casses les pieds. Bon, allez, on a fini. On fait le petit speech guignol habituel et on s'arrache, conclut brutalement Estoppel-le-Miston.

Comme ils s'étaient retirés dans une salle de réunion leur assurant une discrétion totale, ils rejoignirent les caméras pour la traditionnelle déclaration finale. Contrairement à la tradition voulant que l'hôte termine, Dodo-la-Trompette commença, s'adressant directement à son homologue gauloisien :
- Mon cher Estoppel, je me félicite de la qualité de nos entretiens qui nous ont permis de déboucher sur une coopération accrue entre nos deux pays. Vous êtes celui par qui les affaires peuvent se faire. Il est clair, que nous devons continuer à promouvoir nos savoir-faire technologiques en accentuant de manière sensible les échanges

productifs, seuls garants de l'enrichissement de nos entreprises respectives.

Dodo-la-Trompette ayant déjà visiblement terminé, Estoppel-le-Miston prit à son tour la parole :

-   Merci à vous, Dodo pour cet accueil plus que chaleureux qui, j'en suis sûr, débouchera sur un accroissement important de notre coopération économique. Vous aussi, êtes un des fleurons de ces élites financières, grâce auxquelles est assuré le développement du business international.

En prononçant ces mots, le Chef-Président se dit que, vu le protectionnisme affiché de la Trompette, personne n'y croirait mais ça faisait partie du jeu. Il poursuivit :

-   Nous devons donc tous, être solidaires dans cette compétition économique mondiale qui agite la planète. Telle est la raison de ma venue, des résultats constructifs ayant pu ainsi de part et d'autre, être obtenus.

Ils se serrèrent une dernière fois la main devant les caméras, geste que les journalistes attendaient avec gourmandise, se demandant qui des deux allait lâcher la pression en premier. Ils se souvenaient tous de la première visite en Gauloisie de Dodo-la-Trompette et de l'épisode, devenu depuis mythique sur les réseaux sociaux, où sa main était restée bloquée un bon moment dans celle d'Estoppel-le-Miston, histoire de mesurer leur force respective. Pourtant, cette fois, ce fut la déception car il n'en fut rien. Ils se séparèrent sans autre forme de procès, Estoppel-le-Miston et Gibritte reprenant leur avion gouvernemental, pour un retour direct en Gauloisie.

Le lendemain, comme à chaque fois en pareil cas, un tweet de Dodo-la-Trompette ponctuait leur arrivée. Tweet dans lequel il déclarait, toujours fidèle à lui-même : « Le petit Estoppel est à l'image de son pays, avec des intentions de coopération réelles mais tellement dérisoires ».

Décidément la Trompette était incorrigible. Quel pignouf, pensa Estoppel-le-Miston, prenant connaissance du texte quelque peu méprisant à son égard et à celui de la Gauloisie. Fallait-il ignorer cette arrogance habituelle du personnage ou au contraire contre-attaquer ?

Ne voulant pas risquer de tout gâcher, il était dans l'incertitude la plus totale. D'autant que Gibritte et Melody avaient vraiment bien sympathisé. Elles continuaient à s'écrire, s'envoyant de nombreux SMS et MMS, certains d'entre eux illustrant les frasques de Dodo pendant et en dehors de ses activités officielles. Il appela Crispite-la-Castagne :

-   Tu as vu ce que le roi du tweet écrit sur moi ?

- Je viens d'en prendre connaissance. Laisse tomber, il fait ça à chaque fois.
- Tu te rends compte, je passe pour quoi moi ?
- Tu ne passes pour rien du tout. On le connaît. Il ne peut pas s'empêcher de faire le mariole dès qu'on est parti.
- Ce qui me casse le plus les pieds, c'est que je vais être obligé de l'encenser auprès des autres. Je me demande si je ne ferais pas mieux de tout envoyer paître, lui et sa moumoute de coyote écrasé.
- Surtout pas, affirma Crispite-la-Castagne. Il a pris des engagements, il les tiendra. Chante ses louanges, tu t'en fous et il nous achètera plein de CP. C'est avant tout un homme d'affaires qui a l'habitude des transactions. N'oublie pas que c'est très important pour nous si nous voulons implanter nos Casinos Personnels à travers le monde.
- Tu as raison. Comme demain je dois aller me promener à Berlin pour déjeuner avec la grande cheftaine, j'en profiterai pour y faire une belle déclaration, style, bien cirage de pompes.
- Prépare-la avant, ta déclaration, pas la cheftaine, ajouta-t-il en riant. Il vaut mieux que tu saches exactement quoi lui dire pour ne rien oublier.
- Ça va être très simple. Je commencerai par un petit couplet sur ma volonté de faire la grande Europe, unie, puissante, solidaire, protectrice et patati et patata comme d'habitude. J'enchaînerai ensuite, sur la nécessité de développer les échanges européens avec les États-Unis, en insistant sur le côté, quoi que l'on puisse en dire, coopératif de Dodo-la-Trompette. Je continuerai, en assurant que sous ses airs un peu rustres, il est en réalité un véritable leader au charisme assuré, dont l'attitude toujours un peu bougonne cache en réalité un cœur d'or. Et je finirai en insistant sur le côté, « il pratique le tweet pour montrer à quel point il est In ». Qu'est-ce que tu en penses ?
- Pas mal. Ajoute aussi, que son look parfois un peu particulier est en fait inversement proportionnel à sa générosité intrinsèque.
- Ah non, là, c'est quand même un peu trop. Si je dis ça comme ça, d'abord ça n'a pas grand sens et après ça va me faire atteindre un niveau de non-crédibilité difficile à retourner. Tout le monde va penser qu'il m'a acheté, ou pire, que j'ai pété un boulon.
- Le monde entier connaît ton intégrité absolue. Quant à ton pétage de boulon potentiel, là aussi, ta réputation internationale de dirigeant pragmatique, adversaire patenté de l'idéalisme improductif, te garantit contre toute mauvaise appréciation de ce genre.
- Tu crois ? J'ai l'impression que tu exagères un peu.
- J'en suis sûr, affirma Crispite-la-Castagne.

Le lendemain, Estoppel-le-Miston débarquait à Berlin vers 11 heures du matin. Il avait tenu à venir un peu avant déjeuner pour pouvoir, selon ses dires, discuter de choses et d'autres avant son allocution qu'il avait annoncée comme devant être un tournant important pour la Gauloisie mais aussi et surtout pour l'Union Européenne.

Cette déclaration avait enflammé les rédactions des médias gauloisiens, qui, pour l'occasion, s'étaient déplacés en nombre afin de recueillir et de commenter chacun des propos Chef-Présidentiels devant être énoncés à cette occasion.

Qu'allait-il bien pouvoir dire de si important ? Ils prenaient très au sérieux cette question fondamentale, le Chef-Président les ayant habitués depuis sa prise de fonction, à tenir des propos intempestifs et souvent corrosifs, lors de ses déplacements à l'étranger.

En réalité, celui-ci qui était venu avec Gibritte, ne voulait pas particulièrement discuter affaires avec son homologue teutonne avant le déjeuner mais seulement faire un peu de shopping en flânant le plus discrètement possible dans les rues de la ville. Lorsque Gibritte lui avait relaté son échange pécuniaire avec Melody, il en avait été surpris. Du coup, il avait réagi en décidant cette petite escapade dépensière berlinoise, l'ayant obligé à demander un peu brutalement à son service d'ordre, de « lui lâcher les baskets » pour qu'il puisse un peu respirer.

C'est donc à plus de 50 mètres derrière, que les gardes du corps se placèrent pour surveiller les déambulations du couple Chef-Présidentiel.

Personne ne les reconnut vraiment, à l'exception d'une grand-mère qui, après s'être esclaffée en allemand : « J'y crois pas, c'est Estoppel-le-Miston, le gauloisien », fut immédiatement encadrée par deux gardes du corps. Ils la prirent chacun sous un bras, la soulevèrent en courant, la déposèrent plusieurs blocs de rues plus loin et s'en allèrent aussitôt sans dire un mot. Complètement éberluée par la rapidité de ce qui venait de lui arriver, elle cria : « Qu'est-ce qui se passe ? Qu'est-ce qui se passe ? ». Sans réponse et ne voyant rien de particulier, elle regarda autour d'elle pour se repérer et reprit son chemin en marmonnant.

Le déroulement de la scène était passé inaperçu des passants mais pas pour les caméras perchées sur les réverbères voisins. Les surveillants croyant à une agression, déclenchèrent l'alerte. Trois minutes plus tard, une ronde de voitures de police envahit le quartier toutes sirènes hurlantes. Estoppel-le-Miston était furieux. Pour une balade qu'il avait voulue discrète, c'était loupé. Sans compter que Gibritte n'avait même pas eu le temps de faire la moindre emplette. Et maintenant le boulot avec la cheftaine, sans qu'il ait eu le temps de se détendre. Quelle galère !

Il arriva pour le déjeuner, très énervé. Gelée-la-Mercatique l'attendait l'air amusé.

- On m'a prévenue de ton petit incident. Désolée, tu aurais dû me dire que tu voulais te promener, je t'aurais préparé une petite visite anonyme des lieux.
- J'ai quand même le droit de sortir sans ma nounou, non ? Répondit Estoppel-le-Miston quelque peu excédé. Avec Gibritte, on voulait juste aller dans quelques magasins de ton bled pour y acheter des habits d'été.
- Tu n'en as pas assez chez toi ? Je croyais que tu militais pour la préférence gauloisienne ?
- Non, pas du tout. T'as loupé le début du film. J'ai toujours plaidé pour la préférence européenne, alors tu vois, ce n'est pas pareil. En tout cas, pour le shopping que l'on devait faire, c'est mort de chez mort.
- Comme tu voudras. Comment se fait-il que ton épouse ne soit pas là ?
- Je te rappelle que nous sommes censés avoir un déjeuner de travail. Elle déjeune à l'ambassade. D'ailleurs, ton mari n'est pas là non plus.
- Oui c'est vrai. On commence par quoi ?

Ils devisèrent ainsi de choses et d'autres autour de plats assez lourds à digérer, qu'à ce titre le Chef-Président n'appréciait pas spécialement. Se rappelant son déjeuner sartinois, il se dit que décidément pour la bouffe, la campagne, l'Allemagne même combat. Qu'est-ce qu'ils avaient tous à se bâfrer comme des bœufs ? Pour préserver une ambiance sereine, il décida de n'en rien laisser paraître. L'incident de ce matin était bien suffisant.

Après avoir évoqué l'avenir de l'Europe tel qu'ils le voyaient l'un et l'autre, Estoppel-le-Miston proposa :
- Bon, comme je suis en déplacement chez toi, je vais faire une petite déclaration justifiant ma venue ici.
- Tu vas dire quoi ?
- Comme d'habitude, je dirai que nous avons la même vision de l'Europe et que de ce fait, nous sommes d'accord sur l'essentiel de ce qui est primordial.
- Ce n'est pas un peu creux ça ?
- Pourquoi ? On fait toujours comme ça, non ? Ensuite, je poursuivrai comme à chaque fois que je suis à l'étranger, par une déclaration forte sur la Gauloisie et son management exemplaire exercé par mon État-Major Dirigeant.
- Très enthousiasmant, s'amusa Gelée-la-Mercatique.

- Je finirai, en parlant de Dodo-la-Trompette que j'ai vu il y a quelques jours.
- Pourquoi veux-tu parler de lui ?
- Parce qu'au final, il est sympa et qu'il gagne à être connu.
- Tu charries ou quoi ? Pourtant t'as pas bu.
- Je t'assure qu'il est super. J'ai discuté avec lui à Las Vegas, il n'est pas tel qu'on se l'imagine.
- Je n'imagine rien, je le connais. Tu te souviens comment il m'a traitée lorsque je suis venue lui rendre visite chez lui, juste après son investiture ?
- C'était probablement l'émotion de sa nouvelle fonction.
- N'importe quoi !
- En plus, Melody elle aussi est super. Elle a accompagné Gibritte pour jouer au casino et tu sais quoi ? Gibritte a gagné.
- Ce n'est pas pour ça que Dodo est un type génial.
- N'empêche que c'est quand même le cas, tu peux me croire.
- Ma foi, si tu veux raconter ce genre d'ineptie, bonne chance.
- Tu n'aurais pas un endroit un peu plus sympa qu'ici pour faire ma déclaration ?
- Il n'est pas sympa ce restaurant ? Regarde il y a plein de journalistes qui n'attendent que ça.
- Je préférerais quelque chose de plus solennel. Ton Parlement par exemple.
- Là, franchement, tu fatigues et tu me fatigues. Si c'est pour sortir tes sornettes sur Dodo, vaut mieux que tu le fasses ici.
- Oublie Dodo. Je parlerai de notre accord pour une Europe intégrée.
- Ce n'est pas suffisant pour mériter notre Parlement.
- Et si je détaillais cet accord.
- Ne fais pas et surtout ne dis pas de bêtises. Pour l'instant il est et doit encore rester secret. C'est trop frais. Il va falloir creuser.
- Et si je me contentais de déclarer que notre union accélérera cette intégration, nos deux pays bénéficiant ainsi de l'élan obtenu, ce n'est pas bon ça ?
- C'est déjà mieux si tu arrives à convaincre.
- Facile. J'ajouterai, que nos deux économies imbriquées formeront ainsi une force de frappe unique au monde. Tu sais, je reprendrai la vieille image éculée du, un plus un, fait plus que deux.
- Tu veux dire que, un plus un demi, fait plus qu'un et demi, rectifia Gelée-la-Mercatique.
- Ne roule pas ta caisse mais si ça peut te faire plaisir, admettons. En plus j'insisterai sur nos complémentarités. À vous la technique de la mécanique, à nous la technique de la trophique.
- C'est quoi ta trophique ?

-   Laisse tomber, c'est tout ce qui a trait à l'art de la table.
-   Tu pourrais aussi ajouter les vacances et le farniente.

Ignorant volontairement cette dernière pique, il demanda :
-   On y va à ton Parlement ?

Elle le regarda et lui dit avec un sourire ironique de circonstance :
-   Tu as de la chance, ils sont actuellement en plein débat sur la meilleure manière d'utiliser notre colossal excédent commercial.

Dès leur arrivée, tout était déjà prêt. Les instructions avaient été données pour permettre une allocution improvisée d'Estoppel-le-Miston, faisant suite au déjeuner de travail qu'il venait d'avoir avec Gelée-la-Mercatique.

Il commença par des banalités sur l'entente inamovible entre les deux pays et poursuivit en expliquant, comment une Europe intégrée serait profitable à chacune de ses deux économies les plus performantes. Sans transition, il enchaîna, sur l'obligation morale qu'avait chaque Gauloisien d'exploiter son Casino Personnel. Et, à la grande surprise de l'assistance, il embraya directement sur la Trompette.
-   Ainsi voyez-vous, grâce à Dodo-la-Trompette qui en est la meilleure garantie, cette Europe intégrée disposera de nouveaux moyens lui permettant d'accroître, avec ses partenaires américains, ses échanges, de manière encore plus fructueuse qu'aujourd'hui.

Un murmure de réprobations parcourut l'hémicycle. Imperturbable, Estoppel-le-Miston continua son exposé :
-   Je sais, je sais, oui, je parle bien de Dodo-la-Trompette. Cet homme prestigieux se doit d'être respecté en tant que tel.

Un véritable brouhaha vint ponctuer ces derniers mots. Sans se démonter, il poursuivit :
-   Et son action est souvent controversée à tort.

Un chahut complet se déclencha, accompagné de sifflets et de violentes récriminations à l'encontre de l'orateur. Estoppel-le-Miston qui s'était attendu à ce type de réaction, comme c'était le cas à chaque fois que l'on parlait de la Trompette, se dit qu'il était temps maintenant de calmer l'auditoire.
-   C'est vrai, vous avez parfaitement raison, il ne faut rien lui passer, surtout lorsque ses propos sont excessifs, ce qui est souvent le cas. Nous devons donc être sévères et très vigilants à son encontre.

Le calme revint quelque peu, rétablissant ainsi un silence fragile mais attentif.
-   Je suis donc tout à fait en phase avec vous pour suivre de près les déclarations de cet homme qui dirige le pays le plus puissant de la planète. Aucune faiblesse de notre part ne peut lui être accordée.

Cette fois, le silence complet régnait à nouveau. Satisfait de ce résultat, il poursuivit :

- Oui, mais comment condamner un homme qui, dans son dernier tweet de ce matin, déclare : « Je viens de me réveiller et je suis heureux ». Si nous devions disséquer ce message, nous dirions d'abord que s'il vient de se réveiller, c'est qu'il dormait et que s'il dormait c'est qu'il avait la conscience tranquille. Le sommeil du juste en quelque sorte.

  Ensuite, s'il est heureux c'est que là aussi il est content de lui et qu'il n'a absolument rien à se reprocher.

  Maintenant, je vous le demande, devons-nous et pouvons-nous réellement rejeter un homme ayant de telles qualités ? Ma réponse est non. Pensez au poids des responsabilités colossales qui pèsent sur lui et pourtant, il dort et il est heureux. Il est donc évident, qu'il est parfaitement en paix avec lui-même et de ce fait avec tout le monde.

  Alors, j'insiste et je vous le demande à nouveau, pourquoi ne pas l'accueillir comme le brave homme qu'il est ? Pourquoi ne pas l'encourager en l'accompagnant dans sa volonté d'accroître la richesse et le confort de son peuple ? En résumé, Dodo est bon et comme tout ce qui est bon, il faut en déguster les saveurs produites par des actions, certes pas toujours évidentes dans leur finalité mais tellement efficaces pour nos échanges commerciaux.

  Je terminerai en vous assurant que notre collaboration avec Dodo-la-Trompette n'est en rien une obligation. Elle est simplement nécessaire et suffisante, pour que nos pays puissent prospérer au sein d'une économie générant de substantiels profits, permettant d'assurer le bonheur de nos peuples respectifs. Merci à toutes et à tous pour votre attention et je vous dis, à bientôt.

  Quelques maigres applaudissements de politesse vinrent saluer le départ du Chef-Président gauloisien. Visiblement, il n'avait pas convaincu son auditoire mais après tout, il avait fait le job. Il espérait que Dodo-la-Trompette serait conscient de son effort pour convaincre son principal partenaire européen de le respecter. De toute manière, on le verrait très vite en fonction du nombre de CP gauloisiens que ses industriels achèteraient.

Juillet 2019

Ce matin, mercredi 3, Estoppel-le-Miston se sentait particulièrement en forme. Le Colloque des Lieutenants, réunion traditionnelle de la semaine, allait bientôt commencer et il était bien décidé à secouer la léthargie ambiante de ce début d'été. Il se rappelait avec nostalgie de cette phrase prestigieuse d'un philosophe dont il ne se souvenait plus du nom : « L'endormissement n'a de sens que si l'on n'a rien à faire ». Sa prof de philo de l'époque, Josy-la-Pintade, l'avait en son temps abondamment commentée. Et il y en avait des choses à faire en Gauloisie. Ne serait-ce en priorité, que d'accélérer le développement de l'exploitation des CP. Mais, le pays donnait l'impression de roupiller. Il allait les réveiller ces messieurs dames et pas forcément en douceur. Autour de la table, son staff de Lieutenants était réuni au grand complet :

- Alors, on en est où de nos Casinos Personnels ? Demanda-t-il en ouvrant la séance.
- Impeccable, assura Brûlot-le-Marâtre l'air plutôt réjoui. Les taxes rentrent bien, et on commence à se faire de l'argent.
- Moi, ce qui m'intéresse ce sont les CP de la LREM.
- De la quoi ?
- De La Rabdologie En Mouvement, tu connais non ? Ironisa le Chef-Président.

  Crispite-la-Castagne intervint :
- Je te rassure, même en tant que Lieutenant du Centre, je garde un œil sur la LREM et crois-moi, ils ont fait du bon boulot. Nos CP se vendent très bien. Les Gauloisiens en raffolent.
- Tant mieux, et par rapport aux Penseurs ? Ils ont brandouillé tout un pataquès autour de leurs CP de fabrication gauloisienne. Au final ça donne quoi ?
- D'après ce que je sais, pas grand-chose. Leur slogan : « Achetez CP gauloisien » n'accroche plus trop.
- Bizarre, s'étonna Estoppel-le-Miston. D'habitude c'est un bon argument de vente.
- Le démarrage a été d'enfer, c'est Harnois-le-Montecarlo qui s'en est occupé. Tu le connais. Farfelu incorrigible du style, je commence et après je fais autre chose. Il a bien assuré le lancement et la promotion de leurs CP estampillés « Fabriqué en Gauloisie » mais comme d'habitude avec lui, tout de suite après, pschitt.
- Comment ça, après, pschitt ?

- Après le lancement, il est parti faire autre chose en confiant le bébé à Livet-le-Foret et du coup ça végète. Je crois qu'il s'est mis à son compte pour fabriquer et vendre du fromage de chèvre.
- Il a déjà essayé le miel, maintenant le fromage de chèvre, venant de lui ça ne m'étonne pas. Par contre tu es sûr de ça ? J'ai entendu dire que le groupe Piment l'avait récemment nommé PDG de leur filiale gauloisienne qui produit des CP.
- Ah oui ? C'est possible, tu sais avec lui, il faut s'attendre à tout.
- En tout cas le principal c'est que nos CP, même fabriqués en Chine, s'écoulent bien.

  Subitement Jo-Vonvon-le-Criant intervint :
- Sur le plan de L'Écurie et du Business étranger, tout va bien, affirma-t-il.
- Qu'est-ce qui te prends ? S'étonna le Chef-Président. Tu viens de te réveiller en sursaut ?
- Pas du tout, je vous informe simplement que tout va bien.
- Admettons. À propos, puisque tu es revenu en phase opérationnelle, tu peux me dire comment le peuple a perçu mon déplacement chez Gelée-la-Mercatique ?
- Aux dernières nouvelles, pas mal, à l'exception de ton envolée lyrique sur Dodo-la-Trompette que personne ici n'a compris.
- Évidemment que personne n'a compris mais il fallait bien que je fasse ma part du contrat.
- On verra par la suite ce qui va se passer, se manifesta à son tour Jo-Vonvon-le-Criant. J'ai interrogé mes homologues américains pour savoir comment la Trompette avait réagi à la promo que tu lui avais faite dans ton allocution au Parlement allemand.
- Et alors ?
- Et alors ils n'en savent rien. Pour l'instant ils n'ont pas eu le moindre retour de sa part. Ils m'ont dit que le mieux était de suivre ses tweets.

C'est vrai, pensa Estoppel-le-Miston, d'habitude il se manifeste tout de suite en postant des tweets. Pourquoi n'en a-t-il encore fait aucun sur mon envolée lyrique à son égard ? Il poursuivit :
- En fait je m'en fous de ses tweets ou pas tweets. La seule chose qui m'intéresse, c'est de savoir s'il est content pour qu'il agisse. Il y a quand même pas mal de business en jeu.
- Je vais essayer de m'informer, assura le Criant.
- Tu ne vas pas essayer, tu vas réussir à savoir ce qu'il a dans le crâne, ce zozo panoramique. Je veux que tu me pondes un rapport sous huit jours.
- Tu l'auras. Par contre, à mon avis il n'est pas nécessaire que nous fassions du forcing. On le saura forcément sous peu.
- Comment ? Par l'opération du Saint-Esprit ?

- Non pas du tout. Il suffit d'attendre quelques jours pour voir s'ils nous achètent ou non des CP.
- Tu as raison, je n'y avais pas pensé.
- C'est pour ça que je suis là, ironisa le Criant, sans esquisser le moindre sourire.

Jo-Vonvon-le-Criant ne souriait pas souvent et même jamais. C'était bien ce qui lui donnait son air sinistre, affirmait Siphon-le-Bernacle lorsque le Chef-Président lui en parlait. Il lui répétait toujours : « T'en fais pas, le Criant ne plaisante pas, tout simplement parce qu'il veut être certain qu'on le prend au sérieux ».

En même temps, tout le monde faisait un peu pareil. Ce n'était pas une raison pour ne jamais plaisanter, pensa Estoppel-le-Miston. Enfin bref, il n'y avait pas d'autre alternative que celle de le supporter tel qu'il était ou bien de s'en séparer. Pour l'instant, il préférait le garder, les autres dirigeants de la planète semblant l'apprécier. Sans qu'il ne sache pourquoi, il lui vint subitement un flash. Il se tourna vers Roquette-le-Marasme-à-Nous, sa Lieutenante chargée de l'Activité Physique, qui l'année dernière avait remplacé Lordose-la-Faisselle, et lui demanda :
- Ce n'est pas en ce moment qu'a lieu la coupe du monde de foot féminin ? Il me semble que j'ai entendu ça à la radio.
- Tout le monde en parle. Je suis étonnée que tu l'aies appris par la radio.
- Tu sais, moi, je ne suis pas très footeux.
- Sauf que là, nos filles sont en finale.
- Pourquoi personne ne m'a-t-il rien dit ?
- Probablement parce que tu avais d'autres choses plus importantes à traiter.
- Pas du tout, une coupe du monde féminine quelle qu'elle soit, c'est très important, surtout lorsqu'elle se déroule chez nous. Elle se fera quand cette finale ?
- Le 7, dimanche prochain à 21 heures au Stade de Gauloisie.
- Il faut que j'y aille.
- Effectivement, si tu peux assister au match, ce sera drôlement valorisant pour elles.
- Je vais y aller. Elles jouent contre qui ?
- Contre les Japonaises.

Il partit d'un grand éclat de rire.
- Les Japonaises, tu plaisantes ? Elles jouent au ballon avec des baguettes ? Ajouta-t-il, en continuant à rire.
- Détrompe-toi, reprit la Faisselle avec gravité, elles ont déjà été en finale il y a quatre ans, lors de la précédente coupe du monde.
- Sans blague ?

- Oui, sans blague. Alors tu vois, ça risque de ne pas être une partie de santé pour nos Gauloisiennes, même si à l'époque les Japonaises avaient perdu contre les États-Unis.
- On dit une promenade de santé et non une partie de santé, releva le Chef-Président. Bon, raison de plus pour que j'y aille.

S'adressant directement à Benji-le-Grivois, il poursuivit :
- Benji, tu vas faire ta tournée habituelle des médias et tu me vends ça.
- Attends, je n'ai pas tout suivi. Tu veux quoi exactement ?
- Que tu informes les Gauloisiens de ma présence au match et que tu la valorises en baratinant à deux niveaux. Un, c'est une preuve d'estime et d'intérêt du Chef-Président pour ces magnifiques petites joueuses de ballon rond gauloisiennes et deux, c'est un évènement majeur pour le pays.
- Concernant l'évènement majeur, c'est déjà fait.
- Alors explique-moi pourquoi je n'en ai pratiquement pas entendu parler ?
- Probablement parce que tu étais occupé à autre chose.
- Roquette me l'a déjà faite celle-là.
- Non, mais c'est la vérité.
- En tout cas je vais y aller. Réservez la tribune Chef-Présidentielle complète. Je veux que nous y soyons tous présents.

À l'énoncé de cette exigence, plusieurs protestations, bien que feutrées, se firent entendre. Raldo-le-Romarin, se décida le premier à parler :
- Tu sais Estoppel, moi le foot féminin, je m'en bats l'œil. Je ne vois pas pourquoi je viendrais perdre mon temps pour voir un spectacle qui me casse les pieds. En plus, ce week-end-là j'ai justement prévu de partir en famille à la campagne. On est en été, il va faire beau, autant en profiter.
- Tu as fini ? Demanda le Chef-Président.
- Oui j'ai fini et je suis sûr que nous sommes ici autour de cette table, bon nombre à penser et à faire la même chose.
- Écoute, c'est très simple, répondit Estoppel-le-Miston, moi aussi je m'en bats l'œil mais je veux que nous soyons toutes et tous dimanche dans la tribune pour assister au match. Celles et ceux qui auraient la fâcheuse idée de ne pas venir, seront instantanément virés. Je dis bien et je le répète, instantanément virés. Ai-je été clair ?

Ils le regardèrent avec étonnement. C'était la première fois que le Chef-Président leur parlait ainsi. Dans ces conditions, ils seraient bien entendu, tous là au match. Ils n'allaient quand même pas sacrifier leur plus que lucratif poste de Lieutenant, pour un malheureux week-end à la campagne. La soupe était trop bonne.

- Très clair, assura aussitôt Raldo-le-Romarin, suivi en cela par l'intégralité des autres membres de l'État-Major Dirigeant.
- Donc, Roquette, tu organises pour la tribune, et toi, Benji, tu te répands dans les médias. Quant aux autres, je vous attends à mes côtés pour assister à l'évènement. Surtout soyez à l'heure, j'ai horreur d'être dérangé par des retardataires en cours de match, termina-t-il en quittant la salle.

Comme toujours en pareille circonstance, le match fut précédé des hymnes nationaux, celui des Gauloisiennes étant entonné à tue-tête par le stade tout entier. C'était impressionnant. Se sachant filmés, l'ensemble des membres de l'État-Major Dirigeant en fit autant, le Chef-Président s'appliquant à chanter plus fort que les autres. Très vite, la partie commença sous l'œil atone de la majorité des Lieutenants que le spectacle visiblement ennuyait. Malgré le bruit incessant qui régnait, certains, à l'instar de Jo-Vonvon-le-Criant somnolaient, celui-ci ronflotant légèrement.

Au premier but marqué par les Gauloisiennes, une immense clameur retentit dans tout le stade. Instantanément, la tribune Chef-Présidentielle se leva pour applaudir la performance. Le but suivant ramena le calme, les Japonaises venaient d'égaliser. Un partout, balle au centre, pensa Estoppel-le-Miston en souriant. Découvrant le point rouge lointain de la caméra braquée sur lui, il redevint immédiatement sérieux reprenant la mine grave de celui, pour qui, la situation était d'importance.

Visiblement boostées par cette égalisation, les Japonaises prirent peu à peu l'ascendant sur les Gauloisiennes. Rapidement, elles marquèrent un deuxième but et la mi-temps fut sifflée.

Deux à un, quel score minable se dit Estoppel-le-Miston. Pensant à sa cote de popularité, il décida de se rendre dans les vestiaires pour parler et encourager ses joueuses. Quel que puisse en être l'impact footballistique, il se devait de montrer, qu'une fois de plus, lorsque la nation était menacée, il savait prendre les choses en mains. Ça ne servirait évidemment à rien mais il n'en avait cure. L'important était de faire preuve de réactivité. Il se pencha vers Roquette-le-Marasme-à-Nous :
- Va voir l'entraîneur et dis-lui que je veux parler aux filles. Dépêche-toi, la mi-temps ne dure qu'un quart d'heure.

Elle partit rapidement et revint tout aussi vite :
- Ça y est, il les prépare à ta venue. Elles en sont toutes émoustillées.

Arrivé aux vestiaires, il salua tout le monde.
- Je viens juste pour vous souhaiter un petit bonsoir et vous dire combien votre match est enthousiasmant. Ce n'est pas parce que vous êtes menées à la mi-temps, que la partie est perdue. Loin de là.

Visiblement vous avez le potentiel pour réussir. La Gauloisie est fière de vous et de vos performances. Visiblement, ces Japonaises sont prenables. Le but que vous leur avez mis était remarquable d'efficacité. Je vais vous dire, le secret de la réussite c'est la cohésion. Prenez exemple sur l'État-Major Dirigeant, tous unis derrière le Chef, moi en l'occurrence. Faites pareil, unissez-vous toutes derrière votre capitaine et vous vaincrez.

- Mais, Monsieur le Chef-Président, intervint la capitaine de l'équipe, avec tout le respect que je vous dois, c'est ce que nous faisons. Vous avez pu constater combien l'équipe était parfaitement soudée. Par contre, lorsqu'il y a un débordement d'attaquantes, il n'est pas toujours possible de le contenir, et là, c'est le but assuré.

Estoppel-le-Miston avait la sensation que cette remarque le débordait lui aussi quelque peu. Il avait parlé de cohésion, tant ça lui paraissait évident mais il était loin d'être un expert en foot. Comme la caméra de Gauloisie 2 filmait la scène, il n'était pas question qu'il perde la face. Aussi, comme d'habitude en pareille circonstance, il s'engagea dans une opération de retournage de crêpe :

- Ce que je voulais dire, c'est qu'une cohésion de groupe est toujours plus difficile à franchir qu'une dispersion. Je suis certain que si vous appliquez des regroupements systématiques, aussi bien à l'avant qu'à l'arrière, personne ne pourra passer. Tenez par exemple, dès qu'une Japonaise passe la ligne centrale, vous revenez toutes sans exception à l'arrière et, du coup, elle ne pourra, ni aller plus loin, ni de ce fait marquer le but. C'est ça, pour moi la cohésion. Vous comprenez ?
- Très bien Monsieur le Chef-Président. Nous allons essayer de faire ce que vous dites, affirma la Capitaine, tout en pensant à nouveau que c'était déjà ce qu'elles faisaient.

Ils échangèrent ensuite quelques propos anodins sur le foot féminin gauloisien et sur le déroulement de cette compétition internationale dans laquelle l'équipe avait réussi à atteindre la finale. Il termina en les félicitant à nouveau et leur souhaita bon jeu pour la deuxième mi-temps, leur affirmant que l'ensemble des Gauloisiens était derrière elles.

De retour dans la tribune, Estoppel-le-Miston était quand même satisfait. Malgré une entrée en matière un peu difficile, il s'en était plutôt bien sorti.

Le match reprit, un observateur attentif aurait dit, avec une intensité soutenue. Les joueuses des deux camps courraient dans tous les sens, déployant une énergie intense, le ballon aux pieds. Tout à coup, silence complet dans le stade et une nouvelle fois, but pour les Japonaises. Trois à un, ça commençait à faire beaucoup. Le Chef-Président se tourna vers Crispite-la-Castagne :

-   Je vais passer pour une bille aux yeux des médias et surtout aux yeux
    des Gauloisiens. Je suis allé les voir dans les vestiaires et elles se
    font enquiller un nouveau but. Tu parles d'une sinécure.
-   Bof, les journalistes feront la part des choses. Je leur parlerai, juste
    après le match. Ils redresseront le tir, en disant que ta venue les a
    réellement survoltées mais que, lorsque l'on a meilleur que soi en
    face, on ne peut rien faire.
-   C'est vite dit.
-   Je leur demanderai d'entourer ça de praline, en exigeant qu'ils
    insistent sur le fait que, sans ta visite dans les vestiaires, la défaite
    aurait été encore plus lourde.
-   Un peu vague, non ?
-   Oui, mais c'est la coutume de débiter ce type d'âneries.

Juste à ce moment-là, la Capitaine de l'équipe gauloisienne marqua
un but.

-   Tu vois, remarqua la Castagne, rien n'est perdu. Attendons la fin de
    la partie. On verra à ce moment-là.

Il regarda sa montre :

-   Il reste encore à peu près 25 minutes de jeu.
-   J'espère, qu'elles vont se secouer, répliqua le Chef-Président, juste
    au moment où les Gauloisiennes égalisaient trois à trois.
-   C'est pas beau ça, s'enthousiasma Crispite-la-Castagne, essayant de
    se faire entendre dans le bruit assourdissant des cris de joie poussés
    par le stade en délire. Tu vas voir, elles vont gagner.
-   Puisses-tu dire vrai.

L'arbitre siffla la fin du match sur ce nul trois à trois. Il allait donc y
avoir les prolongations avec deux périodes de 15 minutes chacune.

Dans la tribune Chef-Présidentielle, tout le monde était énervé.
Certains, parce qu'ils en avaient assez et voulaient que ça se finisse pour
pouvoir enfin aller vaquer à d'autres occupations qu'ils considéraient
comme plus utiles, voire plus intéressantes et d'autres, parce qu'ils
étaient impatients et curieux du résultat final. Bien entendu, en tant que
Chef-Président, Estoppel-le-Miston voulait absolument cette victoire.
Après celle des garçons l'année dernière, quelle publicité ça lui ferait
mais il ne pouvait évidemment pas retourner aux vestiaires pendant les
cinq minutes de pause accordées avant le début des prolongations.
Qu'est-ce que l'on peut faire en cinq minutes ? Rien. Il ne lui restait
donc plus qu'à attendre tranquillement la reprise. Soudain, son téléphone
personnel sécurisé qu'il portait toujours dans sa poche de pantalon, se
mit à vibrer. Il y jeta un coup d'œil discret. C'était Gibritte, qu'est-ce
qu'elle lui voulait ? Il recula pour se cacher derrière la Castagne, en
portant le plus discrètement possible l'appareil à l'oreille :

- Je viens d'apprendre qu'il va y avoir prolongation et que tout le stade est à cran. Et toi, comment ça va ?

Il chuchota :

- Très bien, pourquoi tu me demandes ça ?
- Parce que tu vas être obligé de te farcir du match en plus et que ça va te faire rentrer plus tard que prévu.
- Qu'est-ce que ça peut faire ? On n'attend personne à cette heure-là.
- Je te rappelle simplement que l'on est dimanche et que, comme chaque semaine, tu as piscine de 23 heures à 1 heure. N'oublie pas, parce qu'on l'ouvre exclusivement pour toi.
- Je n'y pensais plus.
- Tu veux que je fasse annuler exceptionnellement pour aujourd'hui ?
- Non, surtout pas, il faut absolument que je fasse du sport. Avec tout ce que l'on me fait manger et avec les séances interminables que je passe sur fauteuils, je vais finir par me taper un bide, style Francesco-le-Batave. Le mieux, c'est de décaler. Mets ça sur le dos du match. Après tout c'est la vérité. Dis-leur qu'exceptionnellement j'arriverai vers une heure du matin et qu'on laisse le bassin ouvert jusqu'à trois heures.
- Ça oblige le gardien à rester.
- Qu'est-ce que ça peut faire ?
- Rien, rien. Bon, ben, entendu je m'en occupe.

Le match avait déjà repris depuis quelques minutes, sans que le score n'ait évolué. Crispite-la-Castagne lui demanda :

- Je t'ai entendu râler, problème ?
- C'était Gibritte qui s'inquiétait pour ma piscine de ce soir.
- C'est vrai que le dimanche soir, tu vas nager.
- Il faut bien que je garde la forme. Avec ces foutues prolongations, je suis obligé de décaler.
- Pour une fois, tu n'as qu'à ne pas y aller.
- J'ai mangé comme un chancre aujourd'hui. Il faut que je me bouge.
- Comment vas-tu faire avec ton chauffeur, il ne va pas être content ?
- Heureusement j'en ai deux. Ils se relaient.
- Moi aussi j'en ai deux, ne put-il s'empêcher de plaisanter, en riant aux éclats.

Le Chef-Président ne relevant pas, il poursuivit redevenant aussitôt sérieux :

- Ça va faire rentrer chez lui beaucoup plus tard, celui qui est de service.
- Aucune importance, je le fais payer en heures supplémentaires de nuit et au tarif week-end. Pour lui, chaque semaine c'est le pactole et ce soir, vu les horaires, ce sera super-pactole.

- Sauf que nous sommes dimanche, et que les heures après minuit ne sont plus du week-end.
- Là, tu pinailles, s'énerva quelque peu le Chef-Président. On ne va pas se prendre la tête avec des détails pareils. Mes chauffeurs sont payés sur le budget de fonctionnement de l'Étable et je veux qu'ils soient contents. Donc, après minuit le dimanche, c'est toujours le week-end. T'as compris ?
- Comme tu veux, c'est toi le Chef. Cela dit, ça va faire tard, tu veux que je t'accompagne ? Par contre, je n'ai pas de maillot de bain sur moi.
- Viens si tu en as envie, pourquoi pas ? C'est une bonne idée. Pour ton maillot, pas de souci, je t'en prêterai un, j'en ai au moins une dizaine dans la voiture.
- Tu en fais quoi de tous ces maillots ?
- C'est mon majordome qui gère le bazar. Il a tellement peur que je manque, qu'il…

À ce moment précis, les Gauloisiennes marquèrent leur quatrième but. On était déjà dans la deuxième période des prolongations et il ne restait qu'à peine cinq minutes de jeu avant la fin du match.
- Ça y est, on a gagné, s'écria Brûlot-le-Marâtre.

Estoppel-le-Miston répliqua aussitôt :
- Est-ce que tu pourrais te la fermer, tu vas nous porter la poisse. Il reste encore du temps. Tant que le match n'est pas fini, le match n'est pas fini.
- Oui, mieux vaut te taire Brûlot, renchérit en souriant, Crispite-la-Castagne.

La partie se termina sur ce score de quatre à trois. À l'instar des garçons, les Gauloisiennes devenaient aujourd'hui championnes du monde. Au coup de sifflet final, Estoppel-le-Miston réagit aussitôt, s'adressant à Benji-le-Grivois :
- Urgent, appelle la régie de TG1 pour leur dire que je veux faire un commentaire, suite à ce match.
- Et Gauloisie 2 qui est là ?
- Laisse tomber, je préfère réserver mes premiers commentaires pour la chaîne de mon pote Marsouin-le-Bouine. Je croyais tellement peu à cette victoire, que je n'ai rien prévu. Après, tu feras venir les filles pour qu'elles soient à mes côtés quand je ferai ma déclaration.
- Ça, ce n'est pas possible.
- Tout est possible avec moi, donc grouille.
- Il faut d'abord qu'elles se rendent à la cérémonie officielle de remise du trophée. Si tu veux, tu peux y aller toi aussi.
- Ah non, pas cette fois ! J'oubliais cette cérémonie débile. Crois-moi, j'ai suffisamment fait le clown en Russie l'année dernière avec les

garçons. J'ai eu ma dose. Profites-en pour dire aux organisateurs de faire fissa car le Chef-Président de la Gauloisie, veut féliciter ses joueuses et que même à cette heure-là, il n'a pas que ça à faire. N'oublie pas non plus de faire venir TG1.

Une demi-heure plus tard, il était déjà minuit vingt-cinq, le Chef-Président entouré de l'équipe gauloisienne au grand complet, remplaçantes comprises, prenait la parole devant les caméras de TG1 mais aussi devant celles de Gauloisie 2 qui, se doutant d'une éventuelle intervention, étaient quand même venues à tout hasard.

- Mesdemoiselles, laissez-moi vous féliciter pour cet exploit historique qui restera dans nos annales sportives comme un superbe évènement, représentatif d'une magnifique volonté de victoire. Vous êtes l'image même de la Gauloisie qui travaille, qui réussit et qui gagne. Vos homologues, les garçons, vous ont montré la voie et vous l'avez suivie avec succès. Eux, qui ont gagné la coupe du monde l'année dernière, se préparent déjà pour une nouvelle médaille en 2022. N'hésitez pas, faites de même.

En pleine euphorie, il continua son envolée lyrique :

- Vous êtes pour notre jeunesse gauloisienne, le parfait modèle. Quelle beauté magnifique que cette volonté de vaincre, débouchant sur la réussite de la déroute de l'adversaire. C'est par là même, la démonstration éclatante de la suprématie internationale de la Gauloisie. Nous avons montré, ou plutôt, vous avez montré ce soir, combien la volonté était primordiale pour la réussite effective d'un combat, dont l'âpreté ne rend que plus magnifique cette victoire chèrement obtenue.

Je terminerai en vous félicitant à nouveau et en vous affirmant que le pays tout entier est fier de vous et de votre réussite. Encore bravo et continuez ainsi à porter à travers le monde, le drapeau victorieux de la Gauloisie sportive.

Il quitta ensuite rapidement le stade et s'engouffra avec Crispite-la-Castagne dans la voiture Chef-Présidentielle pour se rendre à la piscine. Il était tard et il sentait qu'après une journée aussi mouvementée, un peu de détente lui ferait du bien. Quoi de mieux qu'une bonne séance de natation pour retrouver la sérénité.

- Je voulais te dire, commença la Castagne, tu n'as pas l'impression d'avoir un peu trop rabâché le mot « réussite » ?
- Pas du tout. Tu sais le nombre de jeunes qui regardaient le match ?
- Je me doute qu'il y en avait beaucoup. Je reste quand même persuadé que dès la fin du match, ils ont fermé le poste. D'autant plus que demain, c'est le début de semaine.
- Justement, la joie que procure la victoire fait oublier toutes les vicissitudes de la vie.

- C'est beau ce que tu dis là, Monsieur le Chef-Président, plaisanta la Castagne.
- Pas d'ironie sur le sujet, rétorqua Estoppel-le-Miston. C'est trop sérieux pour que tu blagues avec ça. Allez, je te prends aux cent mètres, on verra après si tu seras toujours aussi fringant.

Ils arrivèrent à la piscine sur le coup d'une heure et demie. Le gardien les attendait avec impatience. S'empressant dès l'arrivée de la voiture, il déclara :
- Bonsoir Monsieur le Chef-Président, j'espère que vous allez pouvoir passer un moment agréable.
- Je l'espère aussi, répliqua Estoppel-le-Miston.

Suivi de Crispite-la-Castagne, il entra et ils se mirent tous les deux en maillots de bain. Estoppel-le-Miston se dirigea immédiatement vers le grand bain et plongea.
- Tu viens Crispite ?

Celui-ci, qui venait de tremper un pied dans l'eau, répondit :
- Elle est froide.
- Pas du tout, elle est super-bonne. Viens, ça fait du bien.

Ne voulant pas passer pour une mauviette vis-à-vis de son ami le Chef-Président, il plongea à son tour.
- C'est frisquet quand même, assura-t-il avant de commencer à nager.

Ils firent ainsi plusieurs longueurs de bassin avant de rentrer chez eux, Estoppel-le-Miston le déposant devant son domicile.

La Gauloisie venait déjà d'entrer dans la deuxième quinzaine et, comme souvent à pareille époque, un soleil ardent brillait, chauffant copieusement le pays. La canicule n'était pas loin, laissant présager un mois d'août plus que torride.

Le Chef-Président pensait à ses vacances. Le dernier Conseil des Lieutenants du mois allait arriver et il voulait faire en sorte qu'en attendant la plage, les Gauloisiens aient du grain à moudre. Qu'est-ce qu'il pourrait bien leur raconter pour les occuper encore un peu, avant la traditionnelle grande transhumance du mois d'août ?

Après quelques instants de réflexion, il pensa à Siphon-le-Bernacle. Celui-ci aurait certainement quelques bonnes suggestions à lui faire, pour animer cette période délicate. Il l'appela :
- Je voudrais un truc choc, sinon les gens vont partir en congés sans autre objectif que celui d'aller faire pousser leur mélanome au soleil. Il faudrait en complément leur donner une perspective de rentrée.
- Je comprends, mais tu sais lorsque l'on est en vacances, on n'en a rien à cirer de ce qui peut arriver. La seule chose qui compte, c'est d'en profiter un maximum. Tu ferais mieux d'attendre septembre pour faire une petite déclaration, qui fasse une grande déflagration.

Et il partit d'un grand éclat de rire comme à chaque fois qu'il estimait avoir fait une plaisanterie. Estoppel-le-Miston s'emporta :
- Je ne t'ai pas appelé pour entendre tes jeux de mots à deux balles. Je veux pouvoir faire une annonce de quelque chose avant le grand départ des aoûtiens. Si tu ne veux pas m'aider, dis-le tout de suite, ça nous fera gagner du temps.
- Pas du tout Estoppel, au contraire. Tu sais bien que si je peux, je ne demande qu'à t'aider. Tu en as besoin pour quand ?
- Pour le Conseil des Lieutenants du 31.
- C'est le dernier jour du mois. Tu vas vraiment tenir un Conseil ce jour-là ? Là, pour le coup, tout le monde sera sur le pont pour partir.
- Pas forcément, les gros départs auront plutôt lieu le week-end d'après. Et puis, un Conseil des Lieutenant le dernier jour d'un mois de juillet, c'est punchy, non ?
- Certes, d'autant plus que personne ne s'attendra à ça une fin juillet et encore moins le dernier jour. Tu as raison et c'est une bonne idée. Les juillettistes, soit seront rentrés le week-end d'avant, soit rentreront en chassé-croisé avec les aoûtiens partant effectivement le week-end suivant. Laisse-moi quelques jours et je te rappelle.
- Parfait ! Je me suis dit, qu'au vu des émissions télé et radios débiles que tu fais avec la réussite que l'on connaît, tu aurais bien quelques bonnes idées à me donner pour occuper l'esprit de ces éternels insatisfaits que sont les Gauloisiens.
- Merci du compliment pour mes émissions débiles, fit semblant de s'offusquer le Bernacle, sachant combien le Chef-Président aimait à plaisanter. Quant aux Gauloisiens, tu pourrais plutôt dire : « Qui ne connaissent pas leur bonheur », ne put-il s'empêcher de compléter avant de raccrocher.

Siphon-le-Bernacle tint parole. Moins de cinq jours plus tard, il rappela le Chef-Président et leur discussion dura plus d'une demi-heure. L'entretien terminé, celui-ci satisfait, se dit qu'il disposait de toutes les billes dont il avait besoin.

Le jour venu, mercredi 31 du mois, le Conseil des Lieutenants, coïncidence ou non, commença avec presque trente minutes de retard. Odeur de vacances, oblige. Estoppel-le-Miston ouvrit la séance :
- Pour notre dernier Conseil avant les grands départs, je voudrais que nous annoncions une grande nouvelle.
- Tu ne préfères pas plutôt attendre la rentrée ? Demanda Murette-la-Pénible. Aujourd'hui tout le monde ne pense qu'à la plage.
- Ça va, je connais la chanson par cœur, paroles et refrain, répondit le Chef-Président quelque peu agacé. D'ailleurs, on parle toujours de ceux qui partent, mais rarement de ceux qui rentrent. De toute façon, j'ai pris ma décision. Juste après ce Conseil, Benji en fera l'annonce.

- J'annoncerai quoi ? S'inquiéta celui-ci. Donne-moi des détails pour que je puisse répondre aux questions.
- Justement, c'est ça l'astuce, tu ne donneras aucun détail.

S'adressant au tour de table, il poursuivit :

- Je vais vous expliquer en quoi consiste la mesure et toi Benji, tu en diras le moins possible. On va faire le classique teasing. Exactement comme dans une vulgaire opération marketing pour le lancement d'un produit ou d'un service.
- Trop fort, ne put s'empêcher d'apprécier Brûlot-le-Marâtre.
- On verra bien, répliqua le Chef-Président. Alors voilà, nous allons annoncer la création d'une « Prime de jeu » versée aux seules familles disposant et exploitant un CP. Il faudra ces deux conditions. Cette prime sera directement proportionnelle au chiffre d'affaires du ou des Casinos Personnels exploités. Ainsi, les familles qui n'en n'ont pas encore, seront très fortement incitées à en installer un, voire plusieurs et les autres, seront encouragées à en développer le chiffre d'affaires.
- Génial sur le principe, reprit une nouvelle fois le Marâtre, mais où va-t-on trouver l'argent pour payer cette prime ?
- Réfléchis un peu, au lieu de faire des réflexions primaires. En plus, je viens de le dire, tu n'as pas écouté. D'une part, tu as les familles qui n'ont pas encore leur CP. Elles voudront évidemment toucher la prime et pour ça, elles en achèteront déjà au moins un, à charge pour La Rabdologie de le leur vendre pour en récupérer la marge. Du même coup, leur exploitation permettra au Trésor Public d'engranger les prélèvements générés sur ces nouveaux enjeux. Pour les autres familles disposant déjà de CP, la prime proportionnelle au chiffre d'affaires, les encouragera à en développer l'activité. Du même coup, le Trésor Public accroîtra ainsi mécaniquement ses rentrées. Et voilà le travail, deux sur deux, c'est gagné.
- Parfait, Estoppel, approuva à son tour Murette-la-Pénible. Les familles qui sont encore pour l'instant un peu récalcitrantes, vont toutes s'y mettre. C'est sûr. Là, vraiment, tu as pensé à tout.

Merci Siphon, pensa Estoppel-le-Miston en répliquant :

- Eh oui, j'ai effectivement pensé à tout. Quant à Benji, en sortie d'ici, tu déclareras simplement que l'État-Major Dirigeant prépare pour la rentrée une mesure sociale de grande ampleur, en insistant bien sur les mots, « mesure sociale ». J'y tiens. Les Gauloisiens sont friands de tout ce qui touche de près ou de loin à ce type de fadaise.
- On va me demander de quoi il s'agit, remarqua Benji-le-Grivois.
- Justement, tu ne diras rien de plus. Tu te contenteras d'expliquer qu'il s'agit d'une mesure socialement révolutionnaire. Point barre.

- Raison de plus pour que je sois assailli de questions. Ils vont tous se déchaîner pour en connaître les détails.
- Tu répondras que pour l'instant tu n'en sais pas plus, l'État-Major Dirigeant, dans sa recherche permanente du bien-être gauloisien, ayant prévu de travailler tout le mois d'août sur les modalités précises de ce qui s'avérera être au plan social, totalement révolutionnaire. Ça ne veut trop rien dire mais tu vois, même ça, au niveau teasing c'est déjà limite. Par rapport à ce qui se pratique dans ce type d'opérations marketing voulant aguicher, on donne déjà pas mal d'informations. Trop même, peut-être.
- Tu penses vraiment qu'ils vont me croire ?
- Pourquoi ne te croiraient-ils pas ?
- Parce que si l'on dit que c'est socialement révolutionnaire, c'est que l'on sait forcément en quoi ça consiste.
- Complique pas, répliqua le Chef-Président. Tu n'auras qu'à, ou plutôt, tu resteras dans le flou artistique total, comme tu sais si bien le faire d'habitude. Utilise le triptyque classique archi usé mais tellement efficace : décision de principe, réflexion approfondie, communication détaillée.
- Comment veux-tu que je raconte un truc pareil ?
- Je viens de te le dire en te mâchant le travail. Je te répète donc, sans m'énerver, assura-t-il, détachant ensuite distinctement chaque mot :
Aujourd'hui, nous avons pris la décision de mettre en place une mesure sociale extraordinaire pour les Gauloisiens. Ça, c'est ton premier point. Après tu ajoutes que l'État-Major Dirigeant ne prendra pas de vacances cette année car il passera son mois d'août à réfléchir sur la finalisation du contenu de la mesure. Là, avec ce deuxième point, c'est le cas de le dire, tu marques des points. En Gauloisie, pas de vacances est insoutenable. Tu insisteras donc bien sur le fait que ce sera le cas cette année pour chacun des membres de l'État-Major Dirigeant. Et en troisième point, tu termines en affirmant qu'à la rentrée de septembre, tout sera prêt et expliqué en détail. Après, brode tant que tu peux en parlant pour ne rien dire. Capito ? Dit-il pour finir, histoire de détendre l'atmosphère.
- Oui, c'est plus clair.
- Bien, alors bonnes vacances à toutes et à tous et rendez-vous en septembre.

Estoppel-le-Miston mit fin au Conseil des Lieutenants du jour, estimant que Benji-le-Grivois disposait maintenant de tous les éléments lui permettant de remplir sa mission face aux médias.

La curiosité serait ainsi enclenchée, sans être satisfaite et comme ça, tout serait pour le mieux dans le meilleur des pays. À coup sûr, on en discuterait sur les douces plages gauloisiennes.

Août 2019

Comme chaque année à pareille époque, l'ensemble du réseau routier gauloisien était saturé. Aux entrées des autoroutes, les barrières débordaient de voitures n'ayant pas de badge télépéage, attendant leur tour pour pouvoir enfin accéder au Graal du réseau menant aux plages idylliques du pays. Le vacancier était patient. La petite musique des sixties « sea, sex and sun » était dans sa tête, au même titre que le plein sud ! Quel merveilleux mois de farniente on allait passer. Ça valait bien quelques heures d'attente dans la voiture.

Estoppel-le-Miston regardant par la fenêtre de son bureau du Palais de l'Étable, était songeur. Pour l'instant il n'avait rien décidé pour ses vacances. Benji avait bien dit que l'État-Major Dirigeant n'en prendrait pas mais pas le Chef-Président et il n'allait quand même pas passer un mois entier à ne rien faire. Une semaine, quinze jours, suffiraient amplement. La question qui commençait à lui tarauder la tête était : quand et surtout où ? De par sa fonction suprême, il était cette année encore, obligé de rester en Gauloisie, mais pour aller où ? Gibritte qui venait de le rejoindre dans son bureau, lui demanda :

- Le cuisinier voudrait savoir ce que tu veux manger à midi ?
- Je ne sais pas moi, qu'est-ce qu'il propose ?
- Justement, il n'a pas trop d'idées. Comme il va faire très chaud, il ne voudrait pas que tu sois trop chargé pour cet après-midi.
- Il a raison. Et donc ?
- Si ça te dit, il peut te faire une grande salade composée. C'est léger et ça se digère bien, même avec la canicule.
  Ça m'est égal, je suis entièrement climatisé.
  Gibritte-le-Miston éclata de rire.
- Dis comme ça, c'est un peu ambigu, non ?
- Va pour la salade. Demande-lui quand même s'il ne pourrait pas y ajouter quelques raviolis. Ceux qu'il fait d'habitude sont super-bons. En plus, c'est un de mes plats préférés.
- Des raviolis, un midi en plein cagnard ?
- Oui, des raviolis, ça me dit.
- Comme tu voudras mais j'ai bien peur qu'après, tu aies envie de faire la sieste. Je vais voir avec le chef cuistot.

Gibritte sortie, Estoppel-le-Miston revint à sa réflexion sur ses vacances. Où pourrait-il bien aller ? Il avait envie d'un endroit calme où il pourrait se reposer. Le début d'année avait été agité, il lui fallait récupérer pour repartir du bon pied.

Son ami Siphon-le-Bernacle devrait une fois de plus pouvoir le conseiller. Il décrocha son téléphone et l'appela :
- Dis voir Siphon, toi qui te balades à longueur d'année, tu ne pourrais pas me donner une idée de vacances ? En fait, je ne sais pas où aller.
- Tu me prends un peu au dépourvu. Je suis actuellement sur la plage tellement il fait chaud.
- Tu es où ?
- À Dovillum.
- C'est trop au nord. En plein mois d'août, tu devrais plutôt aller sur les plages du sud.
- On n'est pas en plein mois d'août, on est seulement le 6. En plus, le sud, c'est trop chaud. Ou alors, dans un endroit... Tiens, toi qui peux aller n'importe où, pourquoi est-ce que tu ne retournerais pas comme l'année dernière, quelques jours au Fortin-de-Brigand ? Ce serait royal, non ?
- C'est plutôt tristounet.
- Quelle injure ! S'indigna Siphon-le-Bernacle. Un château pareil qui a vu passer les Chef-Présidents les plus prestigieux, comme Charly-le-Magnifique ou Jacquot-le-Croquant, sans même parler de pleins d'autres, dont toi d'ailleurs. Moi, à ta place, j'y retournerais, histoire de montrer combien je suis attaché à l'histoire de la monarchie gauloisienne. Après, si tu en as ras le bol, tu pourras toujours discrètement t'éclipser ailleurs.
- Alors-là, oublie. Tu n'imagines pas comme je suis épié et suivi, 7 sur 7, 24 sur 24. Si je devais y retourner et ne pas y rester, je ne te dis pas les commentaires du type : « L'année dernière c'était du cinéma, en fait ça ne lui plaît pas parce qu'il est trop chochotte » ou encore : « Les choses simples lui passent à dix mille kilomètres au-dessus de la tête ». Je t'en passe et des meilleures.
- À mon avis tu devrais quand même y aller. Tu diras ce que tu voudras mais le Fortin-de-Brigand, c'est classe.
- Je ne sais pas si c'est classe, en tout cas c'est surtout vachement casse-burnes. En plus, on s'est pelé comme des bêtes l'année dernière, j'aimerais bien que ce ne soit pas pareil cette année. Tu connais l'épaisseur des murs ?
- Non, mais je me doute. Vu la chaleur ambiante, ça ne peut que faire du bien. Pas besoin de clim, que du naturel. Tu pourrais même en profiter pour communiquer sur le côté écolo de tes vacances.
- C'est déjà une meilleure idée.
- Tu n'auras qu'à dire que tu ne veux pas participer à la pollution dramatique provoquée par les climatiseurs industriels et qu'en conséquence, comme l'année dernière, tu as opté pour le climatiseur naturel par excellence : les pierres du Fortin-de-Brigand.

- Là, j'adhère. Tu as vraiment de bonnes idées.
- En plus, je te le répète, c'est royal, compléta Siphon-le-Bernacle. Imagine, le château des Chef-Présidents, en l'occurrence l'un des plus prestigieux, devenu par ta simple présence sous canicule, défenseur de la planète. Je trouve ça plutôt cool.
- Après tout, pourquoi pas, finit par admettre Estoppel-le-Miston. Je vais m'y ennuyer grave, c'est sûr, mais vu du peuple ce sera payant pour ma popularité.
- Surtout, si tu en profites pour communiquer un peu tous les jours. Balance des tweets en racontant n'importe quoi, du moment que ça te fait mousser.
- Excellent conseil. Si pour le coup tu veux venir y faire un petit tour, n'hésite pas. Personne n'y trouvera rien à redire, puisque je t'ai chargé de veiller sur le patrimoine des monuments gauloisiens.
- Merci. Pourquoi pas, je verrai à l'occasion.

En un sens, l'idée du Bernacle n'était pas si mauvaise. Évidemment c'était une resucée de l'année passée et les distractions n'étaient pas légion dans le Fortin mais après tout, il n'était pas obligé non plus d'y rester enfermé à longueur de journée. Il appela Gibritte pour le lui annoncer avec des pincettes car elle n'aimait pas trop rester entre quatre murs, surtout lorsqu'ils étaient de pierres. Il commença, prenant ses précautions :

- Figure-toi que pour les vacances, je viens d'avoir une suggestion du Bernacle.

Gibritte-le-Miston appréciait beaucoup Siphon-le-Bernacle. Elle lui trouvait une prestance sympathique et une joie communicative.
- Qu'est-ce qu'il t'a dit de beau ?
- Je ne savais pas trop où aller pour nos congés et il m'a suggéré de retourner au Fortin-de-Brigand. Je trouve que c'est une bonne idée, non ?
- Il en a eu de meilleures. On y est déjà allé l'année dernière.
- Je te concède que ce n'est pas terrible mais le bon côté, c'est qu'en même temps, je pourrai m'y reposer un peu.
- Et moi, je ferai quoi ? S'inquiéta Gibritte-le-Miston.
- Tu n'auras qu'à te faire bronzer. La mer est belle.
- On va crever de chaleur.
- S'il fait trop chaud, on restera à l'intérieur.
- Et je ne pourrai pas bronzer. Impensable !
- Catastrophe annoncée mais est-ce vraiment important ?
- Pas vraiment, sauf qu'il faudra bien que je m'occupe. Oh, et puis, après tout, allons-y. J'amènerai des mots fléchés pour le cas où je m'ennuierais.

Le lendemain, l'avion Chef-Présidentiel les déposa à l'Aéroport d'Aujourduy où un hélicoptère les attendait pour les amener au Fortin-de-Brigand. Une fois arrivé, Estoppel-le-Miston évitant les annexes, se dirigea directement vers la bâtisse principale. Dès le seuil franchi, il déclara :

-   Rien n'a changé depuis la dernière fois. Malgré les aménagements modernes, c'est toujours aussi lugubre là-dedans. J'avais pourtant demandé à ce que l'on égaye un peu tout ça.
-   Ce n'est pas grave, on va à nouveau s'y habituer, rétorqua Gibritte. Il faut rester positif.
-   En tout cas, il est trop tard maintenant. Je m'en occuperai demain.
-   Tu as raison, quand on est en congés, il faut procrastiner. Et tu peux même attendre la rentrée. Il n'y a pas d'urgence, insista Gibritte-le-Miston.

Rapidement, le couple Chef-Présidentiel se rendit dans la chambre qui leur avait été préparée au premier étage du bâtiment principal du Fortin, ainsi qu'Estoppel-le-Miston l'avait expressément exigé. Quitte à perdre son temps là-dedans, autant que ce soit dans de l'authentique.

-   Un peu tristounet quand même, regretta Gibritte-le-Miston.

Le lendemain, le soleil brillait, diffusant une chaleur torride que les murs en pierres empêchaient de pénétrer. À tel point d'ailleurs, qu'à l'intérieur il faisait presque froid.

Le téléphone privé d'Estoppel-le-Miston sonna. C'était Siphon-le-Bernacle :

-   Salut Estoppel, j'ai vu à la télé que vous étiez déjà au Fortin.
-   Qu'est-ce qu'il t'arrive ?
-   Rien, mais après notre conversation d'hier, je me suis dit qu'au final j'irais bien vous retrouver. Ton invitation tient toujours ?
-   Naturellement. Je t'envoie un avion pour te chercher ?
-   Avec plaisir, ça m'évitera la galère des transports en commun.
-   Tu charries, Air Gauloisie ce n'est quand même pas la faune des transports en commun, remarqua le Chef-Président.
-   Disons, que ça me fera gagner du temps.

Le lendemain, Siphon-le-Bernacle arriva en fin de matinée. Il était tout émoustillé à l'idée de venir passer quelques jours dans ce lieu éminemment historique. Dès son arrivée, il descendit sur la plage privée, retrouver le Chef-Président et son épouse, qui, mollement allongés sur deux transats installés pour l'occasion, profitaient du soleil.

-   Salut les amis, se permit-il, tant il se sentait auprès de proches, quelle chaleur impressionnante !

Puis, s'adressant directement à Estoppel-le-Miston :

- Tu devrais inviter le Mulot, ça lui donnerait une belle occasion d'en rajouter une petite couche, sur sa tarte à la crème de réchauffement climatique.
- Laisse tomber. Tu sais bien que ce n'est plus lui qui s'en occupe. Viens plutôt te baigner, elle est trop bonne, lui intima Estoppel-le-Miston. Tu verras, quand on est dedans, on ne veut plus en sortir.

Ils passèrent ainsi le reste de la matinée. Le majordome du Palais de l'Étable, qui pour l'occasion avait suivi au Fortin le couple Chef-Présidentiel, annonça que le déjeuner était servi.

Une fois à table, Siphon-le-Bernacle ne put s'empêcher de déclarer :
- Quelle ambiance royale. Franchement je ne m'attendais pas à pareille ampleur de sérénité.
- On s'y habitue, répondit Estoppel-le-Miston, prenant un air quelque peu blasé. Au début ça surprend, après tu vois, nous, on s'y est déjà fait. Pas vrai Gibritte ?
- Absolument. Le principal c'est que l'on puisse bronzer.
- Pour ça, tu n'as pas l'air d'avoir de problème, remarqua le Bernacle, riant aux éclats, tu es déjà toute noire.
- Arrête, on vient juste d'arriver, répliqua Gibritte. Tu vas me faire culpabiliser.
- Non, Faut pas. Tiens, ça me fait penser, vous avez prévu de faire quelque chose de particulier ?
- À quel sujet ? Demanda le Chef-Président.
- Je ne sais pas moi, quelque chose en tant que distraction de plage. Ce n'est pas un peu frustrant que de se retrouver tous seuls avec ses gardes du corps ?
- Au moins on est protégé.
- Tu ne voudrais pas faire un petit sport de plage, histoire de te distraire ?
- Pourquoi pas, répondit Estoppel-le-Miston. J'ai bien pensé à faire du parachute ascensionnel. Le problème, c'est qu'une fois en haut, tout le monde te voit.
- Ça c'est sûr. Pourquoi n'essaierais-tu pas un engin qui reste plus bas ?
- Tu penses à quoi ?
- Je pense à un machin, par exemple du genre Flyboard.
- Du quoi ?
- Du Flyboard. C'est génial et surtout, ça ne va pas trop haut.
- Explique.
- Il s'agit d'une machine de type ESH.
- Tu ne peux pas parler breton ? Je ne comprends rien à ce que tu dis.
- En fait, le Flyboard c'est un Engin à Sustentation Hydropropulsée, d'où son appellation ESH. J'ai regardé les brochures, parce que je

voudrais moi-même en faire. Avec ça, tu te déplaces sur l'eau à plusieurs mètres de haut. C'est toi qui décides de la hauteur sachant que c'est plafonné, je crois, aux alentours des dix, douze mètres. Tu vois ce n'est pas trop haut, mais suffisamment pour s'éclater.

- Pas mal, tu sais que tu me tentes ? Tu peux m'en dire un peu plus ?
- Disons qu'avec ça, on peut s'éclater.
- Je sais, tu viens de le dire. Tu as déjà essayé ?
- Moi non, par contre mon très bon ami, Son Altesse Sérénissime le Principal Alberto de Monacal, qui lui, en fait régulièrement dans sa Primauté, m'a expliqué comment ça se passait, avec les sensations exceptionnelles que l'on ressentait à chaque fois. Là aussi, il paraît que c'est royal.
- Tout le monde sait que tu connais Alberto de Monacal mais tu le fréquentes vraiment pour de bon ?
- Ben oui, c'est quoi le problème ?
- Il n'y a pas de problème. Je suis simplement étonné qu'il puisse côtoyer un roturier tel que toi. C'est tout.
- Tu me côtoies bien, toi.
- Moi, c'est différent. Même si l'on peut considérer que la Primauté de Monacal n'est en fait qu'une simple région de la Gauloisie au statut particulier, je ne suis pas Principal. Donc, tu disais ?
- J'espère qu'il n'y a pas de micro caché ayant enregistré ce que tu viens de dire sur le statut de Monacal. En fait, le Principal m'a expliqué, que lorsque l'on pilotait en survolant la mer, tout en faisant des méandres, ça donnait une extraordinaire impression de puissance. La seule difficulté qu'il m'a signalée, c'est la maîtrise de la trajectoire.
- Si c'est ça, ça me va bien. Est-ce qu'il t'a précisé si c'était risqué ?
- Comme dans beaucoup de sports c'est un peu vigoureux et il y a toujours quelques risques. Avant de se lancer tout seul, il m'a dit qu'il avait lui-même pris quelques leçons de conduite pour démarrer, s'élever et se déplacer sur la mer.
- C'est dur ?
- À mon avis, ce n'est pas plus dur que de piloter un jet ski.
- Ce qui ne m'avance pas, je n'ai jamais fait de jet ski, indiqua Estoppel-le-Miston.
- Tu ne devrais avoir aucun problème. Tu es sportif et tu aimes les défis. C'est quand même moins difficile que le saut à l'élastique que tu as fait l'autre jour.
- Heureusement, parce que je ne le referais pas. Pour tout te dire, ça ne s'est pas vu mais j'ai bougrement eu la trouille.
- Non, ça ne s'est pas vu. Si vraiment tu as eu peur, tu as bien joué le coup. Tout le monde a cru que tu maîtrisais.

- J'ai maîtrisé, mais ça n'a pas été évident.
- Je persiste à penser que tu devrais faire du Flyboard. Si tu veux, je peux m'occuper de te faire donner quelques cours. Après, on rameutera tout le monde pour un raout médiatique de grande ampleur. J'en profiterai d'ailleurs, pour en faire un documentaire historique qu'on pourra diffuser sur Gauloisie 2.
- Historique, tu ne vas pas un peu loin ?
- Attends, tu es le Chef-Président du pays, à ce titre tu es devenu un personnage historique.
- C'est pas faux, admit Estoppel-le-Miston. Comment fait-on pour les cours ?
- Je vais appeler le Principal Alberto et lui demander les coordonnées de son coach personnel.
- Dans ce cas, j'aimerais commencer demain matin.

De fait, le lendemain, en toute discrétion, le Chef-Président commença les cours sur cet engin qu'il appela rapidement de manière ironique, le « ploufboard », tant il faisait de chutes, se retrouvant à chaque fois dans l'eau, plus ou moins violemment. Bon élève comme toujours, en moins d'une dizaine de jours, la maîtrise de l'appareil était sinon totale, tout au moins suffisante pour pouvoir envisager la séance médiatique proposée par le Bernacle. Celui-ci restant encore quelques jours au Fortin, on allait pouvoir le faire rapidement car on était déjà le 17 août. Après, il allait déjà falloir penser à rentrer. Ah ! La rentrée, comme c'était casse-pieds, pensait le Chef-Président qui s'était bien habitué à son Flyboard quotidien. D'autant, que contrairement à d'habitude, on l'avait laissé tranquille durant toutes ces journées sportives. La Gauloisie en vacances vivait au ralenti, lui laissant ainsi la paix et la tranquillité. Bientôt tout allait recommencer. La barbe quoi. Il n'en avait vraiment pas envie mais il fallait bien continuer le job.

Siphon-le-Bernacle avait comme toujours, bien organisé les choses. La date de ce qui était censé n'être qu'un simple reportage, avait été fixée au mardi 20. Suffisamment tard pour que le Chef-Président maîtrise parfaitement son Flyboard et suffisamment tôt pour que le troupeau des aoûtiens n'ait pas déjà le nez fixé sur le retour au boulot. Du coup, pour l'occasion, les congés Chef-Présidentiels avaient été très discrètement prolongés d'une semaine.

Ce jour-là, à 10 heures du matin, les très nombreux journalistes conviés étaient agglutinés sur la petite plage privative du Fortin-le-Brigand. On avait eu du mal à caser tout le monde mais en tassant un peu, on y était parvenu.

L'engin trônait, posé sur le jet-ski devant lui fournir l'énergie nécessaire à s'élever et à se maintenir en vol. Le tout était ancré au sable du fond du bord de mer, laissant ainsi flotter l'ensemble au gré des vagues. Plutôt que de les disposer sur la plage, Siphon-le-Bernacle avait préféré les mettre directement en mer et ce, pour deux raisons qu'il avait expliquées à Estoppel-le-Miston. Le spectacle serait plus élégant que celui de gros engins posés plus ou moins droits sur sable et surtout, il n'y aurait ainsi aucun problème de mise à l'eau. Imagine-t-on l'effet désastreux produit, si l'on devait voir le Chef-Président ahaner, traînant vers le large le jet-ski et son Flyboard lesté de son interminable tuyau de conduite d'eau ? Il avait donc été prévu que le jet-ski serait mis à l'eau par le coach, réquisitionné pour la circonstance, le Chef-Président nageant, tout en poussant harmonieusement, son Flyboard. Il n'était pas question de prendre le moindre risque. Dès lors, ils avaient répété à plusieurs reprises l'entrée en scène, avec le démarrage de l'appareil, juste après celui du jet-ski.

Bien entendu, comme toujours dans la région, le soleil était bien présent, apportant les premiers rayons de chaleur. Heureusement que c'était le matin. Siphon avait bien vu. Après avoir fait un petit signe de bienvenue en direction des journalistes, Estoppel-le-Miston concentré sur son action, enfila tranquillement son casque et entra ensuite dans l'eau déjà presque chaude en se dirigeant vers le jet-ski sur lequel le coach était installé. Le moteur tournait au ralenti, accompagné sous forme d'approbation, d'un balancement régulier de l'appareil, semblant l'appeler, lui demandant de venir.
-    J'arrive mon coco, pensa-t-il.

Tout en enfilant les chaussures, il grimpa sur le petit plateau de réception, après avoir placé sous son bras d'un geste énergique, la manette de commandes. Ils avaient tout bien répété les jours précédents. Le tuyau de conduite d'eau de l'appareil, à la fois souple et rigide, avait été enfoncé dans le sable suffisamment mais sans plus, pour que l'ensemble tienne en équilibre, tout en lui permettant de glisser lors du décollage. Ce dispositif était destiné à permettre au Chef-Président de gesticuler, sans trop faire bouger au moment où il mettrait les chaussures.
-    Flûte, j'ai oublié de détacher l'ancre du jet-ski, se dit-il, puisqu'il avait été convenu que ce serait lui qui s'en chargerait, une fois les chaussures enfilées et bouclées. Quelle chance de m'en être souvenu à temps.

Il s'appliqua à le faire sans précipitation. Puis, une fois s'être assuré que le coach était prêt sur le jet-ski, il activa la manette de commandes pour lancer les propulseurs du Flyboard et décoller. La montée fut brutale avec une accélération fulgurante. Estoppel-le-Miston, conscient des caméras braquées sur lui tout au long de la trajectoire, s'efforça de garder le sourire. Il avait déjà fait ça à maintes reprises les jours précédents mais pour une raison qu'il ne s'expliquait pas, la montée avait cette fois été plus rude. Peut-être avait-il trop ouvert la pression.

Rapidement il entama une régulation et commença à se déplacer à l'horizontale. Sur le jet-ski, le coach suivait attentivement les moindres méandres de la trajectoire du Flyboard.

Le Chef-Président commençait à prendre un véritable plaisir à onduler tout au long de la plage. D'un coup d'œil, il consulta l'altimètre qu'il avait au poignet. Onze mètres, ce n'était pas si mal. Maintenant, il allait falloir faire un peu de spectacle. Il décida de commencer à virevolter. C'était facile, l'appareil ayant à la base été conçu pour ça.

Les journalistes ne savaient plus quoi dire, tant le spectacle était grandiose. Gilou-le-Taf qui, de par l'importance de l'évènement, avait décidé de se déplacer lui-même, semblait totalement éberlué :
- Incroyable, notre Chef-Président est en pleine démonstration de souplesse et d'agilité. En plus, quelle hardiesse. Après son inoubliable saut à l'élastique, on le savait téméraire, mais là, c'est époustouflant. Qui de ses homologues dans le monde se hasarderait à pareille audace ? Personne !

Attentif au moindre sursaut de l'appareil qu'il maîtrisait maintenant parfaitement, Estoppel-le-Miston commençait à s'amuser.
- Quand il y a du monde, c'est encore plus drôle ce truc-là.

Il devinait une foule attentive à ses pieds. Je vais leur donner un peu de sensations fortes, se dit-il, plongeant brutalement vers les spectateurs amassés en bord de plage. Un grand cri retentit, le premier rang baissant instinctivement la tête.
- Attention à ne pas aller trop loin vers la terre, le tuyau d'alimentation d'eau a une longueur relativement limitée, pensa-t-il.

Il lui fallait instantanément évaluer et calculer entre hauteur et longueur, ce qui l'obligeait à longer la plage. En plus, le jet-ski devait rester en permanence dans l'eau puisque c'était lui qui, en lui assurant la pression indispensable à son maintien en survol, lui permettait de faire ses circonvolutions.

Il continua ainsi pendant près d'une demi-heure, s'enfonçant plus au loin vers le large, puis revenant vers le bord. Au final, il décida de se poser en douceur, sous les applaudissements des spectateurs conquis par ce qu'ils considéraient comme une pure performance.
- Si là je ne fais pas du buzz à l'international, je ne m'appelle plus Estoppel. Je suis sûr que ça va scier tout le monde. Tiens, dès que j'en aurai terminé, j'appellerai Gelée-la-Mercatique et Dodo-la-Trompette. J'ai hâte de savoir ce qu'ils vont dire, eux qui restent en permanence vautrés dans leurs fauteuils.

De retour au Fortin et la foule des spectateurs dispersée, il se changea et demanda à Siphon-le-Bernacle :
- Qu'est-ce que tu en penses, toi qui traînes toujours dans les rédactions ?
- On verra aux infos de ce soir. À mon avis, tu vas faire un tabac.
- Je vais demander son avis à la Mercatique.
- Pourquoi à elle ? S'étonna Siphon-le-Bernacle.
- Tu n'as jamais entendu parler du couple gauloiso-allemand ?
- Si bien sûr.
- Puisqu'on forme un couple, je vais lui demander comment elle m'a trouvé. C'est tout. Et je ferai la même chose avec la Trompette. Lorsque nous nous sommes vus la dernière fois, je l'ai encore un peu massacré en lui serrant la main. Je suis curieux de savoir ce qu'il pense de cette sublime démonstration sportive que je viens de réaliser.
- Bien que je ne sois pas un politique, je suis certain qu'il n'en a absolument rien à faire, ni de toi, ni en règle générale de ce qui peut se passer en Gauloisie, remarqua le Bernacle.
- C'est évident, mais rien que d'imaginer la tête qu'il fera lorsque je lui en parlerai, me réjouit à l'avance. D'ailleurs, pour pouvoir me régaler en le regardant, je l'appellerai en visioconf.

Après son dernier exploit, les derniers jours de vacances au Fortin-de-Brigand s'égrenaient les uns derrière les autres et Estoppel-le-Miston s'ennuyait. La flopée de secrétaires et autres officiers du protocole qui l'accompagnaient, le tenaient régulièrement informé des évènements gauloisiens, seulement voilà, il ne se passait rien. Et donc, ils n'avaient rien à lui dire. Le pays était toujours en profonde léthargie et comme il avait décalé la date de son retour, il lui restait encore une huitaine de jours de congés avant sa rentrée. Aujourd'hui, il en avait assez du Fortin, de sa plage, du Flyboard et de l'environnement austère qui y régnait en permanence. L'année prochaine, avec Gibritte, ils iraient ailleurs.

Trop c'est trop, se disait-il. Il en avait vraiment marre. Comme toujours en pareil cas, il appela au téléphone Crispite-la-Castagne.
- Je ne sais pas moi, lui répondit celui-ci. Si tu t'ennuies, fais quelque chose qui te plaît.
- Oui, mais quoi ?
- Un peu de sport ?
- Je nage à tour de bras, c'est le cas de le dire, ajouta-t-il d'un ton ironique. Je ne peux quand même pas faire que ça toute la journée. Je vais finir par devenir neurasthénique.
- Et ton Flyboard ? C'est magique ça, non ?

- Pas vraiment. Je le pratique un peu chaque jour mais je ne te cacherai pas, que ça aussi, j'en ai assez. Une fois que tu as fait un tour et que tu reviens, tu finis ensuite par tourner en rond.
- Ce n'est pas un peu réducteur ?
- Mais c'est tellement vrai.
- Et la balade ? Tu y as pensé ?
- Tu parles, avec tout ce que je me traîne comme paparazzi, je ne me vois pas sortir pour me promener.
- Justement, en le faisant tranquillou avec Gibritte, même suivi par ton aréopage habituel de charlots, ça te distrairait en mode « varié », tout en te faisant faire de la marche.
- Ah oui, pas mal ton idée. Où est-ce que je pourrais aller ?
- Là, tu me prends un peu au dépourvu, je n'y ai pas pensé.

Il se tut quelques secondes puis enchaîna :
- Je te verrai bien faire une promenade sur un sentier côtier. Tu sais, les petits sentiers qui longent le bord de mer et sur lesquels se promènent les vacanciers.
- Si je fais ça, je vais tomber sur plein de gens. Le protocole et surtout la sécurité ne me permettront jamais ce genre de chose.
- Il n'y aura aucun problème. Comme d'habitude, on fermera tout au public jusqu'à ce que tu sois passé.
- Ah oui c'est vrai. Je ne m'y ferai jamais. Tu as une idée du chemin côtier que je pourrais prendre ?
- Il y en a un de super-sympa, qui en hélicoptère n'est pas loin du Fortin. C'est en bas du Pradoche. Tu sais la ville qui se trouve juste à côté de celle d'Aujourduy. Il y a tout le long, un petit chemin avec une balade géniale à faire.
- Pourquoi pas ? Admit Estoppel-le-Miston. Je vais demander que l'on m'organise ça.

Le lendemain, l'hélicoptère Chef-Présidentiel s'envola à dix heures précises pour le Pradoche. Le temps de se faire déposer vers le milieu du sentier du littoral reliant la plage de La Coquine à celle de La Matraque, en direction de cette dernière, il ne serait pas loin de onze heures.

Effectivement, il était onze heures cinq, lorsque le couple Chef-Présidentiel se retrouva à son point de départ. Estoppel-le-Miston prit la tête de ce qui se révéla être un véritable cortège de curieux mais aussi de journalistes informés, on ne savait comment, de la prestigieuse escapade. Marchant sans se presser, il prenait le temps avec Gibritte d'admirer le paysage féerique d'une mer d'huile, accueillant quelques bateaux amarrés dans des petites criques permettant à ses occupants de se baigner en toute discrétion.
- Bonjour les amis, ne put-il s'empêcher de crier à plusieurs reprises.

Sur les bateaux, quelques bras se levèrent, s'agitant en cadence pour saluer les promeneurs.

- C'est génial, tu ne trouves pas Gibritte ?
- Tu as raison et le paysage est grandiose.
- D'autant plus, que quand je suis obligé de dégager des branches pour passer, j'ai l'impression d'être en pleine brousse.
- Tu n'exagérerais pas un tout petit peu, par hasard ?
- Pas du tout. Regarde, lui montra-t-il en repoussant un branchage qui dépassait. En fait, c'est un peu comme pour la Gauloisie, j'ouvre la voie et on me suit.

Gibritte-le-Miston ne put s'empêcher de sourire en pensant qu'il ne changerait jamais.

Ils continuèrent ainsi, la meute des suiveurs se serrant pour pouvoir se frayer un chemin, arrachant par-ci par-là des bouts entiers de branches. Le tout, dans un bruit indescriptible d'échanges de paroles, attestant de la difficulté à suivre le couple Chef-Présidentiel dans ces passages aussi étroits.

Estoppel-le-Miston exultait. Quelle super promenade. Il féliciterait Crispite de cette idée géniale. Ce n'était pas pour rien que papa et maman la Castagne lui avaient donné un prénom de minerai.

Tout en continuant de marcher, il pensait à ça avec un plaisir certain, lorsque le chemin, qui depuis le départ était en continuelle montée, plongea brutalement vers la mer. Il se retourna vers Gibritte, qui le suivait juste derrière :

- Tu as vu, ça à l'air de descendre directement vers la plage. On va pouvoir se baigner. C'est trop "singing" non ? Tu as bien fait de penser à amener nos maillots de bain, assura-t-il en même temps qu'il atteignait le sable brûlant.

Gibritte-le-Miston dissimula un éclat de rire, qu'elle essaya de garder le plus discret possible :

- Regarde plutôt devant toi, Estoppel.

Il regarda et resta pétrifié. Devant lui, un couple totalement nu, était en train de jouer aux raquettes de plage dans une partie de beach ball. Derrière, la colonne de suiveurs qui se trouvait encore dans le chemin, s'était immobilisée, attendant que le Chef-Président avance à nouveau.

Il s'agissait d'une petite crique sablonneuse d'une vingtaine de mètres de long, sur laquelle de nombreuses personnes entièrement nues étaient étendues. D'autres, se baignaient dans l'eau plus que tiède de ce mois d'été.

- Une plage de nudistes, s'exclama le Chef-Président. Tu te rends compte, elle a l'air de leur être totalement réservée.

- Il y en a plein dans la région et heureusement, assura Gibritte-le-Miston. Je te suggère que nous allions dire bonjour au monsieur et à la dame. Ensuite, on continuera notre promenade le plus discrètement possible.
- Discrètement, tu parles, avec la meute qu'on se traîne derrière, ils ne vont pas être déçus.
- De toute manière, on n'a pas le choix. Tu devrais leur parler.
- Tu as vu dans quel état ils sont ?
- Ils sont très bien ces jeunes gens.
- Avec la clique qu'on a aux fesses, je fais comment, moi ?
- C'est simple, tu te diriges vers eux en t'efforçant de les regarder dans les yeux et surtout que dans les yeux. Ensuite, tu leur parles de choses et d'autres.
- Je leur dis quoi ?
- Comme ils te reconnaîtront forcément, tu n'auras qu'à leur dire que tu fais une petite promenade de santé et tu leur demandes si leurs vacances se passent bien.
- Si tu veux, mais alors préviens derrière, qu'ils attendent mon feu vert pour venir à leur tour sur la plage.
- Je m'en occupe.

Elle se recula légèrement, bloquant ainsi la colonne qui suivait, pendant que le Chef-Président sourire aux lèvres, se dirigeait vers les joueurs de beach ball, prenant bien soin de les fixer droit dans les yeux.
- Bonjour messieurs dame, vos vacances se passent bien ?

Les joueurs s'interrompirent, le regardant avec curiosité. Il répéta sa question sans obtenir de réponse.
- À tous les coups ce sont des étrangers qui ne parlent pas gauloisien, se dit-il.

Il reposa une nouvelle fois la question en anglais, qu'il maîtrisait parfaitement. Les deux joueurs continuaient à le dévisager d'un air interrogateur. Visiblement, ils ne comprenaient toujours pas. Se tournant vers Gibritte qui se dirigeait vers lui pour le rejoindre, il lui cria :
- Gibritte, demande s'il y a un interprète derrière et fais-le venir. Ces deux-là, ne comprennent rien.
- Interprète en quelle langue ?
- Je n'en sais fichtre rien. Demande un multilingue en n'importe quoi. C'est rare, mais ils ne parlent, ni gauloisien, ni anglais.

Gibritte-le-Miston retourna sous les branchages dans le petit chemin par lequel ils étaient arrivés sur la plage et où, tout le monde attendait patiemment le feu vert Chef-Présidentiel pour avancer. Quelques instants plus tard, elle ressortait la mine souriante :
- J'ai trouvé quelqu'un qui me dit être polyglotte. Je ne sais pas en quelles langues mais je te l'amène quand même.

Elle revint, accompagnée d'un petit homme visiblement ému par la situation dans laquelle il se retrouvait.

- Bonjour, vous êtes qui ? Lui demanda Estoppel-le-Miston.
- Je suis Luigi-le-Fagotto, journaliste italien, accrédité pour vous suivre dans vos déplacements.
- Parfait, alors je voudrais pouvoir communiquer avec ces gens qui ne me comprennent pas. Je leur demandais simplement si leurs vacances se passaient bien.

Se tournant vers eux, le Fagotto découvrit l'état de nudité dans lequel se trouvaient les personnes à qui il devait s'adresser.

- Oh là, là, ils sont complètement nus, s'offusqua-t-il.
- Vous voyez bien que c'est une plage de nudistes.

Luigi regarda le reste de la plage et s'exclama :

- Alors-là non, dans l'état où ils sont, il n'est pas question que je m'adresse à eux. Si je fais ça, ma réputation est fichue.

Estoppel-le-Miston était sidéré. Il n'y en avait qu'un et il avait fallu qu'il tombe dessus.

- Mon cher Luigi, il n'y a aucun problème, vous direz que c'est moi qui vous l'ai demandé. Vous parlez quelles langues ?
- J'en parle cinq couramment. L'italien, le gauloisien, l'anglais, l'espagnol et le croate. Je me débrouille assez bien aussi en allemand et un peu en japonais.
- Ça devrait aller. Demandez-leur d'abord de quelle nationalité ils sont.
- Non, je ne peux vraiment pas, assura Luigi-le-Fagotto, détournant les yeux du couple de touristes.
- Demandez-leur au moins de quel pays ils viennent.
- Je ne peux pas, affirma-t-il à nouveau.

Exaspéré par ce refus persistant, Estoppel-le-Miston s'emporta :
- Bon, allez, j'en ai assez, ça suffit. On s'arrache.

Ignorant cette fois les deux joueurs qui attendaient toujours de pouvoir comprendre ce qu'il leur voulait, il se retourna vers le chemin d'accès où ses suiveurs attendaient sagement l'autorisation de repartir et d'un grand mouvement de bras, leur fit signe d'avancer, en criant :
- On continue.

Aussitôt, la colonne redémarra bruyamment, piétinant le sable de la plage pour continuer à suivre le Chef-Président qui avait repris sa marche.

Les autres nudistes présents entendant le bruit, ramassèrent précipitamment leurs vêtements et commencèrent à se rhabiller, après que soient sortis de l'eau ceux qui se baignaient. Ils se dispersèrent ensuite rapidement dans les bosquets d'arbustes bordant la plage. En

moins de trois minutes, celle-ci s'était vidée de ses occupants vacanciers, les suiveurs Chef-Présidentiels finissant par l'envahir en quasi-totalité. S'adressant à nouveau à son épouse qui marchait à ses côtés, Estoppel-le-Miston lui fit remarquer en riant :
- Il semblerait que les moineaux se soient envolés. Dommage, j'aurais bien aimé discuter un peu avec eux. Ne serait-ce que pour faire une petite photo. Après, j'aurais pu la mettre sur mon Facebook Chef-Présidentiel en l'accompagnant d'un petit tweet du style : « Ma rencontre avec des amoureux de nos plages gauloisiennes. Allez les voir sur Facebook ».
- Dans la mesure où ce sont des nudistes, il est préférable que tu n'aies pas pu le faire. D'ailleurs, ils n'auraient certainement pas été d'accord pour paraître comme ça en public
- Pourtant, je trouve que ça aurait été trop fun. Tu te rends compte, pouvoir dire à leurs amis d'aller les voir en compagnie du Chef-Président de la Gauloisie. Ce n'est pas rien, non ?
- Mets-toi à leur place. Tous nus, ils n'auraient jamais voulu.
- Et pourquoi pas ?
- Parce que, exhiber comme ça leur nudité aux yeux du monde, il faut en avoir envie.
- Ouais, c'est possible, en tout cas c'est bien dommage. Quelle belle occasion perdue de montrer la face décontractée des vacances Chef-Présidentielles.
- Tu auras bien d'autres moments pour le faire.
- Puisses-tu dire vrai. On fait quoi maintenant ?
- On continue en laissant ces braves gens revenir tranquillement à leurs occupations.
- Tu parles d'occupations. Se faire bronzer à poil sur la plage.
- C'en est une comme une autre, assura Gibritte-le-Miston. Quand on est en congés, quoi de mieux que de ne rien faire ?
- Moi, je ne pourrais pas. Bon, allons voir plus loin si on y est, poursuivit-il en s'esclaffant.

Passée la plage de la crique, la colonne s'était reformée avec toujours le couple Chef-Présidentiel ouvrant la marche le long du chemin du littoral qui se poursuivait encore sur quelques centaines de mètres. Arrivés au bout, ils débouchèrent cette fois sur une plage sans nudiste. Estoppel-le-Miston se dit qu'avant de disperser le groupe, il pouvait bien se fendre d'un petit speech. Tendant les bras vers la foule il déclara :
- Merci à toutes et à tous de m'avoir accompagné dans cette petite promenade que, j'espère, vous avez trouvée agréable. Dans une semaine les vacances se termineront et donc dans une semaine, je reprendrai en pleine forme mes activités Chef-Présidentielles. Je rentrerai ainsi au Palais de l'Étable avec l'énergie d'un Chef-

Président décidé à prendre de nouvelles initiatives visant à assurer aux Gauloisiens une aisance de vie sans précédent et un pouvoir d'achat toujours plus conséquent. Dès ma reprise, je préparerai avec mon État-Major Dirigeant, une fin d'année exceptionnelle, qui restera dans les annales de l'histoire gauloisienne. Il ne me reste plus maintenant qu'à vous souhaiter à vous également, un bon retour.

Il mit ainsi fin à sa déclaration, remontant avec son épouse dans l'hélicoptère qui les avait suivis et qui les attendait juste à côté.

Le soir même, Estoppel-le-Miston commença les préparatifs de son retour à Lutécie. Il se sentait satisfait. Vis-à-vis des Gauloisiens, il avait le sentiment du devoir accompli. Par contre, même s'il ne s'était pas fondamentalement ennuyé, il s'était malgré tout copieusement cassé les pieds. Le pire, c'était que durant toute cette période, il ne s'était rien passé de particulier dans le pays. Alors, mis à part le Flyboard, il ne lui restait en cette fin de vacances qu'une impression d'immense vide cosmique.

Ça lui servirait de leçon. Il ne recommencerait plus pour ses congés à s'enfermer dans ce foutu Fortin-de-Brigand, certes historique et plein d'anecdotes républicaines, mais bon, il avait donné l'année dernière ainsi que cette année et ça vaudrait pour le reste de son mandat.

Ainsi, le couple Chef-Présidentiel quitta-t-il le surlendemain 25 août ce lieu éphémère de résidence de vacances, pour retrouver avec un certain plaisir non dissimulé, le Palais de l'Étable.

En ce lundi de sa rentrée, Estoppel-le-Miston était à son bureau de bonne heure. Ils étaient arrivés la veille assez tardivement et comme il dormait très peu, il avait décidé de commencer à travailler tôt ce matin. Il téléphona à Benji-le-Grivois :
-   Salut Benji, je viens juste de rentrer de congés.
-   Je sais, j'ai suivi tous tes exploits à la télé. Même entre nous, on en parle.
-   N'exagère pas,
-   Non, je te jure. Le coup du Flyboard et surtout celui des nudistes étaient superbes.
-   Le coup des nudistes comme tu dis, je ne l'ai pas fait exprès. En plus, je croyais que personne n'avait rien vu du fait que j'avais bloqué les suiveurs dans le chemin d'accès.
-   Tu oublies les portables. Il y en a plusieurs qui ont tout filmé à travers les branchages.
-   C'est paru dans la presse ou sur les réseaux sociaux ?
-   Non. Tu as un service d'ordre réactif et efficace. Tout a été bloqué. Par contre, nous qui avons vu la scène, on s'est bien marré.

- Je ne t'appelle pas pour ça, répliqua Estoppel-le-Miston quelque peu
  agacé.
- Je m'en doute.
- En fait, c'est la rentrée. Trouve-moi quelque chose à déclarer au
  pays.
- De quel genre ?
- Aucune importance, il faut que ça relance la machine si tu vois ce
  que je veux dire. Je te rappelle qu'à mon retour je suis censé mettre
  en place la mesure phare, socialement révolutionnaire de la « Prime
  de jeu ». Tu l'as même annoncée toi-même avant de partir. Alors
  grouille-toi de me suggérer un truc pour que je puisse en parler.

Et il raccrocha. Moins d'une heure plus tard, Benji-le-Grivois le
rappelait :
- Par rapport à ce que tu veux, je crois avoir trouvé l'idée avec un
  grand « I ». Là, ça va flasher. Oublie ta prime pour l'instant.
- Dis-moi ?
- L'idée c'est que tu organises comme tu aimes à le faire, une réunion
  « Climat » internationale.
- J'en ai déjà fait plein.
- Justement, tu as le savoir-faire et en plus tu adores ça.
- Ouais, mais je ne suis pas convaincu.
- Réfléchis, le mois d'août a été hyperchaud.
- Pas plus que d'habitude, le coupa Estoppel-le-Miston.
- Quelle importance, il a été chaud quand même non ?
- Oui, mais je te le répète, sans plus.
- Peu importe, il a été chaud, c'est le principal. Je te déroule le pitch :
  « L'été qui vient de se terminer a été extrêmement torride car la terre
  se réchauffe, donc il faut agir, donc on réunit tous les puissants de la
  planète et donc on détermine un nouveau plan drastique pour aller
  vers un refroidissement ».
- N'exagère pas. Le refroidissement, ce n'est pas pour demain.
- Sauf, si tu dis qu'il s'agit du refroidissement du réchauffement.
- Tu peux développer ?
- C'est simple. La terre se réchauffant fortement, il faut diminuer
  l'augmentation de ce réchauffement en le refroidissant.
- Ce n'est pas un peu alambiqué tout ça ? Remarqua le Chef-Président.
- La gestion du climat, c'est pareil. Présente les choses avec
  l'argument vedette habituel : il faut agir.
- C'est totalement éculé et ringard. Tout le monde le sait.
- Pas forcément. Si tu lances le slogan, genre : « Il faut refroidir le
  réchauffement », tous les secteurs liés à ce qui peut et même à ce qui
  ne peut pas agir en ce sens, te suivront.

- Ouais c'est pas mal, admit Estoppel-le-Miston. Je vois bien l'axe de lancement. Par contre, il faut que tu me trouves des slogans différents sinon ça fera du réchauffé, dit-il en éclatant de rire.
- Justement, lance pour fin septembre à Lutécie, une nouvelle réunion internationale « Climat » avec pour objectif, le slogan que je t'ai proposé « Refroidir le réchauffement ».
- Ça me va, tu m'as convaincu. J'y rajouterai même une petite couche sur le côté dramatique du machin. Ce qui me plaît bien, c'est que comme à chaque fois, ça fera grincer des dents Dodo-la-Trompette, conclut-il en riant à nouveau. Par contre, je veux quand même que tu me prépares le lancement de ma « Prime de jeu » que j'ai promise avant de partir en congés.
- Mais tu nous avais dit de faire du teasing.
- Au début oui, maintenant c'est fini, il faut y aller. À toi d'en détailler le mécanisme à partir de ce j'ai expliqué lors du dernier Conseil de juillet.
- Je ne sais pas trop mais je vais faire au mieux.
- Coordonne-toi avec Brûlot-le-Marâtre. Il n'est pas question qu'il y ait moindre dysfonctionnement.
- Il n'y en aura pas.
- Ce que je veux dire, c'est que dès le début, la prime devra être versée rapidement.
- Entendu.
- Pour sa rentrée il faut que le Gauloisien de base s'aperçoive que quelque chose de significatif se passe.
- J'espère seulement que Brûlot ne va pas me gonfler avec ses états d'âme débiles.
- Des états d'âme de quoi ? Demanda Estoppel-le-Miston surpris.
- Je ne sais pas moi. Tu le connais, avec lui on doit s'attendre à tout. Il va encore me dire qu'il n'y a pas d'argent pour payer cette prime. Je lui réponds quoi ?
- Qu'il n'a qu'à réfléchir un peu, ça ne lui fera pas de mal. J'ai déjà tout expliqué l'autre jour en long en large et en travers. S'il ne se souvient pas, dis-lui de m'appeler, je lui rafraîchirai la mémoire.
- J'essaierai quand même de simplifier pour lui expliquer. Il ne comprend pas toujours tout, tout de suite mais en prenant le temps on y arrive.
- Au boulot Benji. Moi je m'occupe de ton bazar « Climat » et dès que tu auras finalisé les modalités de la « Prime de jeu », je passerai à l'arrosage médias pour son lancement.

146

Septembre 2019

Le Chef-Président était une fois de plus résolu à frapper un grand coup. On voulait du spectacle, on en aurait avec la Réunion « Climat » qu'il se préparait à annoncer. On voulait de l'action, on en aurait avec la « Prime de jeu » qui allait être mise en place. Pour l'instant le teasing avait été respecté puisque personne ne savait vraiment en quoi elle consistait. Plus il y pensait et plus cette idée de prime lui paraissait attrayante. Restait maintenant à l'expliquer au peuple. Benji-le-Grivois quant à lui, préparait le plan de communication. Après, on rentrerait dans le dur. Le mieux serait de le faire au cours d'une émission télé, type « intime ». Il décida de téléphoner à Siphon-le-Bernacle :

-   Ça y est Siphon, je vais officialiser ton idée de « Prime de jeu ». Le Grivois en prépare le lancement. Toi qui as l'habitude de baratiner sur toute sorte de machins en faisant de la pub sur les médias, tu me conseillerais quoi comme date ?
-   Laisse les gens rentrer de vacances et reprendre le boulot. Ils seront de mauvaise humeur et ton annonce les réconfortera.
-   Bonne idée. Par contre, je ne peux pas trop attendre, j'ai ma réunion « Climat » que je vais placer en fin de mois.
-   Fais-le vers le 15 et ta réunion une semaine après.
-   Ça ne va pas faire une deuxième quinzaine un peu chargée pour une rentrée ?
-   Au contraire, la rentrée c'est toujours assez tristounet. La reprise du travail avec celle de l'école des enfants, ce n'est jamais très réjouissant. Alors, plus tu chargeras, mieux ce sera. Ta prime pour les sous et ta réunion pour le fun. Que du bonus.
-   Pas mal. Tu as raison, je vais faire comme tu dis. Le Grivois mettra tout ça en musique.
-   En musique ?
-   C'est une façon de parler. Je veux dire par là, qu'il préparera les paroles et le refrain pour que les Gauloisiens apprécient, à la fois le pognon que leur rapportera la « Prime de jeu » et la notoriété internationale rutilante de la réunion « Climat ».
-   L'argent oui mais la notoriété, ils s'en fichent complètement.
-   No soucy, simple question de marketing. Je vais demander à Alaska-the-Camel qu'il m'habille tout ça.
-   C'est qui Alaska-the-Camel ?
-   Ben, tu sais bien, c'est mon spin doctor.
-   Ah oui, je l'avais oublié, très efficace ce Monsieur. C'est vrai que tu lui dois ton élection. Veux-tu que je voie avec lui pour organiser la diffusion médiatique ?

- Non, il le fera avec Benji. Il ne faut surtout louper l'impact de ma réunion « Climat ». Coordonner pour optimiser, telle est ma devise. Je vais leur dire de préparer ces deux sauteries aux petits oignons.
- Comme tu voudras, c'est toi le Chef.
- Exactement.

Malgré tout, il réfléchissait à la manière dont il allait détailler les mesures accompagnant la mise en place de la « Prime de jeu ». Étant donné la nature de cette prime, il fallait quelque chose d'assez ludique et malgré tout d'assez sérieux. Il hésitait à le faire dans l'enceinte d'un vrai casino. L'impact serait fort car ça donnerait un aspect à la fois léger et sérieux mais ce serait quand même délicat, les CP en étant devenus les concurrents directs. Il fallait trouver quelque chose de plus éloigné des salles de jeux. Pas facile. Raldo-le-Romarin aurait certainement une idée lumineuse. Après tout, ne l'avait-il pas nommé Lieutenant de la Débine et des Ardoises Publiques pour qu'il puisse lui prodiguer ce genre de conseils ? Il le convoqua aussitôt pour en discuter :

- À ton avis, je fais quoi ? Lui demanda-t-il après lui avoir expliqué son dilemme.
- Il est vrai que c'est délicat, admit celui-ci. Si tu parais trop empesé, tout le monde se demandera ce que ça cache et si tu ne l'es pas assez, on ne te prendra pas au sérieux. Je reconnais que ce n'est pas évident. C'est pressé ?
- Oui, je dois absolument mettre cette mesure en place au plus tôt. N'oublie pas que ça date d'avant les vacances.
- Laisse-moi quelques instants pour réfléchir.

Estoppel-le-Miston se tut et commença à prendre connaissance d'un dossier qui se trouvait en attente sur son bureau. Tout d'un coup, Raldo-le-Romarin s'écria :

- J'ai trouvé.

Levant les yeux, le Chef-Président interrompit sa lecture :

- Vas-y, c'est quoi ?
- Tu n'as qu'à aller faire ta déclaration sur un champ de courses de chevaux.
- Tu veux dire un hippodrome ?
- Et là, tu associes argent et jeu sans faire concurrence aux casinos.
- Pas mal, reconnut Estoppel-le-Miston.
- Tu veux lancer ça quand ?
- J'aimerais bien vers la fin du mois.

Raldo-le-Romarin prit son smartphone pour consulter le programme des réunions hippiques.

- Il y a une nocturne à l'hippodrome de Diplanches ce vendredi 20. Ce ne serait pas mal non ? Elle commence à vingt heures. Tu fais ton show dès le début de la réunion et le tour est joué.

- Attention, j'ai ma sauterie « Climat » le week-end suivant. Personne n'en parle, mais excepté Dodo-la-Trompette à qui ce sujet donne des boutons, j'attends quand même les plus grands dirigeants de la planète. Si je fais ça le 20, ça va se télescoper dans la tête des gens.
- Aucun risque. Ta « Prime de jeu », c'est de l'argent qui va rentrer dans la poche alors que ta réunion « Climat », si l'on excepte quelques bobos écolos illuminés, tout le monde s'en fout.
- C'est pas faux. Je vais voir avec Benji comment coordonner ce bazar parce que j'aimerais bien pouvoir en tirer le meilleur pour ma popularité.

Le 20 septembre au soir, tout était prêt. L'hippodrome de Diplanches dont la façade arborait pour l'occasion un superbe drapeau gauloisien, attendait l'arrivée du Chef-Président annoncée pour 19 h 30 précises. Il était prévu qu'il vienne accompagné d'une quinzaine de personnes avec qui, après sa déclaration, il déjeunerait au restaurant de la terrasse pour assister aux trois ou quatre premières courses de chevaux qui s'y dérouleraient.

Dès le début de l'après-midi, les journalistes envahirent le grand hall. Ils s'installèrent pour retransmettre et commenter la déclaration très attendue du Chef-Président.

En arrivant devant l'hippodrome, Estoppel-le-Miston s'exclama :
- Impec comme environnement, on se croirait à la campagne.

Il se tourna vers Gibritte qui l'avait accompagné :
- Qu'est-ce que tu en penses ?
- Oui, ce n'est pas mal. J'espère que le menu du restaurant sera à la hauteur.
- Moi, le menu, j'en ai rien à battre. La seule chose qui m'importe après mon baratin, c'est le spectacle. Quand j'étais petit, j'adorais les courses de chevaux.

Une fois entrés, ils se dirigèrent directement vers l'estrade qui, pour l'occasion, avait été placée dans la salle du restaurant. Les caméras des médias avaient quant à elles été réparties devant et tout autour de celle-ci. Micros tendus, les journalistes attendaient impatiemment la déclaration du Chef-Président, que Benji-le-Grivois avait annoncée comme « fondatrice ». Fondatrice de quoi ? Personne n'en savait rien mais ça cinglait bien. On allait bientôt être fixés. Le gérant du restaurant se dirigea aussitôt vers le Chef-Président, lui débitant les banalités habituelles de bienvenue. Celui-ci le remercia et monta sur l'estrade pendant que Gibritte-le-Miston s'installait dans le fauteuil qui lui était réservé. Il se mit derrière le pupitre sans la moindre note. Les choses simples et limpides s'énoncent naturellement. Il était 20 heures pile. D'un signe, le cameraman placé juste devant, fit un petit signe de la main pour lui signifier que l'antenne était ouverte et qu'il pouvait commencer.

- Bonsoir à toutes et à tous en cette douce soirée automnale. Comme vous le voyez, j'ai tenu à venir en famille, justement pour vous annoncer une nouvelle mesure familiale que nous allons mettre en œuvre, destinée à améliorer significativement le bien-être gauloisien. Cette mesure vous la connaissez, on vous en a déjà quelque peu parlé avant les vacances, c'est la « Prime de jeu ». Son unique but est celui de pouvoir accompagner le CP dans son développement déjà considéré aujourd'hui comme fantasmagorique. Elle sera versée aux seules familles disposant chez elle d'un ou de plusieurs CP. Les autres catégories d'exploitants, comme par exemple les entreprises, ne seront évidemment pas concernées. L'objectif est de procurer un véritable revenu complémentaire aux familles gauloisiennes qui exploitent au moins un Casino Personnel. La raison est de faire en sorte que le CP soit générateur de la richesse attendue, puisqu'il a été conçu pour ça. Le montant de la « Prime de jeu » sera établi par CP proportionnellement au chiffre d'affaires de chacun d'entre eux. Plus le CP fera du chiffre, plus la prime attribuée sera importante. Ceci, afin d'inciter chaque famille à développer l'activité de ses propres Casinos Personnels. Le pourcentage prévu pour cette prime, est de 1 % du chiffre d'affaires dégagé. Elle sera versée automatiquement sur compte, chaque année à terme échu, le premier jour ouvrable de l'année civile.

  Ainsi pour cette année, la « Prime de jeu » sera virée sur le compte bancaire de chacune des familles concernées, le jeudi 2 janvier 2020. Voilà ce que je voulais vous annoncer, ici, dans ce cadre idyllique du pari hippique ou plutôt devrais-je dire, du jeu hippique par analogie au jeu du Casino Personnel. Maintenant, restaurons-nous et surtout profitons de ce merveilleux spectacle que sont les courses de chevaux.

Un journaliste placé au premier rang leva la main. Estoppel-le-Miston fronça imperceptiblement les sourcils. Il avait bien précisé qu'il ne répondrait à aucune question. Les caméras étant braquées sur lui, il n'avait pas le choix. Quel était cet indiscipliné, qu'il ferait tancer par sa hiérarchie dès demain ? Il le regarda plus attentivement et reconnut Frasque-Ollé-le-Gibet. Venant de lui, il ne pouvait rien dire, Frasque-Ollé étant sinon un ami, tout au moins un soutien indéfectible de toujours. Celui-ci demanda :

- Monsieur le Chef-Président, pouvez-vous nous expliquer pourquoi vous n'attribuez pas cette « Prime de jeu » également aux entreprises exploitant des CP. Ça paraît pour le moins quelque peu injuste.

Il le reconnut bien là dans ces propos, défendant comme toujours les intérêts des entrepreneurs. Il répondit :

- Je viens de le dire Monsieur Frasque-Ollé-le-Gibet, parce qu'il faut rendre la famille gauloisienne prospère et que, il faut d'ailleurs s'en féliciter, les entreprises le sont déjà. Le CP est une des briques de cette prospérité, la « Prime de jeu » en étant une autre se voulant complémentaire.

Pour éviter d'autres questions, les mains se levant les unes après les autres, il conclut, tout en se dirigeant avec Gibritte vers la table qui lui avait été réservée :

- Bien, maintenant je vous souhaite bon appétit et une bonne soirée.

Le lendemain, en compagnie de Benji-le-Grivois, il lui demanda :

- T'as déjà un retour sur ma prestation d'hier ?
- C'est plutôt ta « Prime de jeu » qui est commentée.
- Les familles doivent être contentes, non ?
- Ça dépend. D'après ce que j'ai pu entendre et voir, tout le monde ou presque râle.
- Tu plaisantes ?
- Pas du tout. Les familles trouvent qu'il est injuste de donner plus à celles dont les CP gagnent plus et les entreprises ne comprennent pas pourquoi tu les as exclues du champ d'application de la mesure.
- Les entreprises ça m'est égal. Elles s'y feront. Pour le reste, demande à Doudou-le-Filou d'entamer une petite campagne pédagogique, expliquant que pour toucher plus de primes, il suffit que le CP génère plus de recettes. Tiens, en te disant ça, j'ai une illumination. Chaque fois qu'il en aura l'occasion, je veux qu'il ressasse en mode continu la magnifique équation que je viens juste d'inventer : « Plus, plus plus, égale plus ».
- Là, pour le coup c'est moi qui n'y comprends rien, avoua le Grivois.
- C'est pourtant simple. Si chaque famille fait en sorte que son CP gagne plus en développant son activité, ça, c'est le premier « Plus », la « Prime de jeu » sera d'autant plus importante puisqu'elle est proportionnelle au chiffre d'affaires, ça, c'est le deuxième « Plus ». La somme des deux fera le troisième « Plus ». Pas mal non ?
- Génial, je vais voir ça avec Doudou. Même pour lui, c'est facile à comprendre. Il devrait pouvoir arriver à expliquer ça au peuple. Vu comme tu le présentes, socialement c'est extraordinaire, pour ne pas dire révolutionnaire.

Dès le vendredi 27, les principales têtes dirigeantes de la planète commencèrent à débarquer à Lutécie, pour participer à la réunion internationale sur le climat qui devait s'y dérouler à partir du lendemain.

Il faisait beau et Estoppel-le-Miston se sentait particulièrement heureux. Tout le monde arrivait et, cerise sur le gâteau, la chaleur était encore très présente. Pour une fin septembre, c'était royal, surtout quand il s'agissait d'animer une réunion dont l'objectif affiché était de lutter contre le réchauffement climatique.

Une ombre restait malgré tout dans ce tableau idyllique. Il ne savait pas quoi proposer de nouveau. Tout avait tellement été dit et rabâché qu'il ne voyait pas ce qu'il pourrait proposer de suffisamment innovant pour justifier cette réunion. L'été avait heureusement été torride mais que pouvait-il inventer d'autre, par rapport à ce qui avait déjà été déclaré dans les réunions précédentes ? Après tout, c'était une suggestion de Benji, alors à lui de lui donner des idées. Le problème venait de ce que la première séance était planifiée pour demain samedi et que tout le monde repartait dimanche.

Ça tombait bien, celui-ci devait venir à 11 heures pour discuter d'un plan de communication sur les bienfaits d'une prochaine augmentation de la vitesse sur autoroute. Passer de 130 à 170, voilà qui réjouirait les automobilistes. Mis à part quelques grincheux indécrottables, cette mesure très populaire déclencherait à coup sûr un tonnerre d'approbations. Quel plaisir divin que celui de se sentir aimé de ses ouailles. Il était en train de se dire qu'il raffolait de cette sensation de pleine béatitude, lorsque Benji-le-Grivois entra dans son bureau :
-   Salut Estoppel, tu sais, j'ai un peu suivi depuis hier. Il y a du beau monde de déjà arrivé pour ta manif « Climat ».
-   Je m'en tape. Il va surtout falloir que tu me trouves quelque chose à dire et surtout à proposer. C'est bien toi qui m'as suggéré ce raout mondial à Lutécie, non ? Je raconte quoi, moi ?
-   Annonce une mesure spectaculaire que tu as l'intention de prendre en Gauloisie.
-   À toi de me trouver quelque chose qui tienne la route. Surtout qu'en parlant de route, la seule chose spectaculaire que l'on ait prévue, c'est d'augmenter la vitesse sur autoroute. Je ne peux quand même pas proposer ça comme exemple de lutte contre le réchauffement climatique.
-   Pourquoi pas ?
-   Ils vont dire que je me fous d'eux. Augmenter la vitesse des véhicules pour préserver le climat, ce n'est pas crédible.
-   Sauf, si tu expliques.
-   Qu'est-ce qu'il y a à expliquer. Plus tu augmentes la vitesse et plus tu pollues.
-   Pas forcément. En augmentant la vitesse, tu augmentes la fluidité et qu'est-ce qui pollue le plus ? Les petites vitesses dont la combustion du carburant est moins complète que pour les grandes, les rejets dans l'atmosphère étant de ce fait plus importants.
-   Tu es sûr de ça ? S'étonna le Chef-Président.

- Non, mais ça semble évident. Je n'y connais rien, sauf qu'en réfléchissant, plus tu roules vite, plus tu brûles complètement ton combustible, limitant ainsi le reste non consommé potentiellement le plus polluant.
- Un peu nébuleuse ton explication, pour ne pas dire pâteuse. En plus, ça va à contre-courant de toutes les idées reçues.
- En tout cas c'est logique. Rouler plus vite permet de faire disparaître l'intégralité de ce qui compose le carburant du véhicule.
- Rabâche pas, j'ai compris. Par contre, c'est trop risqué. Si je dis ça, je vais avoir tous les écolos pseudos experts en carburant, voiture, moteur ou je ne sais quoi, qui vont me tomber dessus en expliquant exactement le contraire. Sans même compter le GIEC.
- Le GIEC, c'est quoi ce truc ?
- Tu ne connais pas ? C'est le Grouillement d'estropes Internominal sur l'Évolutivité du Clivage.
- Maintenant que tu me le dis, ça me revient. Je sais comment tu peux clouer le bec à ces zozos.
- Clouer le bec, carrément ?
- Laisse tomber ton explication sur les voitures à essence ou diesel et embraye directement sur la voiture électrique.
- C'est déjà mieux. Détaille !
- Justifie ton augmentation de vitesse sur autoroute par le seul objectif de permettre le développement de la voiture électrique pour que celle-ci devienne rapidement le véhicule de Monsieur tout le monde.
- Ça n'a pas de sens.
- Mais si. Pourquoi aujourd'hui la voiture électrique n'arrive-t-elle pas à décoller, si l'on peut dire ? Ajouta-t-il, riant bruyamment de son jeu de mots. Parce qu'à l'exception de quelques expériences plus ou moins limitées, elle se traîne sur la route. Et donc, pour encourager l'essor d'une voiture électrique aux performances dites « normales », tu augmentes légèrement la vitesse maximale sur autoroute, avant de faire par la suite la même chose sur nationale.
- Attends, sur nationale je viens de la mettre à 80 kilomètres heures, je ne peux pas la monter comme ça, d'un seul coup, à 170.
- Évidemment, ce que je voulais dire c'est que tu annonceras vouloir lui donner à elle aussi un petit coup de pouce en la portant au niveau à la fois raisonnable et confortable de 100.
- Pour le coup, on va me demander d'attendre une voiture électrique véritablement opérationnelle avant de faire ces augmentations de vitesse.
- C'est là où tu parleras de « carotte », en expliquant que ça motivera les constructeurs à accélérer la conception et la fabrication de

véhicules électriques rapides, disposant d'une autonomie suffisante, tels qu'attendus par les automobilistes.
- Je trouve ça limite comme justification.

Ils réfléchirent ensemble quelques instants en silence. Soudain, Estoppel-le-Miston s'exclama :
- J'ai trouvé. Je sais ce que je vais dire.
- C'est quoi ? Demanda le Grivois.
- Je vais comme je te l'ai dit, informer le pays que je libère la vitesse sur autoroutes à 170 et en même temps sur nationales à 100 mais que pour les seules voitures électriques. Là, c'est impeccable.
- Je ne trouve pas. C'est surtout discriminatoire. En plus, à l'exception de quelques modèles coûtant une fortune, il n'y a pas de voitures grand public capables de rouler à pareilles vitesses.
- Tu l'as dit, ça encouragera les constructeurs à commercialiser des véhicules capables d'aller aussi vite. Tu te rends compte du coup de pouce extraordinaire que ça va donner au marché ?
- Oui, sauf que dans un premier temps, seuls les très riches auront des voitures avec lesquelles ils pourront s'éclater à grande vitesse.
- Là, tu chipotes, reprocha le Chef-Président. Tu sais, mon grand-père me disait toujours, que le principal, pour ne pas dire l'essentiel, était d'avoir un objectif clair et de se donner les moyens de l'atteindre. C'est exactement le pourquoi de la chose.

Benji-le-Grivois qui ne semblait pas convaincu par les arguments Chef-Présidentiels, garda le silence. Estoppel-le-Miston enchaîna :
- C'est décidé. Tu verras, ça va cartonner sur les réseaux sociaux. J'en suis certain. En attendant, c'est moi qui ai trouvé l'argument de la voiture électrique. Toi, tu ne m'as encore rien suggéré sur ce que j'allais bien pouvoir raconter d'autre demain, à cette foutue réunion « Climat ». N'oublie pas qu'à la base c'est ton idée et que je vais avoir à me farcir tout le gratin de la planète. Il n'est pas question que je les déçoive.
- J'ai bien une vague suggestion mais je ne sais pas si elle va te plaire.
- Dis toujours.
- Ce type de réunion, c'est fait pour énoncer un certain nombre de grands principes écologiques devant être appliqués par un maximum de pays participants.
- Et patati et patata. Ça, je le sais.
- Pourquoi ne leur parlerais-tu pas du solaire ?
- Du solaire ? Reprit Estoppel-le-Miston. Pourquoi pas ? Et pour dire quoi ?
- Propose que tout le monde se mette au solaire.
- On l'a déjà évoqué je ne sais combien de fois. Non, ce serait le flop assuré.

- Pas si tu engages de façon spectaculaire la Gauloisie sur cette voie. Il suffit de trouver un bidule à présenter.

Le visage d'Estoppel-le-Miston s'éclaira brusquement.

- J'ai trouvé. Je vais déclarer solennellement qu'à terme, la Gauloisie supprimera toutes les sources d'énergie polluantes, pour ne garder que le solaire. Même les éoliennes, dont le bilan carbone positif n'est pas évident et dont par contre, la pollution sonore, elle, l'est totalement, seront abandonnées. C'est cool non ?
- Oui, mais c'est plutôt vague. En plus si tu t'attaques aux sacro-saintes éoliennes, tu n'es pas arrivé.
- Réfléchis, le pays est aujourd'hui tout entier aux mains de productions d'énergies nocives pour l'environnement y compris la pollution sonore. Même l'électrique avec ses centrales nucléaires pollue en produisant des déchets dont on ne sait plus quoi faire. Du coup, on rase tout ça et on ne fait plus que du solaire qui lui, est vraiment labellisé zéro polluant.
- Admettons, mais tout le monde n'y verra que des vœux pieux. Ça ne convaincra personne, assura le Grivois.
- Laisse-moi terminer. Je préciserai que l'objectif est que la Gauloisie soit totalement solaire en 2080.
- Ce n'est pas un peu loin comme date ?
- Faut ce qu'il faut. Passer l'intégralité d'un pays en solaire intégral, pour que ce soit crédible, il faut forcément que la date soit assez éloignée. Si j'avais comme le Mulot de l'époque, annoncé 2040 dont tout le monde a rigolé lorsqu'il a annoncé la généralisation des voitures électriques pour cette date, personne n'y aurait cru. Regarde la cohérence du truc :

Dès maintenant, je favorise l'essor des voitures roulant au bon jus électrique des centrales atomiques, en leur donnant, grâce à l'augmentation des vitesses maximales pour elles et pour elles seules, une opportunité attractive exceptionnelle.

En parallèle, et c'est là l'astuce, je lance le tout solaire avec lequel, je te le rappelle, on fabrique également de l'électricité utilisée par ces mêmes véhicules. Comme par ailleurs, on sait très bien que ça ne pourra se faire que sur le long terme, je fixe la date à 2080.

Et le tour est joué. Alors ? Face au monde, ce n'est pas cohérent et crédible ?

- Présenté comme ça, évidemment.
- Donc tu vois, s'ils ramènent chez eux ce projet dans leur besace, nos chers illustres participants ne seront pas venus pour rien.
- Si quand même, parce qu'ils ne s'engagent à rien.

- Précisément, tu sais bien qu'à chacune de ces réunions, chacun doit prendre des engagements sur quelque chose. Là, je leur demanderai de s'engager à faire la même chose dans leurs pays.
- Tu crois vraiment qu'ils vont adhérer ? S'inquiéta le Grivois.
- Simplement s'engager, ça oui, j'en suis certain. Vis-à-vis de leurs populations, ils ne peuvent pas quand même pas dire qu'ils sont juste venus à Lutécie pour se goinfrer de bons petits plats issus de la gastronomie gauloisienne, sans rien ramener de concret.
- Oui, tu as raison.
- Je leur ferai donc un beau discours sur les bienfaits de l'écologie et basta.
- Tu devrais trouver un slogan ou un nom. Pourquoi pas « l'écologie protectrice » ? Pas mal non ?
- Oui, c'est pas mal, approuva Estoppel-le-Miston. Vaut mieux ça que l'habituelle écologie punitive dont on nous rebat les oreilles.
- Tu n'as plus qu'à préparer un beau discours d'ouverture de séance et après ce sera la routine.
- Qui peut me faire ça ? Demanda Estoppel-le-Miston.
- Pas évident avec la bande de branquignolles qu'on a sous la main. Il faudrait trouver un beau parleur.
- Tu sais ce que l'on dit « Au royaume des aveugles, les borgnes sont rois ». Frangy-le-Rugby me paraît le moins pire pour m'écrire un beau discours bien torché. Les médias ne l'aiment pas trop mais il a remplacé le Mulot et surtout il a la grande qualité de savoir parler pour ne rien dire.
- Vu le retour de boomerang que le Mulot s'est pris en annonçant ses voitures « tout électrique », tu le disais toi-même, personne ne sera crédible.
- Je ne vois pas qui d'autre à part lui, pourrait nous pondre sur le sujet un texte suffisamment convaincant pour déboucher sur un consensus.
- Tu n'obtiendras jamais le consensus de la planète. T'imagine Dodo-la-Trompette adhérer à ton solaire, même pour 2080 ? Faut pas rêver.
- La Trompette, je m'en fous, il n'est même pas censé venir. Tu sais bien qu'il s'est déclaré climatosceptique. Ça me fait penser, plutôt que Frangy malgré tout assez simplet, pourquoi pas Murette-la-Pénible. Elle a pas mal de contacts dans les entreprises et surtout elle fricote souvent avec leurs lobbies.
- Là, je trouve déjà l'idée beaucoup plus séduisante, s'enthousiasma le Grivois. Murette est quelqu'un de crédible et de fiable. En plus, elle a de l'imagination.
- Je vais lui demander de venir tout de suite. Son bureau est à côté dans le 7ème. Je lui envoie des motards, elle sera là dans moins d'une demi-heure.

Et en effet, vingt-cinq minutes plus tard, Murette-la-Pénible pénétrait dans le bureau Chef-Présidentiel. Benji-le-Grivois était resté pour assister à l'entrevue. Sans perdre de temps, Estoppel-le-Miston lui expliqua ce qu'il attendait d'elle. Visiblement embarrassée, elle indiqua :

- C'est coton ce que tu me demandes.
- Je sais. En même temps je crois que tu es la mieux placée pour me trouver les bons arguments. T'as travaillé dans tout ce qui pollue, avions et nourriture.
- Tu ne peux pas dire ça, s'insurgea le Grivois. Les avions d'accord et encore, mais la nourriture ce n'est pas polluant.
- Si, les deux, insista le Chef-Président. Les avions c'est discret, tu ne les entends pas mais bonjour la pollution gazeuse à 10 000 mètres. Quant à la nourriture, je ne te dis pas les aliments, viande, légumes, fruits, archi-pollués par toutes les saloperies de produits chimiques avec lesquels ils sont traités.
- Remarque, tu as raison, admit-il.

Murette-la-Pénible reprit la parole.

- Explique-moi Estoppel, ce que tu veux faire passer comme message.
- Plus qu'un message, je veux pouvoir convaincre de l'engagement de la Gauloisie à migrer au tout solaire à l'horizon 2080. Je dis 2080 comme je dirais 2070 ou 2090. C'est juste pour fixer un objectif daté assez éloigné.
- Je vois, assura la Pénible. Tu le veux pour quand ?
- Je n'ai pas trop le choix. Mon discours d'introduction a lieu demain après-midi, juste après le déjeuner.
- C'est top, intervint Benji-le-Grivois, ils seront tous en pleine sieste.
- Rigole pas. Eux peut-être, les médias, non. Il faut que je sois à la fois persuasif et pointu sur le sujet. Murette, entoure-toi de qui il faut et ponds-moi un super laïus de compétition. Je compte sur toi.

Le soir même, il reçut un appel téléphonique d'un Jo-Vonvon-le-Criant tout excité. Pourtant, il lui en fallait pour lui déclencher quoi que ce soit.

- Tu sais quoi ?
- Non évidemment.
- Dodo-la-Trompette vient juste d'atterrir pour assister à ta réunion.
- Tu es sûr ?
- Certain.
- Qu'est-ce qu'il vient faire ?
- Je te l'ai dit, il vient pour ta réunion.
- Il avait pourtant assuré qu'il ne voulait plus entendre parler de réchauffement climatique.

- A priori, il n'aurait pas changé d'avis. Seulement, il paraît que la pression est tellement forte dans son pays, qu'il ne pouvait pas faire autrement.
- Pourtant, en général, il n'en a rien à faire.
- D'habitude oui, mais là visiblement il s'est quand même senti obligé de venir.
- Ce ne serait pas plutôt parce qu'il adore être chez nous, termina en riant Estoppel-le-Miston.

Le lendemain samedi 28 au Parc des Expositions de la porte de Versalias, l'ouverture de la réunion « Climat » nommée pour l'occasion « REC25 » puisque la « REC24 » avait eu lieu en décembre de l'année dernière à Katowice, se fit en grande pompe à 14 heures. Pour bien marquer la solennité de l'évènement, l'orchestre philharmonique de Lutécie était là, jouant La Massaliaise, reprise à tue-tête par les Membres de l'État-Major Dirigeant, présents au grand complet.

Le silence revenu, Estoppel-le-Miston s'installa sur l'estrade et commença son discours.
- Mesdames et Messieurs, merci à toutes et à tous d'avoir répondu à mon appel et je vous souhaite la bienvenue sur le sol gauloisien.

Son discours préparé par Murette-la-Pénible entrait ensuite directement dans le vif du sujet. Elle aurait quand même pu développer un peu plus l'introduction, pensa-t-il en continuant sa lecture sur le prompteur. Combien de fois lorsqu'il était étudiant, sa prof de gauloisien, Gibritte qu'il avait par la suite épousée, ne lui avait-elle pas enseigné qu'il fallait toujours soigner l'introduction. Tout en continuant imperturbablement son discours, une pointe de nostalgie l'envahit au souvenir de ces recommandations scolaires, faites lors de moments plus ou moins intimes.
- Une bienvenue sincère, accompagnée d'une volonté d'actions énergiques, efficaces pour la préservation de notre chère planète.

Des applaudissements au début assez discrets, puis montant rapidement en intensité, se déclenchèrent. Il poursuivit :
- L'été que nous venons de vivre dans l'hémisphère nord a été particulièrement torride. Je l'ai personnellement subi en Gauloisie et celui qui s'annonce dans l'hémisphère sud, aux dires de tous les scientifiques, ne le sera pas moins. La problématique est donc, que faire de plus que ce que nous avons déjà décidé lors de nos précédentes réunions ? La réponse est simple. Il faut accélérer et innover. Je vous suggère que nous mettions ces deux points à l'ordre du jour de nos ateliers qui débuteront juste après mon intervention. Nos débats porteront sur la solution avec un grand « S », visant à sauvegarder notre planète actuellement massacrée. Solution dans le cadre d'une écologie se voulant protectrice, que j'ai nommée :

« Énergie solaire ». Nous ne parlerons que de ça mais de tout ça. Pourquoi ? Parce qu'il est temps de passer à la vitesse supérieure.

Pour cela, sachez que j'ai décidé de montrer l'exemple en vous annonçant avec toute la gravité que cette nouvelle exige, la migration intégrale de la Gauloisie à l'énergie solaire, dès 2080. Cette date peut vous paraître lointaine, pourtant elle ne l'est pas. Elle l'est d'autant moins, qu'à ce moment-là, le pays aura intégralement abandonné toute autre source d'énergie. Je dis bien, toute autre source d'énergie, et ce, sans aucune exception d'aucune sorte. Ainsi, ce jour-là il n'y aura plus de nucléaire, plus de pétrole, plus d'hydrogène et même, plus d'éoliennes. Ce sera le règne exclusif du solaire.

Il s'arrêta quelques instants, tant pour juger de son effet que pour se demander la raison qui avait fait déclarer à Murette, l'abandon de l'hydrogène. On lui avait pourtant toujours dit que ce n'était pas polluant. Tout à coup, il lui revint à l'esprit qu'un de ses conseillers lui avait un jour dévoilé le risque explosif que son usage représentait. Elle devait le savoir, ce qui expliquait probablement qu'elle l'ait spécifié comme source d'énergie à abandonner. Elle aurait quand même pu lui en parler avant. Quelle plaie cette Pénible ! Il rajouterait donc « explosif » comme justification.

Au sein d'une douce torpeur automnale, le calme régnait dans l'assistance. Quelque peu déçu mais n'en montrant rien, il continua :
-   Eh oui, vous semblez étonnés, pourtant voyez-vous, il en sera ainsi. Toute autre source d'énergie sera bannie de la Gauloisie. Finie la dépendance au combustible nucléaire, finie la dépendance au pétrole, finie la dépendance à l'hydrogène explosif et même finie la dépendance au vent violent, véritable reflet pour cette dernière, d'une écologie primitive trompeuse puisque génératrice de nuisances sonores, certes cachées mais ô combien polluantes.

C'est beau ça, se dit-il, pensant que là, par contre, il féliciterait la Pénible pour cette sympathique formule sur les éoliennes qu'il ne manquerait pas de replacer à l'occasion. Il tourna les yeux discrètement dans sa direction pour juger de sa réaction. Elle avait plutôt l'air absente, regardant fixement Dodo-la-Trompette qui semblait l'hypnotiser. Il enchaîna :
-   Et donc, une Gauloisie solaire à part entière. Maintenant me direz-vous, pourquoi cette date de 2080 ? Tout simplement parce qu'il faut du temps. Eh oui, le temps est assassin comme le dit la chanson, mais le temps est bâtisseur car il permet aussi de réaliser et c'est bien ce que la Gauloisie va faire. Dès demain, un grand nombre de nos chercheurs seront mobilisés sur la quête du solaire. Après tout, notre astre central ne nous apporte-t-il pas beaucoup plus que la totalité de l'énergie dont nous avons besoin ? Bien sûr que oui. Alors me

demanderez-vous, vous les éminents représentants de tous les pays de la planète, comment répartir cette richesse énergétique inépuisable et gratuite quand on sait que les régions de l'extrême nord sont dans le noir la plus grande partie de l'année, et que les régions de l'équateur subissent un soleil permanent ininterrompu ? C'est une bonne question que l'on est en droit de se poser. Aussi avons-nous réfléchi à cette réalité écologique. Comment un pays dans le noir quasi permanent, peut-il faire du solaire ?

C'est vrai ça, se dit-il en même temps qu'il s'interrompait quelques secondes pour juger de l'effet de sa question.

- Oui, comment ? Insista-t-il. Eh bien voyez-vous, la Gauloisie y a pensé. Pour résoudre cette réalité antinomique, il faut d'abord savoir qu'une journée qui n'est pas dans le noir, même sans soleil apparent, est une journée apportant malgré tout de l'énergie solaire. Eh oui, comment croyez-vous qu'il fasse jour ? Tout simplement, grâce au soleil qui imperturbablement, nous envoie ses rayons souvent cachés tout ou partie par une couche nuageuse. Dans ce cas voyez-vous, le soleil est quand même là car il est toujours là. D'où, une permanence d'énergie solaire pouvant, à la condition qu'il fasse jour, être récoltée par tous les temps.

J'espère qu'elle ne s'est pas trompée, pensa-t-il, sinon j'ai l'air malin et je n'ai pas fini d'en entendre parler.

- Venons-en à présent aux pays nordiques dont l'obscurité persistante durant une très grande partie de l'année, empêche de recevoir les rayons lumineux du soleil.

Il marqua un petit temps d'arrêt, pensant qu'il aurait dû inverser sa phrase. Ce n'est pas l'obscurité qui empêche les rayons solaires mais les rayons solaires qui n'arrivant pas, génèrent l'obscurité. Heureusement, personne ne semblait avoir vu l'incohérence. Tant mieux, se félicita-t-il. Pourvu qu'il n'y ait pas d'autres bourdes de ce genre dans la suite.

- Comment faire pour ces pays défavorisés dans leur ensoleillement, pour qu'eux aussi puissent également bénéficier du tout solaire ?
La réponse tient en un mot : batterie. Eh oui, le principe en est simple. Lorsque le jour est effectif, même sans soleil, on engrange l'énergie dans des batteries solaires. Dès que la nuit arrive, on consomme ce qui est sur batterie et le tour est joué.
Quant aux autres pays dont l'ensoleillement est quasi-permanent, la question se pose de savoir ce que l'on fait avec le trop-plein solaire. La réponse tient elle aussi dans ce même mot : batterie. On stocke de la même manière pour les périodes nocturnes, même courtes. Et là aussi le tour est joué, avec en plus, cadeau financier royal du ciel, la possibilité d'exporter, soit par oléoducs électriques à haute tension, soit par transport de batteries. Pour ces dernières, il suffira de mettre

en place un système de consigne de batteries de stockage avec échange des vides sur livraison des pleines.

Ainsi, toute la planète, je dis bien et j'insiste, la planète tout entière, disposera enfin d'une énergie écologique propre, parce que non polluante, éternelle parce que renouvelable à l'infini, mais aussi et surtout, suffisante à l'alimentation énergétique régulière de l'ensemble des activités nécessaires à la vie de nos sociétés. Et voyez-vous, parvenant à ces fins, nous aurons de fait inversé les facteurs nous permettant d'aller vers le refroidissement effectif de cette terre qui nous héberge et qui nous nourrit.

C'est beau ce que je viens de dire. Décidément, il va falloir que j'utilise la Pénible plus souvent pour m'écrire ce genre de discours. Il poursuivit :

- Imaginez-vous à quel point dès lors, nous reviendrons de loin ? D'un réchauffement débridé à un refroidissement maîtrisé. Quoi de plus magnifique ?

Après cette longue tirade, il s'interrompit pour juger une nouvelle fois de l'effet de son annonce de refroidissement. Il avait le gosier sec. Il en profita pour se désaltérer avec un petit verre d'eau. Aucune réaction ne se manifestant dans l'assistance, il reprit aussitôt :

- Tout ceci serait bel et beau si nous disposions aujourd'hui de la technologie permettant la gestion à profusion de cette énergie, mais ce n'est pas encore le cas. D'où pour la Gauloisie, la date de 2080 que j'ai établie avec nos scientifiques les plus éminents. Pour les mêmes raisons, cette date devrait pouvoir être la même dans tous les pays du globe.

Prenant un verre d'eau, il s'interrompit quelques instants, pensant : « Elle dit nos scientifiques, c'est trop réducteur. Je vais généraliser ». Puis, imperturbable il reprit :

- D'après les informations dont nous disposons, cette technique sera finalisée et rendue opérationnelle en décembre 2079. Tous les experts internationaux consultés sont unanimes sur cette date. Dès lors, le temps d'une mise en place ordonnancée et la Gauloisie sera devenue entièrement solaire avant la fin de 2080. Voilà pourquoi je propose de fixer comme objectif officiel mondial, le passage intégral à l'énergie solaire de l'ensemble de la planète pour 2080. Afin de permettre un rendu effectif de celui-ci, j'ai défini cinq secteurs couvrant l'ensemble des activités mondiales, avec pour chacun d'eux la mise en place d'un atelier de travail que vous animerez cet après-midi et que vous finaliserez demain matin. En prenant connaissance du planning qui vous a été communiqué, vous constaterez que la matinée de demain se terminera par un repas convivial agrémenté de plats gourmands, fleurons de notre gastronomie gauloisienne. Cette

« REC25 » se clôturera pour toutes celles et ceux déclarant adhérer à celle-ci, par la signature de la « Charte Solaire 2080 ». Le comptage sera ensuite effectué et publié en tant que résultat, accompagné des noms des représentants de chaque pays signataire.

Ça, c'est pas mal, pensa Estoppel-le-Miston. Ceux qui ne signeront pas seront désignés à la vindicte populaire de leur pays. On va bien voir ce que fera Dodo-la-Trompette. Après l'avoir discrètement regardé et constaté qu'il était en train de lire un livre, il poursuivit :
- Maintenant je vais vous indiquer nos cinq ateliers :
Atelier Business
Atelier Logistique
Atelier Virtualisation
Atelier Production
Atelier Transport
L'objet de chacun et donc votre mission : définir comment organiser le fonctionnement régulier en mode « énergie solaire » de chacun de ces secteurs.

Il se demanda brusquement s'il n'y avait pas erreur sur cette façon de voir les choses. A priori les secteurs on s'en fichait, tout ce que l'on voulait c'était qu'ils utilisent l'énergie solaire dans leurs activités, sauf que ce n'était pas l'énergie solaire mais bien l'énergie électrique produite par l'énergie solaire dont ils avaient besoin. Là, c'était totalement à côté de la plaque. Il aurait mieux fait d'en discuter avant avec la Pénible. Trop tard. Elle lui avait pondu un beau discours sur la forme mais sur le fond, pourvu que personne ne vienne trop creuser. Enfin bon, pour l'instant il n'y avait aucune réaction de ce genre venant de son auditoire. Il décida de continuer comme si de rien n'était.
- Vous allez donc avoir l'équivalent d'une journée entière pour décider et définir l'avenir de l'activité écologique solaire du monde. Gardez bien en ligne de mire, l'objectif du refroidissement du globe, permettant le retour à une vie normale de nos concitoyens. Pensez aux skieurs qui n'ont plus de neige ou encore aux vacanciers estivaux à la peau desséchée par l'intensité de la chaleur et au mélanome prospère. Je terminerai en vous disant ceci : le dîner de ce soir comportant de bons petits plats mijotés par mon cuisinier personnel du Palais de l'Étable, vous sera servi à 19 heures. Vous pourrez ainsi en apprécier les saveurs et vous régaler, sachant que pour les ateliers, les locaux resteront ouverts toute la nuit. En ce qui me concerne, je me joindrais à vous durant l'intégralité de ces travaux. Il me reste maintenant à vous souhaiter ou plutôt à nous souhaiter, un bon travail et surtout ce soir, une bonne dégustation.

Le lendemain, après les votes de l'après-midi, Estoppel-le-Miston voulut connaître le résultat avant de faire son discours de clôture. Il demanda à Frangy-le-Rugby :

- Alors, comment s'est passé le scrutin ?
- Très bien, tout le monde a voté.
- Même Dodo-la-Trompette ?
- Oui, et il a voté contre, comme d'ailleurs deux ou trois autres.
- Venant de lui, on s'y attendait un peu, non ?
- À part se goinfrer et se balader aux frais de la princesse, je me demande bien ce qu'il est venu faire ici.
- On est tous un peu comme ça. Regarde, on n'arrête pas les uns comme les autres de se promener à droite et à gauche, histoire de faire style. En plus comme tu dis, c'est la princesse qui paie, rajouta-t-il en riant. Plaisanterie mise à part, je l'ai dit l'autre jour à Jo-Vonvon-le-Criant, je suis sûr qu'il aime bien venir en Gauloisie. Si ça se trouve, il s'éclate chez nous. Va-t'en savoir ?
- En tout cas, il a été le seul avec je crois Vlasetype-le-Pourboire et je ne sais plus qui, à refuser de signer ta charte.
- Pour tout te dire, je m'en balance. Globalement c'est un beau score que l'on peut considérer comme étant l'unanimité.
- Oui, mathématiquement parlant, compte tenu du nombre important de participants, quels que soient les pays qu'ils représentent, quelques opposants ne comptent pas.
- Ça va drôlement faire grimper ma cote internationale. Tu vas voir, je vais devenir le « number one » de l'écologie. L'année dernière les Nations Unies m'ont décerné le titre de « Champion de la Terre » et aujourd'hui, tu te rends compte, grâce à moi, le monde va basculer dans le tout solaire.
- T'emballe pas, le monde va basculer dans rien du tout. En fait c'est pipeau.
- Rassure-moi Frangy, tu veux que je te vire ou quoi ? Tu oses traiter mes propositions de pipeau ?
- Bien sûr que non. Désolé Estoppel pour ce mot maladroit. Ce que j'ai simplement voulu dire, c'est qu'à la suite de ta super « REC25 » et du super vote d'approbations que tu as obtenu, personne ne fera quoi que ce soit de particulier, ni de plus, ni de moins, que ce qui est actuellement dans les tuyaux. C'est en cela que c'est du pipeau.
- En tout cas ça n'altérera en rien ma renommée d'initiateur de la transition écologique vers le tout solaire.
- Sauf que pour l'instant, personne n'est encore prêt à initialiser quoi que ce soit. Ça viendra certainement mais pas tout de suite.
- Bof, le principal c'est de le dire.

- En tout cas, tu peux terminer ta réunion « Climat » en toute tranquillité, tu ne risqueras pas d'être contredit.

Il était 16h30, lorsque Estoppel-le-Miston commença son discours de clôture.

- Mesdames et messieurs, laissez-moi vous remercier une nouvelle fois pour votre participation à cette « REC25 ». Votre approbation massive et quasi unanime à l'objectif du tout solaire pour le court terme, apporte un gage de pérennité à notre planète qui enfin, va bientôt pouvoir commencer son refroidissement. Quel message, quel gage d'avenir pour nos enfants et plus généralement pour nos générations futures. Cette date du 29 septembre 2019 restera dans l'histoire de l'humanité. Chacune et chacun se souviendra de la maturité avec laquelle vous avez défini un avenir écologique apaisé par l'atteinte de cet objectif. Dites-vous que votre travail d'aujourd'hui, garantit la vie de demain.

Nous allons donc nous séparer sur ce constat encourageant de réussite pour la survie de notre chère planète et retourner à nos occupations respectives, gardant présent à l'esprit cette volonté inaltérable de retrouver un climat refroidi, qui permettra aux générations futures de s'éclater à nouveau ainsi que nous avons pu le faire nous-mêmes, tout au long de notre propre existence.

Il me reste une fois de plus à vous remercier pour votre présence et pour le travail de qualité que vous avez accompli durant cette « REC25 » qui restera dans les annales mondiales, comme l'acte fondateur de la décroissance du réchauffement climatique.

Au revoir mesdames et messieurs, en vous souhaitant un bon retour dans vos nations respectives.

Dès la salle redevenue vide, Estoppel-le-Miston se précipita vers Murette-la-Pénible. Il semblait furieux.

- C'est quoi ce machin tordu que tu m'as fait dire, sur les générations futures qui pourront à nouveau s'éclater comme nous ?

- Ce n'est que la vérité. Grâce à l'évènement que représentent cette réunion et ces travaux, la terre va enfin pouvoir arrêter de se réchauffer. De sorte qu'ainsi, tout le monde pourra à nouveau profiter pleinement de cette magnifique planète sur laquelle nous sommes, en s'éclatant comme nous l'avons fait à notre époque. Reconnais que pour l'instant, si rien ne change, les perspectives pour les jeunes ne sont pas marrantes, marrantes.

- C'est le terme « s'éclater » qui m'a choqué. En plus, pourquoi dis-tu que ce ne sont pas des perspectives marrantes, marrantes ?

- Ne sois pas choqué. J'aurais pu dire kiffer au lieu de s'éclater. Tu sais, actuellement ce n'est pas toujours drôle pour les jeunes.

- Et puis quoi encore ? Ils ont tout. Les réseaux sociaux sur lesquels ils peuvent dire tout et n'importe quoi, Internet qui leur met le monde à portée des yeux. Tu voudrais qu'ils aient quoi de plus ?
- Ils ne sont pas réellement malheureux mais c'est l'impression qu'ils donnent.
- Dis-moi, pendant mon discours, j'ai remarqué que ton regard était en permanence fixé sur Dodo-la-Trompette. Tu n'avais rien d'autre à penser, ni à regarder ?
- Non, ce n'est pas ça, simplement ce type me fascine.
- Tu n'es pas difficile, s'étonna le Chef-Président. Je pensais que tu avais meilleur goût pour les gens que tu admires.
- Je vais te dire. Je viens du monde du travail où j'ai toujours eu de grandes responsabilités qui m'ont permis de faire ma petite pelote.
- Petite, petite, c'est une façon de parler, tu es la plus riche de tout l'État-Major Dirigeant.
- Ce n'est pas la question. Des types comme Dodo, grands patrons, grands chefs d'industries, j'en ai fréquenté un paquet, mais lui, il est exceptionnel.
- Il t'impressionne parce qu'il est le big boss des États-Unis.
- Pas seulement, tu as vu son look ?
- Le monde entier le connaît son look, pas de quoi en faire la révélation du siècle.
- En tout cas je le trouve sympa avec sa moumoute naturelle, couleur poil de renard teint.
- C'est parce que vous êtes de la même génération.
- Là, tu deviens désagréable, mon cher Chef-Président. Il a peut-être un physique peu avenant et des idées à la noix mais quel homme d'affaires prestigieux. Regarde, la réussite économique fabuleuse de son pays depuis qu'il le dirige.
- Ce n'est qu'un simple fils à papa.
- Tu te trompes. Lorsqu'il a repris l'entreprise de son père, c'était une petite boîte minable. À lui tout seul, il a réussi à en faire un empire. Quel homme, soupira-t-elle.
- Eh bé, t'es drôlement atteinte. Enfin, il a au moins une groupie en Gauloisie. Bon, à part ça ?
- Rien de particulier.
- Sur le front du boulot, tu as du nouveau ?
- Non, que du vieux.
- Je te dis ça, parce que je voudrais profiter de ce dernier trimestre pour annoncer une mesure phare.
- Après ta « Prime de jeu », tu viens d'annoncer le passage du pays au tout solaire, ça ne te suffit pas ?
- Ça, c'est à Pétaouchnock. Moi, je veux du tout de suite.

- Excuse-moi Estoppel, avec mon grand âge et avec tout le respect que je te dois, on ne dit pas « à Pétaouchnock » pour désigner un temps éloigné, on dit « à la saint-glinglin ».
- Chipote pas. Je tiens simplement à faire une annonce qui couvrira la fin d'année. Pendant que les Gauloisiens penseront à ça, ils ne penseront pas à autre chose.
- Encore faut-il que ce soit intéressant pour eux.
- Justement, c'est ça que je souhaite. Un bidule quelconque super intéressant, qui les occupera jusqu'à la fin de l'année.
- Ton bidule, tu veux qu'il concerne le travail ?
- Surtout pas. Je cherche quelque chose à la fois d'attrayant et de festif.
- Attrayant et festif, à quelques nuances près, c'est pareil.
- Dis, tu me casses les pieds. Tu as très bien compris ce que je veux.
- En tout cas si ça ne concerne pas le travail, je ne suis pas le bon interlocuteur ou la bonne interlocutrice si tu préfères. La seule chose qui intéresse les Gauloisiens c'est l'argent qu'ils peuvent gagner ou économiser. Le mieux, serait que tu demandes à Brûlot-le-Marâtre. Il n'a pas beaucoup d'imagination mais c'est son secteur.
- Bonne idée. En partant, demande-lui de venir me voir et surtout dis-lui bien qu'il se presse, contrairement à son habitude.

Moins d'une demi-heure plus tard, Brûlot-le-Marâtre faisait son entrée dans le bureau du Chef-Président, déclarant l'air quelque peu contrarié :
- Je m'apprêtais à rentrer chez moi. On est dimanche et je souhaiterais quand même passer un peu de temps en famille.
- Tu iras après que je t'aurai dit ce que j'attends de toi.

Constatant l'air assez préoccupé d'Estoppel-le-Miston, il changea aussitôt d'attitude :
- C'est toi le Chef.
- Exactement, alors écoute bien ce que je vais te dire. Mercredi pour le prochain Conseils des Lieutenants, trouve-moi une nouvelle annonce à faire.
- Mais, tu en as déjà pondu tout un paquet depuis le début de l'année.
- Comment crois-tu que l'on dirige un pays comme la Gauloisie ? Tu fais le plus d'annonces possible, la suivante étant pour faire oublier les désagréments provoqués par la précédente et ainsi de suite.
- Quel genre d'annonce, tu veux ?
- Genre, qui fasse rêver le bon peuple.
- Rêver à quoi ?
- À gagner de l'argent. À quoi d'autre veux-tu que ce soit ?

Et ils se quittèrent, retournant chacun à ses occupations respectives.

Octobre 2019

Exceptionnellement, le Conseil des Lieutenants de ce mercredi 2, commença à 7 heures du matin. Le Chef-Président devait en effet recevoir à 11 heures Gelée-la-Mercatique, qui venait, comme c'était la tradition, une fois sur deux à Lutécie pour discuter de l'évolution des échanges gauloiso-allemands au sein de la communauté européenne.

- Vous le savez, je n'ai pas beaucoup de temps. La Mercatique vient me rendre visite ce matin et j'ai demandé à Brûlot de me préparer une proposition à lui faire, qui nous permettrait d'en tirer encore un peu plus d'argent. Tu as trouvé quoi ?
- Pas grand-chose, sinon une resucée d'existant.
- Ce n'est pas ça que je t'ai demandé. Je veux du nouveau qui rapporte au pays et donc au citoyen lambda.
- C'est pas facile, on a déjà épuisé tout ce qu'on pouvait lui demander.
- N'importe quoi !
- En Gauloisie, on a créé le Casino Personnel avec tout un paquet de subventions, aides et primes associées. C'est déjà pas mal.
- Je veux quelque chose de plus pour cette fin d'année et j'aimerais bien pouvoir y associer l'Allemagne.
- Ce ne serait pas mieux de garder des bonbons pour l'année prochaine ? Suggéra Murette-la-Pénible.
- L'année prochaine il y aura les élections municipales et je tiens à les gagner en raflant le plus de villes possible, affirma Estoppel-le-Miston. Il est donc indispensable de faire quelque chose dès maintenant. Le temps que ça produise ses effets et hop, les élections seront là.
- J'ai une idée, intervint Crispite-la-Castagne, et si on lançait le CPM ?
- Le Car Pour Marssalia ? Ironisa Raldo-le-Romarin. C'est déjà fait avec les cars qu'Estoppel a lancés en 2016.
- Tu te crois malin espèce de rigolo, répliqua la Castagne. Je reconnais bien là tes plaisanteries à deux balles. Non, sérieusement, pourquoi ne lancerions-nous pas le Casino Personnel Mutualisé en prenant modèle sur les systèmes de paris mutualisés déjà existants ?
- Qu'est-ce que ça apporte de plus par rapport au CP actuel ? Demanda le Chef-Président.
- Rien de particulier concernant les jeux et l'exploitation des machines, mais pour les joueurs énormément en termes de gains. C'est colossal.
- Je ne comprends rien à ce que tu dis, se plaignit le Chef-Président. C'est quoi et ça apporte quoi ?

- Très simple, assura Crispite-la-Castagne. Qu'est-ce qui fait le succès et donc la force des paris mutualisés ? Justement, le fait qu'ils soient mutualisés, c'est-à-dire, le fait qu'ils regroupent les enjeux pour ensuite, pouvoir redistribuer des gains plus importants.
- Je commence à voir où tu veux en venir, coupa Estoppel-le-Miston. Tu proposes de regrouper les enjeux des machines à sous de manière à obtenir une grosse somme. Ensuite, on la partage entre les gagnants. Si c'est ça, d'accord sur le principe, mais du coup, il y aura moins de gagnants.
- C'est certain. Par contre, imagine pour peu qu'il soit important, le buzz que fera chaque gros gain sur les sites sociaux.
- Là, tu vois, j'y crois moins. Tu es en Gauloisie, pas dans un pays anglo-saxon. Chez nous, l'argent se cache, mais bon, l'idée me paraît excellente et donc à creuser. Est-ce que tu sais si techniquement c'est faisable ? En plus, on pourrait regrouper avec la Mercatique.
- À l'époque d'Internet tout est faisable, affirma la Castagne. Même si je n'y connais rien, je suis certain qu'il n'y aura aucune difficulté à centraliser les enjeux pour ensuite, en redistribuer le pactole.
- En tout cas, je trouve le principe très intéressant. Tu peux développer le concept ? Demanda Estoppel-le-Miston.
- Je n'ai pas eu le temps d'approfondir, mais je ne te cacherai pas qu'à la suite de l'été assommant que l'on a vécu, ça fait déjà pas mal de temps que je cherche une idée pour relancer un peu d'animation.
- Parle pour toi, intervint Estoppel-le-Miston. Moi, sauf un peu à la fin, au Fortin-le-Brigand et encore, je ne me suis pas vraiment ennuyé. Tu n'as pas suivi ce que j'ai fait ?
- Si bien sûr, s'empressa Crispite-la-Castagne.
- Donc, tu disais, le CP regroupé ?
- Sous réserve d'approfondissement, je vois les choses de la manière suivante :
  En un point central au niveau national, régional voire international, on totalise les mises jouées par type de jeu. Tout est cumulé et ensuite redistribué périodiquement en aléatoire, après bien entendu, prélèvement de ce qui revient au Trésor Public.
- Ça reste malgré tout un peu flou, remarqua le Chef-Président.
- Et tu sais quoi ? Ajouta la Castagne, tu vends ça à la Mercatique mais aussi, et pourquoi pas à d'autres pays, en leur proposant de cumuler ou non leurs propres masses avec les nôtres. S'ils ne veulent pas, comme d'ailleurs si on en reste au seul niveau régional, il est clair que les gains redistribués, bien que toujours en mutuel, seront moins importants.
- Qu'est-ce que tu racontes ? Intervint Brûlot-le-Marâtre, les gains redistribués seront toujours les mêmes. Que ce soit sur un total

d'enjeux de 100 ou de 1000, le pourcentage à reverser qui, je te le rappelle est de 60 % des 95 %, restera identique.
- Pourquoi 95 % ? Demanda Crispite-la-Castagne.
- Tu sais bien que le Trésor Public prélève d'abord sa dîme de 5 %.
- Ah oui, c'est vrai. Il n'empêche que dans le cas des 1000, on redistribue donc…

Il sortit son portable et après avoir saisi les chiffres dans la calculette, il annonça :
- 570 qui pourront être répartis sur seulement deux ou trois gagnants. Par exemple, un de 300 et un de 270, au lieu comme aujourd'hui de petits gains individuels, limités aux seuls enjeux effectués sur le CP concerné.
- Ton idée me plaît bien, approuva le Chef-Président. Tu sais quoi ? Tu vas me faire une étude de faisabilité complète. Si elle s'avère positive, tu la compléteras par un projet de mise en œuvre avec déploiement national pouvant être étendu à l'international. Trouve-lui un nom pour que l'on puisse avoir un repère à suivre.
- Tu veux ça pour quand ?
- Le plus tôt sera le mieux. Comme je vois Gelée-la-Mercatique tout à l'heure, je vais quand même lui proposer ton CPM en partant du principe que c'est réalisable. Si ce ne devait pas être le cas, il sera toujours temps de trouver une excuse quelconque.
- Pas de souci Estoppel, je vais lancer ton étude de faisabilité mais rassure-toi, je suis certain qu'il n'y a aucune difficulté technique à mettre en place ce type de centralisation.
- En tout cas, ne perds pas de temps. Je voudrais une présentation pour au plus tard, dans une petite quinzaine. Vois avec mon planning.

À 11 heures précises, Gelée-la-Mercatique arriva au Palais de l'Étable. Elle, qui avait toujours l'air plutôt renfrogné, montrait ce matin une mine particulièrement enjouée. Estoppel-le-Miston, à qui cette attitude inhabituelle n'avait pas échappé, pensa, tout en l'attendant en haut du perron, qu'elle semblait être en pleine béatitude. Qu'est-ce qu'elle avait encore bien pu préparer pour chercher à l'entuber ?

Descendant de sa voiture, elle s'empressa de monter les marches, s'exprimant dans la langue de Shakespeare que tous deux pratiquaient couramment :
- Salut Estoppel, comment vas-tu par ce beau matin d'octobre ?
- Très bien et toi ? Tu as l'air en superforme.
- Oui, je le suis. Surtout quand je me rends dans ton beau pays.
- Merci, merci. Bon, viens, on va commencer nos entretiens.

Ils s'installèrent en salle de réunion, le bureau Chef-Présidentiel ne se prêtant pas à de tels entretiens bilatéraux devant traditionnellement se tenir sur pied d'égalité. Elle commença :

- À quelle heure as-tu prévu le déjeuner ? Je ne te cacherai pas que j'ai déjà une petite faim. Je suis partie de bonne heure ce matin et je n'ai pas pris de temps de prendre mon petit-déj.
- Tout sera prêt pour 13 heures.
- Ce ne sera pas un peu tard ?
- Si tu y tiens vraiment, on pourra commencer à 12h30 mais on doit d'abord avoir notre entretien.
- Oui, c'est vrai tu as raison. Tu sais quoi ?
- Non, vas-y.

Ça y est, on y était, se dit Estoppel-le-Miston. Vu l'état d'euphorie dans lequel elle se trouvait, il s'attendait à tout.

- Mon petit Estoppel, il m'est venu une idée.

Ne voulant pas être en reste, il indiqua à son tour :

- Moi aussi. Je te le dirai après.
- Voilà, que dirais-tu si on creusait un canal reliant directement nos deux capitales ?

Il s'attendait à tout, c'est vrai, mais pas à ça. Elle poursuivit :

- Figure-toi, que c'est à la suite de ta tirade sur le tout solaire gauloisien et mondial, que l'idée m'est venue. C'est bien beau ton tout solaire mirifique, mais en attendant 2080, je me suis dit qu'en attendant, il serait astucieux et surtout efficace de faire autre chose. Imagine un peu le retentissement à l'annonce d'une liaison canal Berlin-Lutécie. Génial non ?
- Euh… Oui, si l'on veut. En même temps, tu te souviens du tunnel sous la Manche ? Pour le coup, ça n'a pas été génial.
- Ça n'a rien à voir. On fait un beau canal, bien écologique et tout et tout, et dessus on y met des péniches à l'instar de tes bus Miston.
- Des péniches en guise de bus ? Comment tu vois ça ?
- Toi, tu as bien fait des bus bas de gamme pour transporter les Gauloisiens. Pour le canal, on fera pareil avec des péniches elles aussi bas de gamme. L'intérêt, c'est qu'elles puissent donner l'imprimatur écologique au business.
- Tes péniches ne seront pas écologiques, il leur faut bien du diesel pour naviguer.
- Ce n'est pas grave. On y mettra des péniches électriques.
- Ça n'existe pas.
- Possible, mais c'est facile à fabriquer pour peu qu'il y ait un marché. J'ai déjà demandé. On met un moteur de voiture ou de bus électrique dedans et ça roule. Ou plutôt, ça navigue, reprit-elle en riant. Quant au marché, au début, c'est nous qui le ferons en les achetant.
- Après tout, pourquoi pas, du moment que c'est de l'écologie je ne suis pas contre. Tiens, tu vois, moi aussi j'ai quelque chose à te proposer. Tu connais mes Casinos Personnels ?

- Oui, on m'a dit que c'était une réussite sur toute la ligne. Bravo, je te félicite.
- Ce n'est pas pour ça que je t'en parle. C'est simplement parce que nous sommes maintenant en train de finaliser la mise en place du CPM.
- Du quoi ?
- Du CPM. C'est un système de Casinos Personnels Mutualisés, dont le principe consiste à regrouper des mises jouées pour, ensuite, avoir de plus gros gains à redistribuer.
- Mais si c'est juste un regroupement, ça n'augmente pas le total des enjeux.
- Non, sauf que le fait de les cumuler permet de redistribuer des montants beaucoup plus importants.
- Ah oui, et alors ?
- Alors, je te propose d'étendre mon CPM à toute l'Allemagne. Tu te rends compte, un ou plusieurs CPM Gauloiso-Allemand, ça déchire non ?
- Oh là, on n'a même pas encore un seul de tes Casinos Personnels chez nous. Comment veux-tu que je mette en place ton mutualisé ?
- Disons que ce sera l'occasion pour toi de développer cette activité. Tu verras, tout le monde adhère au CP. Quand on en a un chez soi, on ne pense qu'à une seule chose, c'est à en avoir d'autres. Plus on en a, plus ça rapporte.
- À la rigueur, on fait mon canal et moi je fais ton CPM, ça te va ?

Surpris d'une adhésion aussi rapide, Estoppel-le-Miston demanda :
- Tu es sûre ? Ce n'est pas du tout pareil. D'ailleurs pourquoi veux-tu faire cette liaison fluviale ?
- Pour tout te dire, j'ai besoin des écolos pour continuer à diriger le pays. Ils n'arrêtent pas de me casser les pieds, surtout depuis que j'ai renforcé mes centrales à charbon. Alors, un petit canal par-ci, un petit canal par-là, ça calme.
- Je vois. Remarque, moi c'est pareil. C'est pour ça que j'ai trouvé le slogan du tout solaire.
- Oui, mais pour 2080, tu crois qu'ils te croient, si je puis faire ce petit jeu de mots ? Ajouta-t-elle, partant d'un grand éclat de rire.

Décidément, elle était de bonne humeur, pensa Estoppel-le-Miston. Il ne l'avait jamais vue aussi détendue. Il se dit, qu'il valait mieux lui aussi, se fendre d'un sourire. Ça ne pourrait que faire meilleure bonne entente entre les deux pays. Il commença donc par une petite mimique se voulant souriante, puis, devant les rires persistants de Gelée-la-Mercatique, il décida d'en faire autant, tout en lui répondant :
- Je ne sais pas et je m'en balance. Le principal, c'est que ces pauvres utopistes se disent que je fais quelque chose d'écologique.

- Dis-moi, ce n'est pas un peu éloigné ton 2080 ?
- Tout le monde sait qu'il va falloir du temps pour mettre au point la technologie permettant à l'ensemble des activités du pays de passer au solaire. Tu crois que c'est mieux, toi, avec ton canal ? On ne sait même pas quand il sera opérationnel. Je te l'ai dit, souviens-toi du tunnel avec les Anglais, il a mis plusieurs décennies avant d'être opérationnel. En plus, quel fiasco économique.
- Oui, je sais, mais avec moi c'est différent. On a la technique et on fabrique nous-mêmes les machines à creuser. En plus on a tout l'argent qu'il faut. C'est pour ça que je te propose de le présenter comme un projet germano-gauloisien. Pour toi, c'est du gagnant-gagnant. Tu fais de l'écologie, tout en participant à la création d'une nouvelle voie fluviale devant transporter gens, voitures, camions et autres engins se déplaçant habituellement sur routes. En plus ça ne te coûtera rien, vu que je prends en charge tous les coûts.
- Tel que tu le présentes, c'est alléchant.
- Ce n'est pas tous les jours que tu auras de telles propositions.
- Admettons. Tu as annoncé la mise en service pour quand ?
- Je n'ai rien annoncé du tout. J'attendais que tu me donnes ton accord de principe. Du coup, je fixerais l'ouverture du canal au grand public pour 2030.
- Onze ans pour creuser un canal, ce n'est pas un peu beaucoup ? Avec mon 2080 et toi, ton 2030, tu n'as pas peur pour notre crédibilité. Tout le monde va se douter que c'est n'importe quoi.

Gelée-la-Mercatique réfléchit quelques instants et poursuivit :
- Tu as raison. Disons alors 2021, ça te va ?
- C'est déjà mieux, mais je ne serai qu'à un an de ma réélection de 2022. Si pour une raison quelconque on a du retard, je risque de ne pas être réélu.
- Tu ne serais pas un type un peu compliqué par hasard ? Je plains ton épouse Gibritte. Avec toi, ce ne doit pas « Être Byzance tous les jours », déclara-t-elle en gauloisien.

Étonné de l'entendre s'exprimer ainsi, Estoppel-le-Miston demanda :
- Laisse Gibritte tranquille. Il n'y a aucun problème, mais dis-moi, qui t'a appris cette expression et qui plus est en gauloisien ?
- Qu'est-ce que tu crois ? Je sais préparer une réunion, moi. En plus on te connaît bien. Bon, écoute, je te suggère d'annoncer ce foutu canal pour 2023. Comme ça ton élection sera passée.
- Va, pour 2023. L'année 2019 étant pratiquement terminée, ça ne fera jamais que trois ans. Et pour mon CPM, on s'organise comment ?
- Attends un peu, tu viens juste de m'en parler.
- Toi aussi pour ton canal, ça ne m'a pas empêché de te répondre tout de suite.

- C'est vrai. Allez, on va te le prendre ton CPM. On implémentera d'abord des Casinos Personnels en Allemagne. Après, comme le pays est entièrement placé sous la coupe des régions, je pense qu'on le fera en régional. Mais ce n'est pas gagné.
- Pourquoi ce ne serait pas gagné ?
- Parce que mes compatriotes ne sont pas aussi joueurs que les tiens et qu'en plus, je vais devoir convaincre toutes les instances régionales dirigeantes et elles sont nombreuses.
- C'est toi qui vois, mais on ne démarrera pas le canal tant que tu n'auras pas officiellement commencé les CP chez toi.
- Tu ne me ferais pas du chantage par hasard ? Demanda-t-elle avec un petit sourire narquois.
- Absolument, affirma-t-il, arborant en réponse, lui aussi le même sourire.
- Allez, entendu. Dès que je serai rentrée chez moi, je ferai l'annonce et la promotion de tes Casinos Personnels.
- Et tu commenceras à en installer ?
- Naturellement. Je ferai en sorte que ce soient les mêmes que chez toi.
- Donc, ce seront des CP Gauloisiens et le projet CPM qui suivra sera gauloiso-germanique.
- Oui, Gauloisiens et gauloiso-germanique. Ça te va ?
- Pour moi c'est bon, sauf, qu'au nom de la sacro-sainte concurrence européenne, on va te demander de diversifier les fournisseurs.
- Je m'en bats la moelle. Je fais ce que je veux, comme je veux, quand je veux, où je veux et si je veux. Quand on fait du mutuel, il faut mutualiser non ? Donc on regroupe tout sur des systèmes identiques et puis voilà. Ceux qui ne seront pas contents iront se faire voir ailleurs.

Le déjeuner qui s'ensuivit se déroula dans la plus grande cordialité. Ils se séparèrent ensuite, après avoir fait aux médias qui l'attendaient impatiemment, une déclaration insistant sur la cordialité de la rencontre ainsi que sur l'entente et l'harmonie régnant entre les deux pays.

Crispite-la-Castagne qui, à l'écart des caméras avait suivi avec attention toute la discussion, s'étonna auprès du Chef-Président :
- Je suis hyperstupéfait de la manière dont elle a lâché pour les CP.
- Pourquoi ? J'ai bien accepté son canal farfelu.
- C'est pas pareil. Le canal c'est écologique, les CP c'est économique.
- Et qu'est-ce que tu crois qui est le plus important pour elle ? Son économie roule toute seule et son écologie lui casse les pieds pour ne pas dire autre chose. Donc, de deux maux elle a choisi le moindre. Moi, je la dépanne avec son écologie et elle, elle nous rend la pareille économique en achetant nos CP et en installant des CPM.
- Astucieux comme deal, apprécia la Castagne.

- C'est ça, la « Real Economy », comme disent nos amis anglo-saxons.
- Tant mieux si c'est faisable.
- Dis donc, je te rappelle ta mission pour le CPM, poursuivit le Chef-Président.
- Oui, je sais. J'ai réfléchi. Mieux vaut faire du régional, c'est plus flexible. En plus, c'est un bon compromis entre l'individuel et le national. Je vais constituer une équipe LREM chargée de concevoir, déployer et exploiter le système dans les régions. Il est préférable que ce soit la Rabdologie qui soit leader du projet pour qu'elle puisse ensuite en assurer la gestion.
- Pourquoi pas ? Ça nous permettra de gagner pas mal d'argent.
- Attends-toi malgré tout à ce que les autres Castes se lancent, elles aussi, dans le CPM et même pourquoi pas, des particuliers. Je suis certain que dès que ce sera officiel, beaucoup voudront faire pareil.
- On légiférera en limitant le droit d'exploitation d'un CPM aux seules Castes déclarées officiellement, le rassura Estoppel-le-Miston. Cela dit, si ce n'est pas national, les gains seront forcément plus petits ?
- Pas tant que ça. Si tu réglementes, qui à part nous sera en capacité de gérer un CPM ? Les Bistrophiles, les Repusmalins, peut-être les Penseurs, et c'est tout. Tu vois, même coupé en quatre, le gâteau devrait rester assez conséquent.
- Dans ce cas, comment fait-on avec la Mercatique ? Je l'ai bassiné avec un CPM gauloiso-allemand ? Remarque, j'ai quand même laissé la porte ouverte pour du régional, puisque chez elle ce sont les régions qui commandent.
- Ne lui dis rien. Je suis sûr qu'elle fera comme nous.
- J'espère mais avant toute chose, amène-moi tes experts. Je voudrais qu'ils m'expliquent comment ça marche. Je ne tiens pas à me planter lorsque je ferai l'annonce au peuple de ce nouveau progrès que je qualifierai de magique. À charge pour toi de me développer un argumentaire démontrant les plus de ton CPM régional par rapport au CP classique de base.
- Donne-moi huit jours et je reviens vers toi.

Ce ne fut pas huit jours mais plus de deux semaines qu'il fallut à Crispite-la-Castagne pour disposer des informations suffisantes à donner au Chef-Président. On était déjà le 21 du mois. De manière à pouvoir répondre à toutes les explications susceptibles de lui être demandées, il arriva, accompagné d'une équipe de quatre techniciens, chacun spécialisé dans son domaine de compétences. Dès qu'ils furent installés en salle de réunion, la Castagne ouvrit la séance :
- Voilà comment nous allons procéder pour lancer et mettre en œuvre l'opération CPM, commença-t-il. Dans un premier temps, mise en

place d'un serveur et installation d'un kit de connexion sur quelques CP de chez nous.
- De chez nous, tu veux dire gauloisiens ? Demanda le Chef-Président.
- Non, de CP commercialisés par la Rabdologie. On démarrera par une dizaine, avec lesquels nous vérifierons les transmissions et les logiciels, en les testant sur quelques jeux. Lorsque tout sera nickel, on émulera en salle de tests une répartition et une redistribution de gains, ventilés sur un ou plusieurs CP. Si tu nous donnes ton feu vert, le système complet pourra être opérationnel pour dans quelques jours, sachant que l'on peut même d'ores et déjà, fixer la date de mise en service officielle au 1er novembre. Après, il ne nous restera plus qu'à déployer le reste du réseau, en généralisant à tous nos CP. Qu'est-ce que tu en dis ?
- C'est pas mal. Est-ce qu'au moment du déploiement on connectera tous les CP du réseau en même temps ou bien est-ce que ce sera fait progressivement ? Techniquement ça marche comment ?
- Je suis venu avec quelques spécialistes, répondit la Castagne. Mel-le-Remote, expert télécoms va commencer.

Celui-ci visiblement intimidé, s'avança :
- Si vous voulez bien Monsieur le Chef-Président, j'ai préparé un petit diaporama dans lequel des schémas détaillent le mécanisme et la gestion du réseau à mettre en place.
- Allez-y mon cher Mel. S'il y a des dessins, je devrais pouvoir arriver à comprendre, ajouta-t-il en souriant.

Mel-le-Remote installa son PC portable qu'il relia au rétroprojecteur et commença son exposé en commentant le schéma d'un réseau qui venait d'apparaître à l'écran :
- Tout autour, vous voyez six machines à sous implantées dans un ou plusieurs CP, reliés en étoile via lignes téléphoniques, à un serveur central. Maintenant, supposez un jeu de 10 euros sur chacune d'entre elles. Cela fera un total d'enjeux de 60 euros.
- Jusque-là c'est très clair, je vous suis, apprécia le Chef-Président.

À l'aide de son stylo lumineux, il traça à l'écran le transfert de l'information, allant d'un des CP au serveur.
- Ce total est calculé par le serveur central, après que chaque CP ait transmis son propre total d'enjeux. Dans cet exemple, le serveur aura défini qu'il y a eu, en cumulé des six machines à sous, 60 euros de joués.
- Tu vois, de cette façon tout est centralisé sur le serveur, intervint Crispite-la-Castagne.
- J'avais compris, répliqua Estoppel-le-Miston. Poursuivez, le Remote.
- Une fois ce cumul effectué, il ne reste plus au serveur qu'à déduire les prélèvements et attribuer le reste en tant que gain, à une machine

à sous ou bien à le répartir entre plusieurs d'entre elles. Le résultat est ensuite transmis en automatique aux CP concernés, dont les appareils n'auront plus qu'à afficher et payer, le ou les gains correspondants.

- Ce n'est pas mal, apprécia Estoppel-le-Miston. Question naïve d'un néophyte. Dans cet exemple, vous avez pris celui de machines à sous, mais peut-on faire la même chose pour chaque type de jeu ?

- Techniquement ça ne pose aucun problème, Monsieur le Chef-Président, maintenant reste à savoir quels sont les jeux qui s'y prêtent ou pas.

- On ne pourra l'appliquer que sur les jeux à gains aléatoires, intervint Crispite-la-Castagne. Par exemple, pour la boule, la roulette et les cartes, ce ne sera pas possible.

- Je vois, assura Estoppel-le-Miston. Concernant les gains répartis par appareil, si on attribue le même montant à chaque gagnant, là c'est clair, il suffit de diviser le gain par le nombre de machines à sous, mais si l'on veut établir des montants différents, comment fait-on ?

Crispite-la-Castagne intervint :

- Concernant ce point, j'ai fait venir un expert en statistiques pour qu'il t'explique les différentes possibilités qui existent.

Celui-ci s'approcha prenant la place de Mel-le-Remote, brancha à son tour son PC et projeta une première diapo.

- Bonjour Monsieur le Chef-Président, je m'appelle Stock-le-Mining et je suis statisticien. Pour la répartition des gains, nous avons trois possibilités que je vous ai formalisées chacune sur une diapo, en gardant l'exemple des machines à sous :

La première, de loin la plus simple que nous avons déjà évoquée, consiste à partager à égalité entre toutes les machines à sous connectées qui ont récolté les gains. C'est basique et très facile à établir, puisqu'il suffit d'une division par le nombre d'appareils concernés, pour ensuite les attribuer à un des joueurs du moment.

La deuxième est un peu différente, puisqu'on peut si on le souhaite, avantager pour telle ou telle raison, un appareil ou un groupe d'appareils. Là, il suffit de définir le ou lesquels et d'en effectuer le paramétrage dans ce que l'on appelle, le back-office.

Estoppel-le-Miston intervint en souriant :

- Pas de gros mots Stock. Je ne sais pas ce que c'est que le back-office.

- Mes excuses Monsieur le Chef-Président, s'empressa confus Stock-le-Mining. Je voulais parler de l'administrateur chargé de gérer le bon déroulement de la collecte centralisée des enjeux.

La troisième, à mon sens la plus intéressante car la plus porteuse de possibilités prédictives, c'est de mettre en place, à partir des données en provenance des CP, un système de récolte puis d'analyses comportementales permettant de segmenter les clients.

- Mais on ne les connaît pas, puisqu'ils jouent anonymement sur les machines, remarqua Estoppel-le-Miston.
- C'est exact Monsieur le Chef-Président mais pour chaque appareil et sur chaque type de jeu géré en mutuel, on connaît les comportements généraux effectués incognitos. Pour mieux me faire comprendre, je prends un exemple. Dans un recoin quelconque de Gauloisie, nous avons une ou plusieurs machines à sous, sur la ou lesquelles, certains jours ou certains mois, en fin de journée, la nuit, le week-end voire la semaine complète, le serveur constate de façon habituelle, de petits, de moyens ou de gros enjeux, enfin que sais-je encore. Ces données sont enregistrées, puis traitées avec des algorithmes statistiques spécifiques permettant de définir des segments comportementaux sur chacun desquels seront rattachés les appareils concernés. Après, on généralise à l'ensemble du réseau en établissant dans le même temps une redistribution sélective et entièrement automatisée des gains en fonction de la stratégie de développement souhaitée.
- Compliqué mais très intéressant, apprécia Estoppel-le-Miston.

Il se tourna vers la Castagne et lui demanda :
- Disposons-nous d'un service marketing suivant la commercialisation de nos CP ?
- Non, si on veut gérer des segments clients tels que vient de l'expliquer Stock-le-Mining, il va falloir en créer un.
- D'accord, reprit le Chef-Président. Donc, si nous optons pour une gestion statistique de notre réseau, nous pourrons favoriser tel ou tel groupe de CP en fonction d'une stratégie quelconque ?
- Absolument, confirma Crispite-la-Castagne. C'est même encore plus souple que ça, puisqu'il sera possible de le faire au niveau du CP lui-même.
- Pas mal, pas mal du tout, approuva le Chef-Président. Ça nous ouvre des perspectives de développement très intéressantes. Par contre, en faisant cette centralisation sur nos CP, qu'en sera-t-il de ceux exploités par les autres ?
- Ils se débrouilleront, affirma la Castagne. Cette mutualisation à redistribution segmentée, nous apportera un plus, extraordinaire. Tout le monde viendra jouer dans les CP de notre réseau.
- Tu oublies un tout petit détail, mon cher Crispite.
- C'est possible oui, lequel ?
- Tout simplement, que les autres feront pareil.
- Je leur souhaite bien du plaisir, ce ne sera pas évident pour eux. Il faut de la technique et de l'argent pour la mise en place d'un tel

réseau avec les logiciels ad hoc et tout l'environnement nécessaire à un fonctionnement régulier.

Un des techniciens présents se manifesta :

- Permettez-moi d'intervenir concernant ce point Monsieur le Chef-Président. Je m'appelle Hub-le-Cluster, je suis expert réseau. Aujourd'hui, ce type de mise en réseau est extrêmement banal et peut être réalisé à moindre coût. N'importe quelle entreprise, aussi peu importante soit-elle, peut s'en payer l'investissement. D'autant que très souvent, pour ne pas dire toujours, le R.O.I attendu est rapide et substantiel.
- C'est quoi le R.O.I, demanda Crispite-la-Castagne.
- Tu devrais savoir ça, reprocha Estoppel-le-Miston. C'est le retour sur investissement.
- Ah oui c'est vrai. Je n'avais pas fait le rapprochement. Dans mon boulot de Scribe Pariétal je n'ai pas souvent l'occasion d'en faire, ni même de m'en servir. Poursuivez Hub.
- Je vous ai tout dit, sinon qu'il faudra se préoccuper très fortement de la sécurisation des transactions. Chaque fois qu'il y a des échanges d'argent sur réseau, il faut bétonner la sécurité qui s'y rattache. Pour les détails, je passe la parole à Portal-le-Cripto, qui, en tant qu'expert sécurité vous en parlera mieux que moi.

Celui-ci s'avança et lança à son tour une série de diapos qu'il commenta :

- Je vous ai représenté ici un réseau sous la forme d'une bulle dans laquelle évoluent les échanges entre le client, en l'occurrence les appareils connectés et le serveur, qui reçoit leurs informations. C'est un ensemble homogène, se voulant indépendant de toute interaction extérieure.
Cela dit, imaginons que quelqu'un réussisse par un moyen technique quelconque, à percer la bulle. Il aura ainsi la possibilité de modifier tout ou partie des données contenues dans les transactions échangées. Pire, il pourra même détourner des transactions à son profit.
Je vais prendre à mon tour un exemple. Supposons que je sois cette personne et qu'après m'être identifié en tant qu'appareil connu du serveur, je modifie une transaction de telle manière à ce que je puisse avoir accès au système de calcul de répartition de celui-ci. Vous me suivez ?
- Totalement, affirma Estoppel-le-Miston. Dans ce cas, vous pouvez regrouper le montant à redistribuer, l'affecter sur l'appareil que vous voulez, pour ensuite, n'avoir plus qu'à aller récupérer l'argent sur celui-ci.
- Absolument, vous avez tout compris, si je puis me permettre Monsieur le Chef-Président.

- Et donc ?
- Donc, il faut rendre imperméable le réseau, en protégeant les accès à la bulle, mais aussi dans les CP, à chacun des appareils connectés.
- Pour quel coût ?
- Ça, je ne peux pas le dire pour l'instant. Il faut d'abord définir un plan sécuritaire et ensuite évaluer le montant de sa mise en place ainsi que celui de son exploitation régulière.
- Est-ce que l'on sera sûr par la suite, qu'il ne pourra pas y avoir ce genre de malversations ?
- Une sécurisation quelle qu'elle soit, ne peut jamais garantir le 100 %. Il y aura toujours à un moment ou à un autre, un petit malin qui arrivera à la contourner ou à passer au travers.
- C'est gai, déplora Estoppel-le-Miston.
- Malheureusement, personne n'y peut rien. Par contre, il est quand même possible de mettre en place un maximum de mesures sécuritaires. Plus on élève leur niveau technique, moins il y a de personnes capables de les perforer. C'est mécanique. Il suffit donc de placer le curseur au bon niveau en fonction du ratio classique, coût de la sécurité sur risque financier.
- C'est logique. Je retiens que ce réseau n'est jamais rendu vraiment impénétrable.
- Malheureusement, sachant que pour sécuriser un système d'information, nous disposons de deux grands types de mesures. Celles que l'on appelle, de protection, censées empêcher la malversation et celles dites, de détection, pour justement détecter après coup si la malversation a malgré tout eu lieu. En fait, pour mieux comprendre la différence fondamentale entre ces deux types de mesures…
- Merci, merci beaucoup pour toutes ces explications, on a compris le principe, intervint Crispite-la-Castagne en souriant. Ce n'est pas la peine de nous faire un cours.
- Juste encore un mot, poursuivit le Chef-Président. Avant de connaître tous ces détails techniques, j'ai vendu notre CPM à Gelée-la-Mercatique pour que nous puissions l'installer chez elle en Allemagne. Ça pose problème ou non ?
- Aucun, assura Mel-le-Remote. Quel que soit le pays, du moment qu'il y a un réseau télécoms opérationnel, ça suffit. À partir de là, on fait ce que l'on veut.
- Bien, alors il me reste à vous remercier pour cette petite leçon technique qui nous aura été bien utile.

Ils quittèrent la salle. Estoppel-le-Miston se tournant vers Crispite-la-Castagne, lui demanda :
- Qu'est-ce que tu en penses, c'est parfait non ?

- Oui, là on va pouvoir établir avec les Allemands des réseaux de CPM qui devraient nous rapporter pas mal d'argent.
- Sauf, que l'on ne sera pas les seuls. Dès la nouvelle, ne serait-ce qu'ébruitée dans les médias, les autres Gangs exploitants vont faire la même chose et nous concurrencer.
- Aucun ne fera le poids. Regarde, les Bistrophiles ne sont plus très nombreux, les Repusmalins, je ne te raconte pas dans quel état de délabrement ils se trouvent, quant aux Penseurs, ils existent à peine. Tu vois, il n'y a pas le moindre risque qu'ils nous fassent de l'ombre.
- Je disais ça, parce que, suite à ce que nous ont expliqué tout à l'heure tes experts, ça paraît tellement simple à mettre en œuvre, que n'importe qui peut le faire.
- Oui et non. Même si ce n'est pas très compliqué, pour mettre en place et surtout pour maintenir des réseaux performants, il faut une kyrielle de techniciens que les autres n'ont pas et qu'ils ne sont certainement pas près d'avoir.
- J'espère que tu as raison. Il nous reste maintenant une dizaine de jours. Je veux absolument pouvoir faire la mise en service d'un premier CPM gauloisien pour le 1er novembre.
- Ce devrait être bon, rassura Crispite-la-Castagne. Tu as vu, il faut du monde mais ce sont des compétences techniques relativement classiques.
- Tu sais ce que je vais faire ? Je vais simplement l'annoncer sur le Facebook de la Chef-Présidence et c'est tout. Ensuite, il suffira de prendre connaissance des retours et de les analyser. En même temps, demande au Marâtre de s'occuper du contrat d'export CPM chez la Mercatique. Je veux que la Rabdologie soit la première, pour que ça puisse nous rapporter un bon paquet. D'ailleurs à ce sujet, il y a un point que l'on n'a pas encore évoqué.
- Lequel ?
- Les prélèvements que fait le Trésor Public. Sur un CP, je sais comment ça fonctionne mais sur un CPM, ça se passera comment ?
- Exactement pareil, sauf qu'au lieu de les faire CP par CP, on le fera sur le global de chaque CPM.
- C'est-à-dire ?
- Très simple. On cumule l'ensemble des montants récoltés sur chaque CP du réseau et sur ce global, on calcule les prélèvements selon les pourcentages fixés. Après, on redistribue le reste.
- Sur quels critères ?
- Tu sais bien, le statisticien nous a expliqué qu'on ferait comme on voudrait.
- C'est de la théorie. Concrètement, ça se passera comment ?

- Écoute, si j'ai bien tout suivi, les joueurs n'étant pas identifiables, le système sera programmé sur le serveur pour établir des segments comportementaux de CP à partir desquels, grâce à des algorithmes définis, nous affecterons les gains, en majorité à ceux de notre cible.
- Et notre cible c'est quoi ? C'est qui ?
- En gros, on privilégiera les CP, les plus prometteurs et les plus porteurs.
- Ça me parle déjà un peu mieux et ce sera sur quels critères ?
- Sur ceux qui nous paraîtront les plus intéressants. Supposons que l'algorithme détecte un CP plus performant entre trois heures et quatre heures du matin, si nous décidons que c'est une bonne chose pour nous et que nous voulons encourager cette tranche horaire, on lui attribuera à ce moment-là, un maximum de gains.
- Ah ouais, pas mal. Donc, on peut faire ce que l'on veut ? S'assura Estoppel-le-Miston.
- Absolument, souviens-toi de ce qu'il a expliqué. C'est nous qui déciderons de ce que nous voulons.
- C'est chouette, ça. Si je veux avantager un CP particulier, je pourrai le faire ?
- Il a bien précisé que techniquement ça ne posera aucun problème, mais vaut mieux pas. On se doit de respecter une certaine éthique. Imagine que nous avantagions directement des CP ciblés sur des secteurs d'habitation de nos partisans et que ça se sache. Je ne te dis pas le scandale, avec la perte de confiance dans nos CP et donc par induction dans notre CPM.
- Ou bien au contraire, ça pourrait les attirer. Cela dit, ton induction est très belle, remarqua ironiquement le Chef-Président. Tu es sûr qu'elle est appropriée à ce que tu veux dire ? Ce ne serait pas plutôt, par extension ou bien encore par diffusion ?
- Si tu veux. Le principal c'est que tu comprennes ce que je veux dire.
- Bon, donc, tu disais que le joueur perdrait confiance dans notre CP et par extension dans notre CPM. Alors, on fera comment ?
- Il suffira de définir les critères que l'on veut voir intégrés dans les algorithmes de gestion de la redistribution, et c'est tout.
- Qu'est-ce que l'on peut prendre comme critères ? Demanda Estoppel-le-Miston.
- Tu le disais tout à l'heure, pourquoi ne pas avantager les jeux effectués la nuit ?
- Oui, ce serait pas mal.
- Ça permettrait de réguler le flux d'occupation de nos appareils. Les usagers s'apercevraient rapidement qu'ils ont plus de chances de gagner, ce qui accroîtrait mécaniquement l'activité nocturne de nos CP. Et ce serait donc, tout bonus pour nous.

- Parfait. Il n'y a pas d'autres critères ?
- Avant de venir, je me suis fait expliquer ce qu'était le prédictif. Tu te souviens, le technicien nous en a parlé.
- Vaguement. Détaille.
- Certains algorithmes statistiques plus ou moins élaborés, permettent de définir les comportements à venir par segment de clientèle. C'est ce qui s'appelle, le prédictif.
- Prévoir l'avenir, si c'était vrai ce serait vraiment génial, s'exclama le Chef-Président.
- Ce n'est pas aussi simple. Il faut quand même laisser un certain temps de fonctionnement régulier pour que les informations comportementales récoltées soient suffisantes. Ensuite, et seulement ensuite, à partir des données factuelles déjà engrangées, le serveur définit, lui tout seul comme un grand, les comportements à venir de chaque segment défini.
- Génial.
- Du coup, si par exemple le serveur du CPM constate un léger accroissement de l'activité en début d'été dans une région du sud gauloisien, il en déduit en prédictif, qu'elle va augmenter et que donc, pour mieux inciter les joueurs concernés, il faut affecter plus de gains aux CP de la région, qu'aux autres et le tour est joué.
- C'est évident. Pas besoin de faire ce que tu appelles du prédictif pour trouver ça.
- Là, c'est basique mais en réalité c'est bien plus sophistiqué.
- Je l'espère, sinon, ce n'est pas la peine de mettre en branle toute cette usine à gaz.
- Par exemple, on peut aussi compléter les critères précédents, en identifiant l'arrivée d'étrangers, grâce à la langue sélectionnée sur le CP au moment du jeu.
- Comment ça ? Demanda le Chef-Président.
- D'après ce que j'ai compris…

Il s'interrompit un moment pour consulter les notes qu'il avait prises sur un bloc papier et poursuivit :

- Attention suis-moi bien. Tu prends comme critères, le constat d'une augmentation significative des jeux sur une période donnée, à des heures de jour ou de nuit données, dans une région donnée selon une météo sur quelques jours donnée et comportant des sélections clients de différentes langues étrangères sur plusieurs CP du réseau et hop, à partir du mixage et d'un tripatouillage statistique de tout ça, le serveur te calcule une distribution privilégiée des gains, anticipant ainsi en les favorisant, la progression des enjeux sur les CP concernés.

- Tu prends encore des notes sur papier ? S'étonna Estoppel-le-Miston, l'air surpris.
- Oui, je suis encore resté très stylo.
- Bonjour la technique et le zéro papier. Pour en revenir à ce que tu disais, si c'est vraiment comme tu viens de l'expliquer, je n'ai pas tout pigé mais le final me va bien. C'est super. C'est même top position.
- Oui, hein. Tu veux que je m'occupe de communiquer tout ça sur les réseaux sociaux ?
- Vas-y, sans surtout rien dévoiler sur le prédictif. Fais-le encore en teasing, ce sera plus efficace. Moi, je me fendrai d'une déclaration le 31 au 20 h de TG1. J'y annoncerai officiellement l'ouverture du premier Casino Personnel Mutualisé gauloisien pour le lendemain, sans préciser qu'il sera géré par la Rabdologie. D'ailleurs, on sera quel jour de la semaine ?

Crispite-la-Castagne regarda son agenda :
- Ce sera un jeudi.
- Parfait, comme ça les gens pourront en parler au boulot le vendredi et jouer le week-end. Surtout dans tes messages, aguiche mais sans plus pour l'instant.

Satisfait de son plan d'actions, Estoppel-le-Miston était d'excellente humeur durant le déjeuner. Tout en avalant rapidement son entrée de carottes râpées, il relata sa matinée à Gibritte, ainsi que sa décision de s'adresser aux Gauloisiens le dernier jour du mois.
- C'est très bien, remarqua-t-elle, par contre, tu n'as pas peur que l'on pense que le CPM est encore un système pour soutirer de l'argent au bon peuple gauloisien ?
- Quelle idée ? Pas du tout. On va le présenter comme un nouveau moyen de se faire plus d'argent, sans rien changer à ses habitudes de jeu sur ces merveilleuses machines qui équipent nos CP. Écoute, ce superbe slogan que je viens de trouver : « C'est pareil qu'avant, sauf que chaque fois qu'on gagne, on gagne plus qu'avant ».
- Et moins souvent, compléta Gibritte. Tu diras ce que tu voudras, c'est quand même fait pour inciter à jouer plus.
- Naturellement, mais par rapport au système actuel, le joueur aura l'opportunité de gagner beaucoup plus d'argent. Le simple fait de mutualiser, va permettre de regrouper des masses considérables d'enjeux et de redistribuer à chaque fois des montants bien plus conséquents. C'est du pur gagnant-gagnant comme on les aime. Je présenterai les choses comme ça, le 31.
- Vu le contexte, je pense que tu as intérêt à bien en expliquer le contour et les avantages.
- Pourquoi, vu le contexte ?

-   Parce que ça fait déjà presque neuf mois que tes CP sont opérationnels et que ça risque de paraître un peu comme du réchauffé. Sans compter le risque de laisser penser à un acharnement fiscal à l'encontre du contribuable.
-   Quel acharnement ? Quel contribuable ? Il s'agit simplement d'offrir au Gauloisien de base, une nouvelle possibilité de s'enrichir à moindre coût, si je puis dire.
-   Qui croira ça ?
-   Tout le monde, je t'assure. Regarde le succès extraordinaire du CP. Quel est le ménage de Gauloisiens moyens, qui à ce jour n'en a pas installé au moins un pour l'exploiter ? Et tu sais quoi ?
-   Non.
-   On m'a même dit que le samedi soir, on va maintenant chez les amis voire chez les voisins, simplement pour se faire quelques petites parties sur les CP des autres. Non seulement les Gauloisiens sont super-contents de ces occasions, mais en plus il y en a qui gagnent de l'argent en allant voir leur voisin. C'est pas beau ça ? Qui, en dehors de moi, aurait eu, ne serait-ce que l'idée, d'améliorer les relations de voisinage avec un gadget, genre CP ?
-   Tu auras au moins eu le mérite de faire bouger un peu les lignes.
-   Ah, tu vois, je ne te le fais pas dire. Tu es d'accord avec moi.
-   En tout cas, si tu veux vraiment convaincre, prépare bien la présentation de ton CPM, en insistant sur son côté ludique et sur l'aspect collectivement profitable, qu'il représente.

Et c'est ainsi que le jeudi soir 31 sur TG1, les Gauloisiens furent informés par leur Chef-Président, de l'ouverture pour le lendemain d'un premier CPM opérationnel, destiné selon lui, à leur procurer une aisance financière supplémentaire, grâce à la possibilité offerte de pouvoir gagner à chaque fois plus, qu'avec de simples CP autonomes. Il termina par cette recommandation :

-   Mes chers compatriotes, gardez toujours présent à l'esprit, cette célèbre maxime, qui à dater de demain sera notre point de référence nationale : « L'union fait la masse d'argent et la masse d'argent fait la prospérité ». Sur ce, il ne me reste donc plus qu'à vous souhaiter, à toutes et à tous, bons jeux sur vos CP connectés.

Novembre 2019

On était déjà le lundi 11, fête de l'armistice de 1918 et comme toujours à pareille époque, le temps gauloisien était maussade. Froid et pluie combinés rendaient la journée plutôt triste. De fait, Estoppel-le-Miston se sentait lui aussi quelque peu morose. Le train-train que connaissait le développement du CPM battait déjà son plein, tant chez La Rabdologie En Mouvement que chez les autres mais le temps pourri gâchait quelque peu la fête. L'annonce inattendue de cette mise en service du 1er novembre, avait pris de court aussi bien les Repusmalins que les Penseurs Satisfaits, et même La Gauloisie Bistrophile dont les dirigeants de celle-ci étaient d'autant plus dépités, qu'ils se prétendaient les plus performants pour représenter les intérêts du peuple. Depuis, ils mettaient les bouchées doubles car ils avaient bien compris les avantages de cette mutualisation des CP, devant leur permettre d'accroître de façon substantielle, l'importance des gains à redistribuer. En affinant le modèle, ils étaient tous arrivés à la même conclusion. La meilleure efficience, consistait à mettre en place et à exploiter plusieurs CPM régionaux plutôt qu'un seul globalisant l'ensemble. Les sommes à redistribuer seraient moins rondelettes mais malgré tout suffisantes pour appâter, de par le nombre théoriquement plus grand de bénéficiaires de gains.

Eh oui, pourtant, dans cette douce euphorie ambiante ponctuée d'une pluie incessante tombant sur le pays, une voix discordante vitupérait. John-Lucho-la-Mélasse, qui venait de réunir son staff, ne décolérait pas :
- Qu'est-ce que c'est que ce bazar merdique ? Explosa-t-il, s'adressant directement à Exquis-le-Corbillard.
- Tu veux parler de quoi ? Demanda celui-ci.
- De nos CPM. Pourquoi on n'a pas encore fini de les installer ?
- Parce que c'est long. Le Miston s'est bien gardé de nous mettre dans la confidence. Dès que l'on a appris la possibilité de les mettre en place, on s'est lancé à fond là-dedans.
- Y a plutôt intérêt. Si j'ai bien compris la manip, ça va nous faire gagner beaucoup plus d'argent.
- Disons que ça devrait.
- Sans compter la notoriété que l'on va acquérir, intervint Bastounet-le-Chausson.
- Absolument, renchérit Lolotte-la-Rossinante, histoire de dire quelque chose.
- N'empêche que d'après mes sources, on est en retard, affirma John-Lucho-la-Mélasse.

- Pas tant que ça, affirma le Corbillard. Il y a à peine dix jours que l'on a eu l'info et on s'y est mis tout de suite. On avance bien.
- C'est toi qui le dis. Les autres ont quasiment terminé, sauf nous.
- Non, c'est de l'intox, affirma celui-ci.
- Pas du tout, même les Penseurs, pourtant en pleine déconfiture, ont terminé leur déploiement.
- Tu parles d'un déploiement. Ils n'ont en tout et pour tout que deux CPM d'opérationnels et ils ne comptent pas en installer d'autres.
- T'es sûr ?
- Absolument certain. C'est Jeen-Tophe-le-Délice qui me l'a dit.
- Il existe encore celui-là ? Tu parles d'une source fiable.
- Détrompe-toi, c'en est une. Depuis qu'il s'est marginalisé tout seul, je ne sais pas pourquoi mais il en a gros sur la patate. Probablement parce qu'il a tout foiré. Toujours est-il, qu'il suit de près ce que fait son successeur.
- En tout cas accélère, ordonna John-Lucho-la-Mélasse.

Pendant ce temps, Estoppel-le-Miston toujours d'humeur aussi sombre, cherchait quelque chose à annoncer. Quoi ? Il ne savait pas. Les CPM lancés et bientôt terminés, certains de la Rabdologie fonctionnant déjà, il ne voyait pas trop quoi faire de plus.

Refaisant mentalement son bilan, il était content de lui. Comme le disait Gibritte, il avait carrément fait bouger les lignes et aux dires des sondages, les Gauloisiens étaient satisfaits de ses initiatives. En particulier la dernière en date, le CPM, qui même en phase de lancement, récoltait tous les suffrages. Le bouche-à-oreille attestait déjà d'une distribution de gains plus importants. Seule ombre au tableau, sur ces premiers CPM les Gauloisiens jouaient plus. Pour l'instant c'était l'euphorie du début. Qu'en serait-il dans quelques semaines lorsqu'ils se rendraient compte, qu'au final ils perdaient encore plus ?

Il serait toujours temps d'agir à ce moment-là en redistribuant sous une forme ou sous une autre, un peu d'argent aux perdants. Ça, on en avait le savoir-faire en Gauloisie. Non, ce qui le tracassait, c'était le besoin qu'il avait, de réaliser quelque chose d'inoubliable, mais il ne savait pas quoi. La seule chose, c'était qu'il tenait absolument à ce que, plus tard, on se souvienne de lui. Son collaborateur fiable et efficace de toujours, Crispite-la-Castagne, saurait sûrement le conseiller. Il le convoqua le lendemain pour une réunion de travail dont il intitula l'ordre du jour : « De nouvelles idées ». Tout un programme.
- C'est quoi les nouvelles idées dont tu veux parler ? Interrogea celui-ci à son arrivée.
- Justement, c'est pour ça que je t'ai fait venir. Je n'en ai pas. J'ai besoin que tu m'en donnes.
- Des idées de quoi ?

- De n'importe quoi, ça m'est égal. Je ne peux pas terminer l'année sans annoncer quelque chose.
- Tu ne trouves pas que tu en as déjà assez fait comme ça ?
- J'en ai fait certes, mais l'année prochaine il y a les municipales et je tiens à ce que la Rabdologie les gagne.
- On s'en fiche des municipales, elles ne nous apporteront que dalle.
- Sauf que c'est avec leurs élus que sont nommés les Sénescents.
- Ah oui, j'oubliais ces vieux schnocks brols. Et tu veux quoi ?
- Je te l'ai dit, je m'en fous. Trouve-moi quelque chose de flashy.
- De quel ordre ?
- N'importe lequel.
- Tu veux quelque chose à réaliser par toi-même ou bien tu préfères le faire faire par quelqu'un ?
- Encore une fois, je te répète que ça m'est égal. T'as besoin d'une photo en couleur ? La seule chose qui m'intéresse, c'est que ce soit du spectaculaire à fond la caisse.
- Alors, pourquoi ne ferais-tu pas construire un monument ?
- Quand même pas. C'est long à réaliser et c'est cher.
- Que ce soit cher n'a aucune importance, ce n'est, ni toi, ni nous, qui paieront et si on organise tout bien, ce ne sera pas si long que ça.
- En admettant, qu'est-ce que je pourrais faire construire ?
- Un monument quelconque.
- C'est quoi, quelconque ?
- Quelconque, c'est n'importe quoi du moment que ça s'appelle monument.
- Mes prédécesseurs l'ont déjà fait, remarqua le Chef-Président, on va me reprocher de faire du copier-coller.
- À nous de trouver de l'innovant. Tu sais mieux que personne, que nous sommes à l'ère de l'innovation.
- Je ne vois pas quel monument innovant, je pourrais faire construire.
- Il suffit de marier du béton avec de la technologie et hop, tu as ton monument innovant.
- Dans ce cas, ce serait plutôt un bâtiment.
- Appelle-le comme tu veux, ça n'a aucune importance. Le principal c'est qu'il soit rattaché à ton nom.
- Ce n'est pas évident. Georgio-le-Caïd a fait le Centre le Caïd, Francisco-la-Rose a construit tout un paquet de machins, comment veux-tu que je lutte ? Quelle que soit ma réalisation, ça fera pâlichon.
- Sauf si tu en construis un, qui ne permet pas la comparaison.
- Facile à dire, remarqua Estoppel-le-Miston.
- Oui, c'est pour ça que tu dois choisir quelque chose de totalement différent.
- Un bâtiment, ça reste un bâtiment, point barre.

- Pas, si tu lui donnes des spécificités non comparables à d'autres.
- Je te répéterais bien encore une fois la même chose, facile à dire.
- Tu sais ce qui me vient à l'esprit ? S'enthousiasma subitement Crispite-la-Castagne.
- Non, mais tu vas me le dire.
- Tu construis à Lutécie un monument ou un bâtiment, appelle-le comme tu veux, qui soit plus haut que la Tour Enflée. Pas mal non ?
- Ce ne sera jamais qu'une tour de plus, pour laquelle on me ressortira mes idées de grandeur jupitérienne.
- Pas forcément, si tu présentes les choses différemment.
- Tu penses à quoi ?
- Je te l'ai dit, bourre-le de technologie pédagogique.
- De quoi ?
- De technologie pédagogique. Tu sais, toutes ces techniques d'objets connectés et d'intelligence artificielle. Ça au moins, ça innove et ce sera pédagogique, pour peu qu'il y ait des ateliers, des conférences, des vidéos explicatives et autres gadgets de ce genre.
- Super, ça me convient déjà beaucoup mieux. Ça pourrait même me donner l'image, du Chef-Président des technologies de l'avenir.
- Un Chef-Président geek en quelque sorte.
- N'exagère, pas tu veux ? Répliqua Estoppel-le-Miston quelque peu excédé par cette appellation, qu'il jugeait excessive.
- Ce que je voulais dire, c'est que grâce à ces gadgets, tu deviendras le Chef-Président gauloisien le plus moderne de tous les temps. Tu vois, Francisco-la-Rose n'a fait que des choses vantant le passé, toi tu auras fait pareil, mais en vantant l'avenir. Il n'y aura pas photo.
- Qu'est-ce que je peux faire comme bâtiment et où ? Dans Lutécie, il n'y a plus de place.
- Je vais y réfléchir mais à première vue, je verrais bien un bidule de forme inattendue, avec un contenu inattendu, dans un lieu improbable ?
- Là, tu mets le doigt sur les trois points cruciaux.
- Tiens, en parlant de doigt, pourquoi pas un doigt levé ?
- Un doigt ? Tu es fou. Tu vois un doigt tout seul s'élevant dans la capitale ? Impossible et surtout, totalement insensé.
- Pas tant que ça. Imagine ton bâtiment. Au sol, assurant l'assise, une paume de main renversée, à l'intérieur de laquelle tu y placerais tes ateliers et conférences, les doigts étant repliés à l'exception de l'un d'entre eux, s'élevant à plusieurs centaines de mètres et comportant tout en haut une petite plateforme panoramique, s'ouvrant sur tout Lutécie. Géant non ?
- Réfléchis, un doigt d'une paume renversée s'élevant plus haut que la Tour Enflée, ça ferait vraiment doigt d'honneur. On serait la risée du

monde entier. Déjà, que le Gauloisien est considéré partout comme peu accueillant avec les étrangers.

-   Je n'avais pas pensé à ça, admit la Castagne.
-   Je vois déjà les avions à l'approche de Lutécie, les hôtesses mortes de rire, expliquant : « Admirez à la gauche de l'appareil le doigt d'honneur gauloisien qui nous accueille ». Ce serait drôle d'accord, mais pas pour nous, et particulièrement dévastateur aussi.
-   Dommage, je trouve que c'était pourtant une bonne idée.
-   Attends, je pense à quelque chose, s'exclama le Chef-Président.
-   Moi, je n'ai pas d'autre idée.
-   Tu te souviens de Jacquot-le-Croquant ?
-   Quel rapport ? Ah oui, c'est vrai, j'oubliais qu'il avait fait le Stade de Gauloisie.
-   Ça, je m'en fous. Tu te souviens, il avait l'habitude de faire un « V » en signe de victoire. Pourquoi est-ce que nous ne ferions pas ta paume renversée avec deux doigts en forme de « V » ?
-   On garderait la paume comme base ?
-   Oui, et on y mettrait dedans tout l'attirail technologique en dotant chacun de ses deux doigts de cette plateforme à vue panoramique que tu préconises.
-   Impossible pour les plateformes, les planchers seraient eux aussi penchés.
-   Pas du tout. Il suffira de les doter d'un plancher horizontal. Comment ils ont fait pour la tour de Pise ?
-   Ah oui, c'est vrai, admit Crispite-la-Castagne. En plus, ça fera deux plateformes au lieu d'une seule.
-   Et pour qu'on les voie bien, on les fera monter à six cent cinquante mètres de haut. Totalement effacée la Tour Enflée !
-   Sans compter que les touristes qui viendront, n'entendront pas parler du doigt d'honneur gauloisien, mais bien du « V » gauloisien de la victoire.
-   Génial, s'enthousiasma le Chef-Président. Vraiment, là, ça me plaît bien. Mais où est-ce qu'on va la mettre cette main et on va l'appeler comment ?
-   Pourquoi ne la placerais-tu pas juste en face la Tour Enflée, de l'autre côté de la Scelle ? Il y a une belle esplanade suffisamment grande pour pouvoir la supporter.
-   Pour le coup, ça fera concurrence.
-   Qu'est-ce que ça peut faire ?
-   Je ne veux pas que l'on dise, que je cherche à écraser la Tour Enflée. D'autant que les doigts iront beaucoup plus haut.
-   Pas si tu présentes les choses avec pédagogie.

- Ah, la pédagogie. Quelle belle chose que la pédagogie. Et tu la vois comment cette pédagogie ?
- Tu expliques qu'il y a complément.
- Complément de quoi ?
- La Tour Enflée est l'image de notre histoire. Tu le rappelles, sans surtout évoquer le passé, ça ferait trop has been. Et la main, avec son « V » de la victoire est l'image de notre avenir, de par son look, ses installations et ses équipements futuristes. D'où, le complément de par la jointure, le passé, la tour, l'avenir, la main.
- Pas mal tout ça, félicita Estoppel-le-Miston. En y mettant un peu de chocolat marketing autour, ça devrait faire un tabac.
- Sans compter, qu'avec cette magnifique construction, tu resteras pour l'histoire avec un grand « H », le Chef-Président de la victoire.
- Tu vas peut-être un peu loin.
- Mais non. En montrant un signe victorieux déboulant encore plus haut dans le ciel que la Tour Enflée, tu déchireras tout.
- Vraiment ?
- Yes. Et en plus, ce sera perçu comme la vitrine du futur affichant la technologie de demain.
- Allez, tu m'as convaincu. On va l'appeler comment cette main ?
- La Main Miston évidemment, pourquoi voudrais-tu l'appeler autrement ?
- C'est pas un peu nombriliste, par hasard ?
- Pas du tout. Regarde, chaque fois qu'une construction présente un caractère particulier, elle porte le nom de son initiateur.
- Tiens, c'est vrai, je n'avais pas fait le rapprochement. Là, ce sera bien moi qui serais à l'origine de ce magnifique édifice. D'ailleurs, comment dois-je le présenter ? Comme monument, bâtiment, simple construction ? Je dis quoi ?
- De toute manière avant de lancer les travaux, il faudra bien que tu parles de ton projet aux Gauloisiens.
- Pour leur dire quoi ?
- Il vaudrait mieux que tu demandes ça à Benji-le-Grivois. C'est plus son job que le mien. Le sujet est quand même très sensible.
- Exact.

Il lui téléphona aussitôt, lui demandant de les rejoindre rapidement. Quelques minutes plus tard, un peu essoufflé, celui-ci arriva la mine réjouie.

- Tu as l'air bien joyeux, s'étonna le Chef-Président.
- Je sors de discussion avec Siphon-le-Bernacle, il est trop drôle.
- Qu'est-ce qu'il t'a dit de si drôle ? Demanda Estoppel-le-Miston.

- Figure-toi que depuis que tu l'as nommé au patrimoine gauloisien, il s'est mis dans l'idée d'égayer nos vieux châteaux en y tournant des émissions télés.
- Des télés réalités ? Demanda la Castagne.
- Non, quand même pas. Il réfléchit pour y tourner des émissions de divertissements en direct, mais pas que, il veut également y baser les rédactions d'informations et ça, c'est trop drôle.
- Pourquoi tu trouves ça drôle ? S'étonna le Chef-Président.
- Parce que j'imagine les prout-prouts du genre Abri-la-Crêpe-Marante ou autre Davy-le-Pugiliste, présentant leurs informations dans l'ambiance glaciale d'un château ?
- Pour ma part, je trouve que c'est plutôt une bonne idée, intervint la Castagne.
- Bon, bref, on ne t'a pas demandé de venir pour ça, coupa Estoppel-le-Miston mais pour avoir ton avis.

Il lui expliqua ce qu'il venait de décider concernant la construction d'un bâtiment en forme de main, que l'on appellerait la Main Miston.
- Tu me conseilles d'en parler comment aux Gauloisiens ?
- Bah, dis quelque chose du style : « Cette Main sera le fleuron, témoin de la grandeur de la Gauloisie ».
- C'est pas un peu bateau ?
- Possible, mais ça plaît. Encore que sur le fond, tout le monde s'en foute. Tu peux également présenter le projet comme étant un aimant touristique nouveau.
- J'aime bien cette formule d'aimant touristique, apprécia le Chef-Président. Ça, par contre, je sais que dans leur très grande majorité, les gens adorent.
- Tu peux également y mêler tes nouvelles technologies, associant le touristique : on a une vision de six cent cinquante mètres sur Lutécie, au pédagogique : on va vous montrer le high-tech gauloisien de l'avenir.
- Extra ! Là, je vais cartonner. Ce qui m'ennuie le plus quand même, c'est le prix que ça va coûter. À tous les coups, je vais avoir droit aux trolls des réseaux sociaux. Tu sais, ces pisse-froid malfaisants qui n'ont rien d'autre à secouer de la journée, qu'à dénigrer. Ils ne manqueront certainement pas de s'en prendre au projet, en en dénonçant le coût pharaonique.
- Mais non, tu ne risques rien, affirma le Grivois.
- Évidemment que si, je risque. Ma Main, avec sa paume équipée de toute la logistique d'exploitation des ateliers et des salles de conférences avec ses deux doigts de plus de six cents mètres de haut érigés en obliques, arborant pour chacun d'entre eux une baie

panoramique disposée sur un plancher horizontal, va réellement coûter une blinde.

- Sur ce plan-là, c'est certain, tu ne pourras pas le contester. Par contre, tu sais ce que je ferais pour faire taire tout le monde ?
- Si tu as une idée, je suis preneur.
- Je ferais établir un beau business plan, montrant un retour sur investissement avec un point mort atteint en moins de deux ans.
- Ce ne sera pas crédible.
- Pourquoi ce ne le serait pas ?
- Tout simplement, que vu l'investissement total nécessaire, même en remplissant de touristes vingt-quatre heures sur vingt-quatre, sept jours sur sept, la paume et les doigts, tu n'arriverais jamais à couvrir les investissements en si peu de temps. D'ailleurs, en parlant de vingt-quatre heures sur vingt-quatre, ça me fait penser, on fera quoi comme type de restauration ?
- Si on te conteste le point mort en moins de deux ans, tu n'auras qu'à répondre, que le prix d'entrée sera calculé pour permettre d'atteindre cet objectif. Quant à la restauration, il en faudra et donc, il y en aura pour tous les goûts. Un fast-food pour manger merdique, un restaurant étoilé pour déguster les fleurons de la gastronomie gauloisienne et entre les deux, quelques bons petits restaurants de cuisine populaire traditionnelle.
- Excellent, approuva le Chef-Président. Allez, emballé c'est pesé, comme le disait ma grand-mère. On va lancer ça sur quel vecteur médiatique ?
- Comme d'habitude, suggéra la Castagne. Je verrais bien une déclaration dans un entretien télévisé au Palais de l'Étable, avec les cadors de l'information de trois ou quatre grandes chaînes.
- Ce n'est pas un peu beaucoup ? Le coupa Estoppel-le-Miston.
- Je ne le crois pas. Vu l'ampleur et surtout, vu l'impact prévisible du projet, j'y associerais même pour ma part, quelques journalistes radios et de la presse écrite.
- Ouais, tu as raison.
- Après, je mettrai nos équipes sur le suivi « Réseaux Sociaux ». Par contre, il ne faudra pas oublier de gérer les dérapages qui ne manqueront pas de fleurir, en y répondant avec mesure mais détermination.
- Pas de souci, on a l'habitude.
- Sauf que là, toujours pour la même raison, on devra y mettre le paquet. Moi-même, j'irai faire le mariole un peu partout pour promouvoir l'idée, le projet touristique et le financement.
- Parfait, félicita le Chef-Président. Je vais donc organiser un entretien média pour jeudi soir en quinze. J'ai besoin d'un peu de temps pour

le préparer et je préfère que ce soit le soir. Le jeudi soir c'est toujours l'euphorie de fin de semaine, le Gauloisien étant prêt à entendre tout et n'importe quoi.

- N'importe quoi ? S'étonna la Castagne.
- C'est une façon de parler. Je ne voulais pas dire n'importe quoi au sens littéral du terme, mais n'importe quoi, dans le sens d'avoir l'esprit suffisamment ouvert pour entendre et surtout à absorber sans grogner, ce qui lui est annoncé.
- Ça, c'est de la stratégie, s'enthousiasma le Grivois.

Le Chef-Président mit fin à la réunion. Il se sentait particulièrement satisfait, ayant le sentiment d'avoir fait un grand pas vers une notoriété internationale et pourquoi ne pas le dire, universelle, voire éternelle.

C'est donc d'un air particulièrement joyeux qu'il retrouva Gibritte déjà attablée, qui comme d'habitude, l'attendait pour déjeuner.

- Tu as l'air content, remarqua-t-elle.
- Oui, ça peut. Je vais lancer un projet génial.
- Ah bon, c'est quoi ?

Il le lui expliqua en détail, selon les mêmes termes qu'il avait tenus lors de la réunion.

- Ce n'est pas mal, apprécia-t-elle. Un peu démesuré mais après tout il en faut. Et tu as l'argent pour le faire ?
- Non mais ça n'a aucune importance.
- Quand même, ça va coûter bonbon. Il va bien falloir que tu en trouves le financement.
- Je verrai avec le Trésor Public.
- Encore ? À mon avis tu ferais mieux d'oublier. Tu sais bien mieux que moi que les caisses sont vides.
- Oui c'est vrai, mais tu te rends compte de ce que ça va rapporter ?
- Pour l'instant on n'en sait rien. Si je t'ai bien compris, tu ne disposes à ce jour d'aucune prévision financière d'activité ou de rendement.
- J'ai prévu de faire rapidement établir un business plan.
- Tu veux parler d'une projection commerciale ? Excuse-moi, mais j'aime autant utiliser des mots gauloisiens. C'est mon côté un peu québécois, dit-elle en s'esclaffant. En tout cas, il va bien falloir que tu trouves l'argent.
- Je n'y ai pas encore réfléchi. A priori, si je ne passe pas par le Trésor Public, j'ai encore deux solutions qui me restent et même trois d'ailleurs. Soit, je réalise l'intégralité du projet sur financement privé, avec pour inconvénient celui de privatiser à 100 % l'exploitation commerciale et touristique, soit je fais appel au marché monétaire pour un emprunt d'État ciblé sur le projet, soit un mixte des deux.
- Comment vas-tu présenter le bébé aux Gauloisiens ?

- Je leur décrirai le projet tel que je le vois et donc tel qu'il sera.
- Tu n'as pas peur de l'inquiétude que tu vas provoquer en te lançant, ou plutôt, en lançant le pays dans cette aventure ? Je n'y connais rien, mais je suppose que ça va représenter un « pognon de dingue » comme tu dis et que la construction va durer un bon moment, non ?
- Pour le chantier par lui-même, en théorie tu as raison, mais en pratique, je vais faire en sorte que ça prenne le moins de temps possible. Je verrai avec mon vieux pote Marsouin-le-Bouine. Il a l'habitude des chantiers d'envergure. J'ai déjà prévu de lui demander d'aller le plus vite possible. Pour le reste, ça coûtera ce que ça coûtera. Je te l'ai dit, je veux un bâtiment qui soit véritablement représentatif aux yeux du monde, de la réussite mistonnienne de la Gauloisie.
- N'empêche que ça risque de faire râler les gens lorsqu'ils verront la facture.
- D'abord, ils ne la verront pas tout de suite et je ferai de la pédagogie.
- Ah oui, c'est vrai, la fameuse pédagogie salvatrice, remarqua-t-elle en souriant largement.
- Plaisante si tu veux, mais là, je n'aurai aucun mal à convaincre. L'impact touristique sera tel, que l'on devrait rapidement rentrer dans nos investissements. Tu verras, tout se passera bien.

Pendant ce temps, sous la houlette de leur Chef Lorgnon-le-Vautré, le staff dirigeant des Repusmalins, s'était réuni pour un déjeuner de travail destiné à discuter des premiers résultats de l'exploitation de leurs CPM. Celui-ci présentait sa mine réjouie des bons jours :
- Je peux d'ores et déjà vous annoncer la pleine réussite de nos réseaux. Nous en disposons aujourd'hui de trois opérationnels, couvrant cinq régions gauloisiennes et nous en installerons plusieurs autres dans les jours qui viennent.
- C'est quoi le bilan ? S'inquiéta Vigie-la-Calmée.
- Un peu tôt pour chiffrer, répondit le Vautré. Par contre, ce que je peux vous dire, c'est que notre activité se développe très fortement dans les régions couvertes par nos CPM.
- Au final, tu veux faire quoi pour augmenter nos revenus ? Demanda Dada-le-Badaud.
- Je viens de vous l'expliquer. Tu n'as pas écouté ?
- Maintenant il va falloir continuer dans les autres régions, remarqua Anisette-la-Genèse.
- Eh, Anisette, ça aussi, je viens de le dire. Tu étais encore en train de dormir ou quoi ? S'emporta le Vautré. À part cloner le même système actuel partout, je ne vois pas ce que l'on pourrait faire de plus.

- Comme tu le dis, il faut effectivement terminer notre déploiement en couvrant l'ensemble des régions, mais en proposant un plus visant à attirer les joueurs vers nos CPM, suggéra Dada-le-Badaud.
- Pourquoi pas ? Acquiesça, Lorgnon-le-Vautré. Vous avez des idées ?

Le silence s'installa autour de la table.

- Alors ? Personne n'a la moindre proposition à faire ?
- Tu nous prends à froid, s'insurgea Vigie-la-Calmée. À part comme tu le proposes, d'étendre l'activité de nos CPM à tout le territoire, je ne vois rien d'autre. Si tu veux, on peut y réfléchir.
- On va effectivement réfléchir et on va le faire tout de suite, assura le Vautré. Si j'ai organisé ce déjeuner, ce n'est pas pour faire joli, ni pour vous faire manger à l'œil. Je me permets de vous rappeler que nous représentons à tous les quatre, l'instance dirigeante des Repusmalins et, qu'à ce titre, nous devons définir la stratégie la mieux appropriée à notre expansion.
- On n'est pas au complet, remarqua Dada-le-Badaud, il manque Guigui-le-Pèlerin.

Un sourire compatissant apparut sur la figure du Vautré.

- Il manque d'autant moins, que je l'ai sur Skype.

Il sortit de dessous de la table un Mac, qu'il posa à côté de lui. Visiblement un peu fébrile, il commença à le triturer dans tous les sens, appuyant simultanément sur divers boutons.

- Je lance la connexion, il nous attend.

Quelques minutes plus tard, n'arrivant toujours pas à obtenir la communication avec Guigui-le-Pèlerin, il s'énerva subitement :

- Quel bazar. Pourquoi ça ne veut pas ? C'est toujours pareil, quand on a besoin ça ne marche jamais.
- Tu as bien activé le partage de connexion de ton portable ? Demanda Vigie-la-Calmée.
- Mon quoi ?
- Ton partage de connexion.
- C'est quoi ça ?
- C'est ce qui te permet de te connecter à l'Internet de ton téléphone. Après tu actives Skype. Sors-moi ton portable, je vais m'en occuper.

Elle manipula quelques instants les deux appareils, le visage souriant de Guigui-le-Pèlerin finissant par apparaître. L'air soulagé, Lorgnon-le-Vautré s'adressa à lui :

- Salut, et il lui fit un résumé de ce qui venait d'être dit. Comme tu as souvent de bonnes suggestions, j'ai pensé que tu pourrais nous en faire une pour améliorer le rendement de nos CPM.

Le Pèlerin réfléchit quelques instants :

- Il me faudrait un plus de temps si vous voulez que je réfléchisse à une nouvelle stratégie. Sinon, en dehors de celle d'étendre les CPM à l'ensemble des régions, je ne vois rien d'autre de particulier.
- L'extension du réseau, on l'a déjà évoquée. T'as pas autre chose à nous suggérer ?
- Vous êtes rigolos les cocos. Vous m'appelez presque au débotté et vous me demandez de vous sortir instantanément un truc miracle de mon chapeau. Pour l'instant, moi, je prends mon joker en attendant de pouvoir y penser. À part ça, quoi de neuf ? Je vois que vous êtes tous à table. Le repas est bon ?
- Hé dis donc, nous, on ne te demande pas si ce que tu manges est bon ou pas bon et en plus on est pressé. Alors, t'as une idée ou t'en as pas ? S'énerva à nouveau le Vautré.
- Bien sûr que j'aurai une idée. Je suis certain que j'en aurai même plusieurs. Tu sais bien que j'en ai toujours à foison. Tiens, en parlant, incroyable, figure-toi que justement il m'en vient une.
- Accouche !
- On va faire un super gros lot mensuel.
- Comment tu vois ça ? Demanda Dada-le-Badaud.
- Donne-moi une minute.

Le silence revint à nouveau, interrompu par le seul bruit des couverts, tout le monde s'étant remis à manger. Guigui-le-Pèlerin était quant à lui, entré dans une réflexion visiblement profonde.
- Bon, on fait quoi ? S'impatienta Dada-le-Badaud, qui avait fini son plat et qui du coup, commençait à trouver le temps long.
- Cool, le Badaud, calma le Pèlerin. Je vais vous dire comment je vois les choses. Le système auquel je pense serait le suivant :
Comme il s'agit de mutuel, sur chacune des masses à redistribuer on prélève supposons 5 % que l'on garde en cagnotte. Ensuite, une fois par mois, on l'ajoute à un gain normal pour qu'elle devienne le super gros lot du mois. Trop top, non ? En fait, je suis hypercontent de ma trouvaille, ne put-il s'empêcher d'ajouter.
- Tu crois que ça suffira à booster nos recettes ? Demanda le Vautré.
- Sûr, d'autant qu'à chaque fois, quelques jours avant sa mise en jeu, nous pourrons faire de la pub sur cette cagnotte.
- Si on sort l'attirail complet, avec publicité et tout le toutim, nos concurrents feront tous pareil, remarqua le Vautré. Et paf, du même coup, notre cagnotte perdra instantanément l'exclusivité et donc l'attrait qu'on cherche à lui donner.
- On peut voir ça, comme ça, admit le Pèlerin mais nous aurons quand même l'avantage d'avoir été les premiers, la copie ne valant jamais l'original, c'est bien connu.
- C'est sûr, reconnut le Chef des Repusmalins.

- Suggestion, intervint Vigie-la-Calmée. En partant de cette cagnotte qui risque d'être assez peu conséquente au niveau de chaque CPM, pourquoi ne pas tout regrouper au plan national en une seule. On disposerait comme ça mensuellement, d'un montant important à proposer en tant que « gain du mois » ?
- Intéressant en effet, apprécia le Vautré, tu vois quand tu veux. Mais là aussi, nos concurrents feront comme nous.
- Aucune importance, Guigui l'a bien dit, aux yeux des gens rien ne vaut l'original, insista la Calmée.
- Quand il s'agit d'argent, original ou non, les gens comme tu les appelles, vont au plus offrant, assura Lorgnon-le-Vautré. En tout cas, faute de mieux, je souscris à ton idée Guigui et à celle de Vigie. Ce sera une cagnotte mensuelle, établie à partir de l'ensemble de nos CPM. Par contre, il nous reste à établir la règle de redistribution. C'est bien gentil d'avoir une cagnotte, encore faut-il être clair sur la manière dont on la redistribue.

Anisette-la-Genèse, qui n'était pratiquement pas intervenue tout au long de cette discussion, prit à son tour la parole :
- Moi, je sais. Le premier de chaque mois, on ventilera la cagnotte, en affectant de manière aléatoire la part calculée, à une des machines de chacun de nos CPM.
- C'est nul, remarqua le Vautré. Si on redécoupe la cagnotte pour la ventiler sur plusieurs CPM, on revient à la case départ avec des gains répartis et de ce fait plus petits. Ça fera perdre une bonne partie de l'attrait que représente une grosse cagnotte globale.
- Peut-être, répliqua la Genèse un peu vexée par la remarque de son Chef, mais les joueurs contents seront nettement plus nombreux.
- Dans ce cas il n'y a pas besoin de faire une cagnotte nationale, autant la laisser par CPM, répliqua le Vautré.
- Pour ma part, je pense que ce que propose la Genèse n'est pas si idiot, intervint Guigui-le-Pèlerin, toujours connecté.
- Merci Guigui, toi au moins tu me comprends.
- Oui, mais ce que dit le Chef n'est pas faux non plus. Pour moi, la solution c'est comme toujours, la communication. On cumulera les montants des cagnottes et on annoncera ce total comme étant la cagnotte du mois à se partager entre gagnants. Les deux maîtres mots à mettre en avant seront : « Cagnotte », en insistant sur son montant global et « Partager », sans rien préciser d'autre.
- Excellent, apprécia Lorgnon-le-Vautré, c'est déjà beaucoup mieux.
- Avec de la pub, on fait passer ce qu'on veut, remarqua le Pèlerin.
- Bon, je récapitule le process : on centralise les gains de nos CPM, sur lesquels on prélève un pourcentage qui alimente la cagnotte.

- Excuse-moi Chef, intervint le Pèlerin. Dans ce cas, plus besoin de centraliser nos CPM, il suffit de le faire sur les montants prélevés à cumuler.
- C'est exactement ce que je viens de dire. Arrête de me couper tout le temps. Donc, je recommence : on ne centralise pas nos CPM mais on prélève un pourcentage sur les enjeux de chacun, que l'on cumule en une seule cagnotte nationale. Une fois par mois, on la répartit à parts égales sur chacun de nos CPM, en l'attribuant de façon aléatoire, à un gagnant de l'une de nos machines.
  Cette redistribution mensuelle sera précédée par une campagne publicitaire, mettant en évidence le montant global de la cagnotte à partager. Nous savons qu'il y a de fortes chances pour que nos concurrents fassent pareil mais on espère que les Gauloisiens préféreront l'original à la copie. Ai-je bien résumé ? Est-ce que tout le monde a tout compris ? Je veux des résultats, qui plus est rapides et profitables pour les Repusmalins.
- Parfait Chef, apprécia Guigui-le-Pèlerin. Tu en auras.
- Alors au boulot, il y a de quoi faire.

Et ils poursuivirent, discutant jusqu'à la fin du repas de choses et d'autres beaucoup plus anodines.

Il était 18 heures ce jeudi 21. Le Chef-Président finissait de préparer son entretien, pour lequel il avait par ailleurs trié les journalistes sur le volet. Il s'agissait de réussir l'annonce du lancement de son projet et il comptait bien sur l'effet de surprise, combiné à la magnificence de l'objectif, pour obtenir l'assentiment et l'admiration des Gauloisiens.

Une heure plus tard, Anita-Soupière-la-Lapine de Gauloisie 2, accompagnée par l'inévitable Gilou-le-Taf de TG1, se présentaient à l'Étable pour l'interview. Ils furent suivis quelques minutes plus tard, par Yvanohé-le-Calvaire de Canule+, Niqué-l'Alpagas d'Écurie 1 et Alan-le-Caramel de Radio Télépathe Léthargique. Ces trois derniers n'avaient été conviés, que pour associer à l'évènement les seules radios dont les audiences quotidiennes, malgré Internet et les médias télés, ne se démentaient pas.

Avant que ne débute la retransmission, il leur précisa en off :
- J'attire votre attention sur le fait que, pour cette interview, je vais avoir besoin de votre parfaite et donc totale compréhension sur tout ce que je vais vous expliquer ce soir, celle-ci garantissant par capillarité, celle de nos concitoyens.

Il s'arrêta. Pourquoi avait-il prononcé ce mot « capillarité » qui lui était venu comme ça ? Mystère du verbe, se dit-il. Surtout, qu'au final, il n'était pas sûr qu'il corresponde bien à ce qu'il avait voulu exprimer. Il en profita pour observer les réactions de ses invités assis devant lui.

Rien, apathie totale. Visiblement, ils attendaient la suite, sagement assis tous les cinq. Parfait, depuis qu'il avait été élu Chef-Président, il adorait qu'un auditoire soit religieusement à son écoute.

La suite vint très vite. Comme à leur habitude, les journaux télévisés commencèrent à 20 heures précises, La quasi-totalité des médias, télé et radios, compte tenu de ce qui leur avait été présenté comme devant être une surprise méga géante, transmettant en direct l'interview Chef-Présidentiel.

- Merci à toutes et à tous d'être venus pour cet entretien que je souhaite le plus convivial possible. Je vais donc vous faire part de l'objet de votre présence ici. Après, je répondrai à vos questions. Voilà, j'ai décidé de lancer à Lutécie, la construction du bâtiment, sinon le plus haut du monde, tout au moins à ce jour, parmi les trois plus hauts. Il montera jusqu'à six cent cinquante mètres. J'aurais évidemment pu dépasser les huit cent et quelques mètres du plus haut gratte-ciel existant mais ce n'était pas l'objectif. Ce que je veux, avec ce bâtiment qui aura la forme d'une main dont la hauteur totale sera celle de chacun de ses deux doigts érigés en forme de « V », tient en cinq points :
Un, il doit montrer le savoir-faire gauloisien dans les constructions hors normes.
Deux, il doit avoir du sens. Il en aura. Je vous l'expliquerai, après.
Trois, il doit représenter un véritable aimant touristique au même titre, voire plus, que notre magnifique Tour Enflée.
Quatre, il doit être panoramique sur Lutécie et ses environs.
Et surtout cinq, il doit être la vitrine de la geek culture gauloisienne.
Voilà en simplifié, ce dont je voulais vous informer.

- Mais, Monsieur le Chef-Président, pourquoi un nouveau bâtiment, alors que vous avez déjà annoncé le mois dernier la construction d'un canal entre Lutécie et Berlin, qui à ce jour, n'est même pas encore commencée ? Demanda Gilou-le-Taf, ouvrant ainsi les questions.

Estoppel-le-Miston jura intérieurement. Comment ce rigolo avait-il pu être informé de ce projet encore secret ? Le cabinet chargé de l'étude était agréé « Confidentiel Défense » et, en accord avec la Mercatique, le dossier ne devait en aucun cas être rendu public durant tout ce temps-là. Quelle barbe, il ne lui restait plus maintenant qu'à improviser un baratin quelconque, parce qu'il n'avait rien préparé sur le sujet.

- Très bonne question Monsieur le Taf. La réponse est simple. Nous avons décidé, avec nos amis Allemands, de faire un canal reliant nos deux pays. Canal devant être conçu et construit selon une répartition cinquante-cinquante. De ce fait, il ne sera donc pas gauloisien mais gauloiso-allemand, ce qui vous en conviendrez, n'est pas du tout la même chose. Par contre, ma Main sera exclusivement gauloisienne, des fondations au plafond.

Alan-le-Caramel prit aussitôt le relais :

- Vous nous avez dit Monsieur le Chef-Président que cette Main, ou plutôt ses deux doigts, iraient jusqu'à six cents cinquante mètres de haut mais qu'ils ne représenteraient pas la construction la plus haute du monde. Dès lors, pourquoi ne pas en profiter pour aller jusqu'au bout en en faisant en quelque sorte, le toit béton de la planète ?

- Vous touchez le point le plus intéressant mais aussi le plus sensible du projet, Monsieur le Caramel. Je me suis en effet posé la question de la hauteur, avec une double préoccupation. D'abord, le bâtiment ne devrait pas défigurer Lutécie et ensuite, il devrait être assez haut pour offrir un panorama complet sur notre si belle capitale. Ces deux points m'ont ainsi conduit à opter pour six cent cinquante mètres, le bâtiment le plus haut de la planète montant quant à lui, à plus de huit cents. J'ai même entendu dire que l'on s'apprêtait à en construire un de plus de mille mètres. Alors trop, c'est trop. Voyez-vous, six cent cinquante mètres m'ont semblé un bon compromis. Les doigts ne monteront pas trop haut afin de ne pas dénaturer l'image de la ville, aussi bien vus de loin, que vus à l'approche des vols aériens. En même temps, ils offriront un panorama magnifique sur tout Lutécie et ses environs, puisque même la Tour Enflée, avec ses trois cents mètres, donnera l'impression de se traîner tout en bas.

- Vous avez dit que cette construction avait un sens, reprit Anita-Soupière-la-Lapine, pouvez-vous nous préciser ce que vous entendez par-là ?

Par-là je n'entends pas grand-chose, sourit intérieurement le Chef-Président, se remémorant la célèbre réponse, d'un non moins célèbre humoriste gauloisien aujourd'hui disparu, Perron-le-Daxon. Il répondit :

- Effectivement, j'entends donner un véritable sens à cette opération. Triple sens en fait. Le premier et le plus évident, c'est naturellement le signe de la victoire que montreront les deux doigts en « V ». Superbe victoire gauloisienne annoncée au visiteur aérien qui, confortablement installé dans son fauteuil d'avion, pourra ainsi constater à quel point la Gauloisie est un pays de winners. Le deuxième que je veux mettre en évidence, est celui de la création d'un aimant touristique puissant. Quant au troisième sens, pour moi de très loin le plus fondamental puisque justifiant à lui seul le projet tout entier, c'est de montrer aux yeux de la planète, le savoir-faire avant-gardiste gauloisien dans le domaine de la technologie digitale, ce que j'appelle la geek culture gauloisienne. Vous voyez l'ambition est au rendez-vous.

- On voit bien l'aimant touristique de l'opération mais pas l'aspect digital, remarqua-t-elle.
- Sachez que la paume de la Main ainsi que ses doigts, seront bourrés d'installations et d'applications digitales à la gloire de la haute technologie gauloisienne, s'enflamma le Chef-Président. Nous allons, à l'image de ce que font les entreprises, installer à tous les niveaux du bâtiment, des stands labos recherche et développements de type R&D. Stands qui seront animés et donc investis par des start-up exclusivement gauloisiennes, dans lesquels se feront, à la fois de la présentation technologique mais également de la recherche en direct live. Les visiteurs pourront ainsi voir nos meilleurs chercheurs travailler sur l'avenir digital de nos sociétés.
- Croyez-vous vraiment que ce genre de chose intéressera les touristes ? Remarqua Yvanohé-le-Calvaire.
- Ceux qui ne seront pas intéressés pourront pleinement se satisfaire en admirant le magnifique panorama à découvrir sur la plateforme qui équipera le haut de chacun des deux doigts.
- En fait, il y en aura pour tout le monde, remarqua Anita-Soupière-la-Lapine.
- Exactement, approuva Estoppel-le-Miston. Et ce sera d'autant plus vrai, que nous mettrons de la nourriture à tous les niveaux. Et j'utilise à dessein, le terme « nourriture ». Nourriture intellectuelle par de nombreuses conférences dans les salles de la paume de la Main prévues à cet effet et nourriture matérielle grâce à des restaurants installés eux aussi dans la paume et dans chacun de ses deux doigts. Chaque niveau en aura un ou plusieurs, afin que nos visiteurs puissent dans le même temps, déguster à travers les baies vitrées, l'extraordinaire spectacle panoramique offert. Voilà ce que sera le bâtiment de la Main que j'ai prévu de construire.
- Vous nous avez tout à l'heure répondu au sujet du projet de construction du canal avec l'Allemagne dont la réalisation n'a pas encore débuté, alors, quand pensez-vous Monsieur le Chef-Président pouvoir véritablement lancer le chantier de la Main ? Et deux questions complémentaires à celle-ci, combien cela va-t-il coûter et qui va payer ? S'inquiéta Gilou-le-Taf.
- Toujours aussi incisif, Monsieur le Taf. Je répondrai à cette double question en vous affirmant que personne ne paiera et que le coût n'a aucune importance. Pourquoi personne ne paiera ? Parce qu'il ne s'agira en réalité que d'une simple avance sur recettes, couverte très facilement par l'argent que rapporteront les visiteurs, touristes étrangers et gauloisiens. En conséquence de quoi, le coût du projet n'a aucune importance. Nous choisirons donc la meilleure source de financement pour cet investissement, qui, au final, ne coûtera rien à

personne. Mieux même, l'opération rapportera à terme énormément de devises et donc d'argent, puisqu'elle permettra d'engranger de substantiels profits. Pour finir, je dirais, quelle image pour la Gauloisie à travers le monde, image que je résumerai par ces mots : puissance et modernité. Puissance, de par la réalisation de cette construction gigantesque, mais aussi modernité de par la présentation de la très dynamique et avancée recherche digitale, que j'appelle, vous le savez maintenant : la geek culture gauloisienne.

- Très beau et magnifique programme, tout à la gloire de notre pays, se crut obligé d'ajouter Gilou-le-Taf. Je me permets donc d'insister, quand pensez-vous pouvoir lancer le chantier ?

- Très rapidement. J'ai déjà demandé au Lieutenant de la Monnaie Brûlot-le-Marâtre, de créer une task force ayant pour mission, la coordination de nos industriels concernant la construction et de nos scientifiques concernant les labos R&D. Le plan d'investissement correspondant devra respecter nos intérêts.

- Ce qui signifie ? Ne put s'empêcher de couper Alan-le-Caramel.

- Je vous trouve bien impatient, Monsieur le Caramel. Ce qui signifie, que je veux un plan complet et abouti, comportant un financement public ou privé, voire les deux, avec une prévision de retour sur investissement très précise, permettant ainsi que je vous l'ai expliqué, de dégager rapidement de substantiels profits. Ce plan me sera communiqué dans le courant du mois prochain. Après, il conviendra de trouver les entreprises de travaux publics mais aussi digitales, capables de réaliser et d'équiper cette superbe construction. L'objectif que j'ai assigné à Brûlot-le-Marâtre, est de pouvoir démarrer le chantier, dès le 2 janvier 2020.

- Et pour la partie geek que vous souhaitez mettre en place ? Poursuivit Anita-Soupière-la-Lapine.

- Des entreprises digitales s'en chargeront, une fois le bâtiment terminé dans sa totalité. Ce sera le cas fin 2021, puisque deux années pleines sont prévues à cet effet. Les activités scientifiques et commerciales devront de ce fait pouvoir ouvrir, dès le 1er avril 2022.

- Juste avant la prochaine élection Chef-Présidentielle, remarqua un peu perfidement Alan-le-Caramel.

- Ça n'a rien à voir Monsieur le Caramel. Il se trouve que les deux dates coïncident effectivement mais ce n'est que pure coïncidence, si j'ose faire cette répétition.

Voilà ce dont je voulais vous faire part ce soir. Je vous remercie de m'avoir permis d'apporter toute la lumière sur ce qui sera le chantier gauloisien du siècle.

Et l'entretien se termina sur cette affirmation Chef-Présidentielle.

Décembre 2019

L'ambiance dans le pays était déjà à l'heure de la fin d'année. Les prémices annonçant de gros frimas hivernaux qui commençaient déjà à se faire ressentir, incitaient la population, travail ou pas, à se cocooner en restant le plus possible à la maison. Certes, la terre se réchauffait mais ça n'empêchait pas un froid intense de commencer à envahir la Gauloisie.

C'est en pensant à cette ambiance nationale à la fois gaie et un peu tristounette, qu'en ce 5 décembre, Estoppel-le-Miston se sentait un peu décontenancé. Pourtant tout allait pour le mieux dans le meilleur de la Gauloisie. La luminosité déclinante du jour devait certainement y être pour quelque chose. Les premières études sur le projet de la Main s'annonçaient très positives et les sondages convergeaient tous pour dire que les Gauloisiens étaient individuellement satisfaits de leur vie gauloisienne. Incompréhensible !

Pendant ce temps, Juju-le-Drain détaillait à son Chef Livet-le-Foret, le bilan des CPM exploités par les Penseurs Satisfaits. En tant que spécialiste business, c'était lui qui avait en charge le suivi de la mutualisation du parc de leurs Casinos Personnels et, semblait-il, après des débuts plus que difficiles, les résultats étaient au rendez-vous. Les CPM marchaient bien, rapportant de confortables subsides. Sauf, qu'il en était de même pour les autres. Cette activité ludique plaisait tellement aux Gauloisiens, que l'argent coulait à flots chez tous les exploitants. Le Foret s'en félicitait, se sentant quand même quelque peu amer, ce qui gâchait d'autant son plaisir, car dans un match nul, il n'y a pas de gagnant. Et lui, voulait gagner. Pas forcément de l'argent, encore que, mais dans cette agitation générale, il tenait absolument à apparaître comme l'incontournable leader, seul candidat crédible des Penseurs Satisfaits à la prochaine Chef-Présidentielle. Elle était encore éloignée et il n'en avait parlé à personne mais il était bien décidé à prendre son élan pour se faire élire. L'enjeu était d'importance.

- Je suis content que nos CPM marchent bien mais je voudrais que nous soyons les premiers, avec le plus gros chiffre d'affaires du marché. Trouve-nous un moyen, n'importe lequel, qui nous fasse prendre la tête.
- Tu es marrant toi, je ne suis pas magicien.
- Non, mais tu es censé être notre stratège.
- Je ne peux pas faire de miracles, répondit Juju-le-Drain d'un ton agacé. Jusqu'à présent, j'en ai déjà fait pas mal, tu ne trouves pas ?
- Je ne te parle pas de ça. Je veux un truc qui marque les esprits pour qu'on puisse vendre et connecter sur nos CPM, un maximum de CP

estampillés Penseurs Satisfaits. L'argumentaire sur la fabrication exclusivement gauloisienne de nos Casinos Personnels, même s'il a mis du temps à produire son effet, nous a finalement permis de faire décoller notre activité. Maintenant que nous plafonnons, il faut autre chose, d'autant qu'aujourd'hui ça ne fait que brasser les gens, chacun allant chez l'autre, simplement pour jouer. C'est affligeant !

- Que ça brasse ou pas, on s'en fout. On gagne pas mal d'argent, c'est le principal, non ?
- C'est bien, sauf que je veux plus. Tu comprends ? Plus, ça veut dire la même chose mais avec quelque chose de plus.
- Et tu crois que ça tombe du ciel ?
- Je te rappelle que de par le passé, tu nous as déjà prouvé que tu étais suffisamment malin pour trouver le petit plus qui nous permettait de faire la différence.
- Qu'est-ce que tu veux que je te trouve ? Se lamenta le Drain. Tu as l'air d'oublier que moi, je n'ai jamais travaillé dans le privé. Si vraiment tu tiens à ton plus, même si ça risque de nous coûter une petite fortune, le mieux est de faire appel à un consultant.
- Bonne idée, reconnut Livet-le-Foret, on dispose aujourd'hui d'assez d'argent pour se l'offrir.
- Ils ne sont pas pléthore sur le marché à être performants, lui assura Juju-le-Drain. Il n'est même pas sûr que l'on puisse en trouver un.
- En partant de cette hypothèse foireuse, on ne fait rien.
- Moi, je te dis ça par expérience. Souvent les conseils de consultant ça marche, mais sans plus. Alors s'il faut se ruiner, pour au final, avoir des conseils aux résultats médiocres, autant faire attention.
- Je croyais qu'on déchirait tout en recettes, s'étonna Livet-le-Foret.
- Il ne faut rien exagérer. On ramasse bien, c'est vrai, mais ce n'est pas une raison pour dilapider. On n'est pas au niveau de La Rabdologie.
- Ça, c'est évident. Nous ne sommes pas sponsorisés personnellement par le Chef-Président ?
- En tout cas, pour l'instant ça nous rapporte bien. Ce ne serait que moi, je ne ferais rien et on continuerait comme ça à ramasser tranquillou, plutôt que risquer de tout casser.
- Quel raisonnement mesquin. Tes arguments dénaturés je m'en fous. Je veux du plus pour que nous arrivions à prendre le leadership du marché des CP et par extension des CPM.
- Franchement, je ne vois pas où on peut le trouver ton plus.
- Je vais donc être obligé de me rabattre sur un consultant.
- Tout en parlant, je suis en train de penser, pourquoi ne prendrais-tu pas conseil auprès du Montecarlo ? C'est grâce à lui si nous exploitons des CP de fabrication entièrement gauloisienne. Il a même

été embauché par le Groupe Piment, exprès pour nous les refourguer. Tu ne te souviens pas ?

- Tu me prends pour qui ? Évidemment que je m'en souviens, c'est même grâce à moi s'il a eu ce poste, mais depuis je ne le vois pratiquement plus.
- Nous, on le voit de temps en temps aux soirées CPM que nous organisons. Comme il a un bon poste dans le privé, il a un peu pris la grosse tête, les Penseurs sont devenus le cadet de ses soucis, précisa le Drain. En fait, il vient juste nous voir comme n'importe quel fournisseur va voir son client, c'est tout.
- Ah ! Le voilà celui qui connaît le marché, s'exclama le Foret. Si on le sollicite comme consultant conseil, lui au moins ne nous coûtera rien.
- Tu rêves. Depuis qu'il bosse, il s'est drôlement monétisé.
- Comment le sais-tu, si tu dis le voir rarement ?
- Quand il vient à nos soirées, il ne parle que d'argent.
- Raison de plus pour lui demander de nous aider. Il sera intéressé à double titre. Pour lui et Piment mais aussi pour conserver sa présence au sein des Penseurs.
- Tu peux oublier la deuxième, assura le Drain mais après tout, pourquoi pas ? Il pourra peut-être nous faire quelques suggestions. Je vais le contacter.

Quelques jours plus tard, ils étaient tous les trois réunis. Ayant pris ses distances depuis quelques mois, Harnois-le-Montecarlo avait été quelque peu surpris par cette demande de réunion inattendue. Après réflexion, il s'était dit qu'il lui était difficile de refuser à l'un de ses meilleurs clients ?

- Merci d'avoir accepté de venir à cette réunion, commença Livet-le-Foret.
- C'est vrai que ces derniers temps, j'ai pris un peu de distance avec les Penseurs. Je suis malgré tout bien content de venir vous voir en dehors du travail. Ça m'amuse.

Ignorant cette dernière remarque quelque peu désobligeante, le Foret poursuivit :

- L'objet de cette réunion, c'est quand même le travail. Pour prendre l'avantage sur nos concurrents, nous voudrions disposer d'une nouvelle carotte à présenter à nos joueurs.
- Belle chose, assura le Montecarlo. C'est quoi votre nouvelle carotte ?
- Justement, on ne sait pas, intervint le Drain. C'est pour ça que l'on a organisé cette petite sauterie.
- Je comprends mieux maintenant, le pourquoi de cette sympathique invitation, café, croissants, ironisa le Montecarlo en souriant.

- Non, sérieusement, reprit Livet-le-Foret, on souhaiterait que tu nous donnes des idées pour améliorer nos résultats.
- Je croyais qu'ils étaient bons et que tout allait bien ?
- Ils le sont, affirma le Foret mais nous cherchons simplement à les améliorer pour devenir les premiers. C'est pour ça qu'il nous faut cette fameuse carotte qui déchire.
- Les premiers ? Carrément ? Fichtre ! Et tu la veux de quelle nature ta carotte ?
- Je n'en sais absolument rien, à toi de nous le dire.
- Ça me rapportera quoi ?
- À toi personnellement, rien du tout. Pour ta boîte, ça lui permettra d'accroître les ventes qu'elle nous fait.
- Je comprends. Bon, vous voulez donc que je vous serve de conseil marketing et ça, à l'œil.
- Oui, mais pas que, assura le Foret. Comme je te l'ai dit, on voudrait un schpountz quelconque, qui nous démarquerait des autres en nous permettant d'atteindre la première place du podium. Par rapport à ton employeur, c'est aussi son intérêt, non ?
- Je vais être très clair avec vous, oui et non. Sans dévoiler de secret, nous fournissons aussi pas mal d'autres clients que les Penseurs. Je ne vous en dirai pas plus, mais sachez-le.
- D'accord, d'accord. Alors en tant que client sinon privilégié, tout au moins, en tant que bon client, peux-tu nous aider ? D'autant plus, que ça ne peut que profiter à ta boîte.
- Tu l'as déjà dit et ce n'est pas ma boîte.
- Si quand même. C'est bien elle qui te paie, non ? Intervint le Drain.
- Reçu cinq sur cinq, plaisanta le Montecarlo. Donc, si je comprends bien, vous avez besoin de définir un nouvel axe de développement s'appuyant sur le contexte existant de l'activité de vos CPM.
- Complique pas, répliqua Livet-le-Foret.
- Investir dans de nouvelles machines ou bien définir de nouvelles activités autour de vos CPM, ça vous irait ?
- On n'avait pas vu les choses sous cet angle. Pourquoi pas les deux ? Proposa le Foret.
- Ce n'est pas du tout la même chose, assura Harnois-le-Montecarlo. Pour de nouvelles machines il faut des investissements lourds, alors que pour mettre en place de nouvelles activités, c'est bien plus light.
- Plus light ? Demanda Juju-le-Drain.
- Oui, je veux dire, plus simple et moins coûteux.
- Bien, allons-y pour de nouvelles activités, trancha le Foret. Tu proposes quoi ?
- Pour l'instant rien, tu me prends un peu à froid. Je vais y réfléchir.

- Attends, pourquoi ne pas le faire maintenant ? Suggéra le Foret. On est en pleine séance de brainstorming, autant en profiter.
- Oh là, là, quel gros mot. Nos amis québécois appellent ça remue-méninges, c'est quand même un peu plus gauloisy, non ? Précisa-t-il en souriant.
- Si tu veux, je m'en fous, répliqua le Foret. Alors tes idées ?
- Vous savez que vous me cassez les pieds. Je n'en sais rien moi, faites du social. Venant des Penseurs ce ne serait pas mal, non ?
- Oh, la, la, quelle suggestion originale, ironisa le Drain. Un peu vague et bateau mais après tout, ça peut être une bonne base de départ. Je vois d'ici notre slogan : « Avec les Penseurs, le social est de retour ». Reste à savoir ce que l'on va y mettre dedans.
- Vous y mettrez tout simplement du social, répliqua en rigolant bruyamment le Montecarlo.
- Précise, demanda le Livet-le-Foret.
- Là, tu me casses vraiment les pieds. Donne cinq pour cent aux plus nécessiteux pour jouer sur tes CPM et puis c'est bon.
- Cinq pour cent de quoi ?
- Quelqu'un qui n'a pas beaucoup d'argent, qui vient et qui joue cent, tu lui en refiles cinq de plus.
- Comment puis-je savoir qu'il n'a pas beaucoup d'argent ? Et puis, je vais les trouver où, les cinq que je vais lui donner en plus ?
- Il n'y a qu'à lui demander sa feuille d'imposition, intervint le Drain.
- Pour les cinq, tu les déduis directement de la masse totale à redistribuer, ce qui du coup, ne te coûtera pas le moindre fifrelin, compléta le Montecarlo et je serais toi, je l'appellerais « Pourcentage Social ». Je trouve que ça ronfle bien.
- Attendez, il faut que je réfléchisse, indiqua le Foret. Donc, je demande à nos joueurs leur feuille d'imposition.
- Seulement à ceux qui veulent bénéficier de la réduction sociale pour jouer, coupa le Montecarlo.
- Ensuite, je déduis cinq pour cent de la masse totale des enjeux regroupés sur nos CPM, avant de faire sur le reste, la répartition de la redistribution aux gagnants, poursuivit le Foret.
- T'es un petit génie toi, tu as tout compris, ironisa à son tour le Montecarlo. J'ai dit cinq comme j'aurais dit, six, huit ou vingt, il faut étudier le meilleur pourcentage à appliquer, à la fois, pour plaire au joueur et pour ne pas déplaire au gagnant.
- Je ne vois pas le problème, affirma le Foret. Personne ne saura que l'on ampute la masse gagnante du pourcentage social.
- Tu rêves, assura le Montecarlo. Aujourd'hui tout se sait, ne serait-ce que parce que les CPM sont programmés. Tu seras obligé de

l'assumer mais en même temps tu faciliteras l'accès aux plus démunis.
- N'exagérons rien, assura le Drain. On ne va quand même pas faire jouer tous les pouilleux du coin. Ils risqueraient de perturber les autres joueurs.
- Il suffira de limiter les bénéficiaires à ceux qui déclarent un montant inférieur à un seuil maximum proposa le Montecarlo. Au-delà, tu n'as droit à rien.
- Comme ça, ce n'est pas mal, apprécia le Foret.
- Et pour éviter l'afflux de tous les clodos, tu n'auras qu'à fixer en même temps un seuil plancher, en dessous duquel tu ne donneras rien non plus.
- Qu'est-ce que tu racontes, c'est contradictoire, remarqua le Drain.
- Pas du tout, assura le Montecarlo. Que fais-tu de la morale ? J'explique votre argumentaire, ou plutôt celui qu'afficheront les Penseurs au lancement de l'opération :
Ceux dont la feuille d'imposition directe affiche un revenu compris entre un minimum de x et un maximum de y, pourront bénéficier gratuitement d'un bonus de jeux de z pour cent. Ceux qui gagnent plus, n'ont évidemment pas besoin d'aide, c'est normal et ceux qui gagnent moins non plus, car il ne leur faut en aucun cas amputer le peu dont ils disposent pour s'adonner au jeu. Ils doivent le garder pour assurer leur pain quotidien.
- Génial, comme ça, la morale est sauve et on gagne sur tous les tableaux, s'enthousiasma Livet-le-Foret. On fait du social tout en attirant des clients supplémentaires. J'achète, ne put-il s'empêcher d'ajouter en riant. Tu en penses quoi Juju ?
- Ce n'est pas mal, en effet. Il ne reste plus qu'à fixer le pourcentage de ces bonus pour qu'il en reste assez à redistribuer. Il ne faudrait pas qu'à la suite de ça, nos gagnants s'aperçoivent que leurs gains sont devenus chez nous, plus faibles qu'ailleurs.
- Là, je vous laisse cogiter les gars, indiqua le Montecarlo. À vous de faire la balance entre, ce que vous apportera le complément de prélèvements sur le chiffre d'affaires supplémentaire issu de l'effet bonus et son impact sur les gains redistribués.
- C'est compliqué, s'inquiéta Juju-le-Drain.
- Mais non, mais non, affirma le Montecarlo. Il suffit de réfléchir un peu, puisque de toute manière ça ne vous coûtera rien.
- C'est vrai, il a raison, confirma le Foret.
- Bon, ben, sur ces bonnes résolutions, je vais vous abandonner, enchaîna Harnois-le-Montecarlo.

Il quitta le bureau de Livet-le-Foret, les laissant discuter pour définir la meilleure stratégie de lancement de l'opération.

- Comment va-t-on faire ? Demanda le Foret.
- Comme dab, affirma le Drain, on va faire du buzz sur les réseaux.
- Et qu'est-ce que l'on décide comme pourcentage ?
- Celui qu'a donné le Montecarlo me paraît correct. Cinq pour cent de plus, c'est assez attractif pour le joueur et ça n'ampute pas trop la masse à redistribuer.
- Et pour les seuils ?
- On ne va pas se casser la tête. Tu attribues le bonus à ceux qui déclarent un revenu compris entre cinq mille et dix mille euros sur l'année et le tour est joué.
- Pourquoi cinq et dix mille ?
- Pourquoi pas, ça sonne bien non ?
- Si on veut.
- Crois-moi c'est impeccable. Cinq mille c'est suffisamment peu pour expliquer notre souci de ne pas inciter à jouer, et dix mille assez aussi pour ne pas encore donner de l'argent aux nantis.
- Avec un revenu de dix mille euros par an, on ne peut pas dire que l'on soit nanti.
- Mais si. Tu sais, dans l'inconscient collectif du Gauloisien, tout le monde gagne trop d'argent, sauf lui. Donc, comme il y en a assez peu qui ont des revenus inférieurs à dix mille euros, les autres se sentiront confortés dans leur position sociale de pseudo-nanti. Tu vois, c'est impeccable.
- Pas mal, admit le Foret. Oui, ça devrait marcher.
- Fais-moi confiance, ça va marcher.

Quelques jours plus tard, Estoppel-le-Miston commençait à réfléchir à ce qu'il allait dire pour souhaiter ses bons vœux au peuple gauloisien. Le mieux serait, comme d'habitude, d'afficher un optimisme assumé, après une année riche en évènements. Les CP et mieux même, les CPM, avaient apporté à chacun, une réelle espérance de revenu supplémentaire que la perte systématique qui suivait ne parvenait pas à endiguer. Le joueur ne perd jamais. Quand il gagne, il gagne, et quand il perd, il ne perd pas, parce que pour lui, au global, il y gagne encore. L'air de rien, ça sauve. Pas besoin d'encourager les perdants, puisqu'il n'y en a pas. C'est donc dans cette sympathique ambiance de tout le monde gagne, personne ne perd, qu'il allait être amené à souhaiter la bonne année.

Situation plus que confortable. Sauf, que ses propos devaient malgré tout apporter un quelconque nouvel espoir pour l'année à venir et là, il était sec. Peut-être Gibritte aurait-elle une idée. Il alla la retrouver dans le bureau qu'elle occupait juste à côté du sien et lui exposa sa préoccupation.
- Qu'est-ce que tu en penses ?

- À mon avis, tu n'as pas besoin d'en rajouter. Tu sais, même si les gens sont plutôt taciturnes, ils sont toujours contents quand on leur dit que ça va bien. Alors, dis-leur que ça va bien.
- C'est pauvrichon non ?
- Pas forcément, si tu sais te montrer optimiste par rapport à une situation où, puisque ça va bien, tout ira bien, si je puis me permettre ce petit jeu de mots anodin.
- Si je me contente de déclarer simplement que ça va bien et que ça va continuer, on va se dire que mon allocution ne sert à rien.
- Tu crois vraiment que d'habitude, ça sert à quelque chose ?
- Non, c'est vrai. Qu'est-ce que je vais quand même bien pouvoir raconter, à part souhaiter la bonne année à toutes et à tous ?
- Parle-leur de ce qu'ils aiment. Pourquoi ne ferais-tu pas une belle envolée sur le CPM, puisqu'à travers les CP connectés ou non, tout le monde semble les apprécier.
- C'est une bonne idée. Je vais creuser.

Il repartit dans son bureau et appela Siphon-le-Bernacle pour lui demander une nouvelle fois de venir le voir. Moins d'une heure plus tard, celui-ci apparaissait, souriant comme à son habitude.
- Je suppose que tu as besoin de mes conseils éclairés ? Plaisanta-t-il.
- Éclairés je ne sais pas, mais j'ai en effet besoin de ton avis. Je suis en train de préparer mon allocution annuelle de présentation des vœux aux Gauloisiens et je me demande ce que je vais bien pouvoir leur raconter.
- La même chose que l'année dernière.
- Pas question. Déjà que, comme le dit Gibritte, ça n'a aucun intérët, si je répète pareil, ça va clasher.
- Penses-tu. Qui s'en apercevra ?
- Tes collègues journalistes ne me rateront pas.
- Normal, tu ne les rates pas toi non plus.
- C'est vrai, mais moi je suis Chef-Président et à ce titre, je fais ce que je veux.
- Peut-être, mais dans ce cas il ne faut pas se plaindre.
- Là, tu me les brises menus. Je ne t'ai pas fait venir pour recueillir tes états d'âme. Alors, ton avis ?
- Parle-leur de ce qui leur plaît.
- C'est ce que je voudrais, mais je n'ai pas d'idées. C'est bien toi le spécialiste des médias non ?
- Si l'on veut. Tu sais, ce genre de choses, ce n'est pas trop ma tasse de thé.
- Arrête, tu es quand même le roi des fayots, alors je m'en fiche, trouve-moi quelque chose.
- Les CPM ça a l'air de plaire, pourquoi ne parlerais-tu pas de ça ?

- Tu dis comme Gibritte.
- Tu vois, les grands esprits se rencontrent.
- Un peu éculée et toujours aussi lèche-bottes ta remarque non ? Pour redevenir sérieux, si je déclare que le CPM c'est super et que donc c'est super, tu ne trouves pas ça un peu limite ?
- Pas si tu l'enrobes dans de la praline.
- Qu'est-ce que tu racontes ?
- Je veux te dire par là, d'agrémenter ton « super » avec des choses qui fédèrent. Par exemple, pourquoi ne ferais-tu pas le bilan de la mise en place des CP et de leur évolution en CPM ? Tu développes le sujet sur les résultats en Gauloisie et surtout à l'export. Ça, ça plaît toujours. Aux yeux du Gauloisien, l'export c'est un gage de réussite. Regarde le Minithon, pourtant formidable précurseur gauloisien d'Internet, jamais exporté, fini en plouf. D'autant que l'export, ça fait rentrer des devises. À ce propos, tu en es où des préparatifs pour ta Main ?
- Quelle Main ?
- Ta Main Miston, évidemment.
- Jusqu'à preuve du contraire, tout va bien. Les études sont quasiment terminées et les travaux devraient démarrer début janvier 2020.
- Ça va drôlement vite pour un chantier de cette envergure et surtout aussi complexe.
- J'y ai mis le paquet. Je fais travailler en parallèle cinq cabinets d'architectes pour la construction, trois labos scientifiques pour les activités R&D et une dizaine d'acteurs principaux de la restauration.
- Je comprends mieux pourquoi c'est si rapide. Dans tes vœux, parle des CPM, mais aussi de ta Main en faisant le point sur l'avancement du projet. Tu verras, succès assuré.
- J'aime bien cette idée. Je vais y réfléchir.
- Merci, avec plaisir, plaisanta à nouveau Siphon-le-Bernacle, tout en sortant du bureau, mettant ainsi fin à l'entretien.

À nouveau seul, Estoppel-le-Miston réfléchissait à ce que venait de lui suggérer le Bernacle. Effectivement, parler de ce qu'aimait le peuple était le meilleur moyen de se faire écouter, plutôt qu'entendre. Sur cette pensée philosophique, dont il adorait la nuance pour l'avoir exprimée et même pratiquée à maintes reprises, il se dit, qu'il allait devoir mettre tout ça au point, avec Murette-la-Pénible. En effet, quelle que soit la teneur de ses vœux, il voulait d'une manière ou d'une autre en profiter pour vanter une nouvelle fois, les qualités et la valeur travail. Beau programme en perspective, qu'il lui exposa dès qu'elle fut arrivée :
- En résumé, je veux à la fois, parler des CPM, de ma Main et en même temps vanter la fonction travail. Le tout sans excès mais avec conviction. Compliqué tout ça. Toi, qui as l'habitude de parler du

travail en termes élogieux, j'ai besoin de ton expertise pour malaxer le tout dans une potion absorbable par le citoyen moyen, mais aussi et surtout, par le citoyen de base.

- Ce n'est pas évident. Comment veux-tu vanter à la fois le jeu et le travail ? C'est antinomique.
- Sauf, si après le travail, on se relaxe en allant jouer.
- Pas mal ! Tu vois que tu n'as pas besoin de moi.
- Et ma Main, je la place comment ?
- Rappelle qu'une main, c'est fait pour travailler et que dès lors, ça va avec.
- Un peu court et pas convainquant du tout. Autant pour le travail et le jeu, ça passe, si j'ajoute la main pour travailler, ça casse. Et puis, comment veux-tu que j'enchaîne tout ça.
- Remarque c'est vrai, c'est nul. On devrait bien quand même pouvoir y arriver. Réfléchissons, comme ça se pratique dans les séances de motivations d'entreprises. Tu peux demander que l'on nous amène un paperboard avec un feutre noir ?
- Tu le veux absolument noir ?
- Oui, je ne supporte pas le bleu. Tu n'as pas remarqué que je ne porte jamais de vêtements bleus ?
- Non. Tu sais, je ne passe pas mon temps à observer les vêtements de mes collaborateurs. Chacun s'habille comme il ou elle le veut, du moment que ce n'est pas choquant.
- Eh bien tu vois, moi, je n'aime pas le bleu.

Estoppel-le-Miston donna des instructions. Un paperboard ainsi qu'un feutre noir leur furent rapidement apportés. Murette-la-Pénible commença en posant la question :

- Voyons, la main, c'est quoi ?
- Un outil, répondit Estoppel-le-Miston.
- Bien, mais pas que.
- La main, c'est aussi le moyen de s'exprimer. Combien de personnes accompagnent la parole du geste qui la renforce ou la confirme.
- Impeccable, apprécia-t-elle, tout en écrivant sur le tableau « outil » et « geste ». Creusons encore.
- La main, c'est le prolongement du bras et le bras peut être armé. C'est donc un outil de défense.
- Chouette, approuva la Pénible.
- Je n'ai pas dit que c'était une chouette, contesta le Chef-Président.
- Je sais, je voulais simplement dire que ce que tu as trouvé est chouette. La main, outil de défense, bien sûr, c'est génial. D'autant que la main peut tenir une arme. Elle écrivit à la suite, « défense ».
- Oui, enfin, n'allons pas jusque-là.

- Naturellement mais l'image est à garder. Donc, je récapitule reprit-elle, lisant les mots déjà écrits : outil, geste, défense et quoi encore ?
- On se sert également de la main pour faire du sport. Regarde, le tir à l'arc, pour le pratiquer, on est bien obligé d'avoir une main.
- Vaut mieux trouver un autre sport moins violent.
- Ce n'est pas violent, le tir à l'arc.
- Quand même. Pourquoi ne pas plutôt parler d'escalade. C'est un sport sain et non violent, l'escalade.
- Si ça te fait plaisir, accepta Estoppel-le-Miston.
- Donc, j'ajoute « sport » aux trois que l'on a déjà. Autre adjectif ?
- Ce ne sont pas des adjectifs, ce sont des noms, rectifia le Chef-Président se rappelant ses cours de gauloisien à l'école. Cela dit, je ne vois pas d'autres mots et toi ?
- Il me vient à l'esprit aussi le mot musique, ajouta Murette-la-Pénible.
- Tu as parfaitement raison. On fait de la musique avec un instrument que l'on pratique souvent avec les mains, comme le piano ou le violon. Ajoute « musique ».
- Bon, là tu devrais avoir de quoi faire. Je récapitule, on a : outil, geste, défense, sport et musique. Si avec ça tu n'arrives pas à caser ta Main, ton CP et ton travail, c'est à désespérer.
- Il va falloir que je fasse un regroupement cohérent dans mon message de vœux, en traitant à la fois, le CPM en Gauloisie mais surtout à l'export, et ma Main. Elle, je la justifierai par son image internationale de vitrine des savoir-faire gauloisiens, et par son puissant potentiel d'apport touristique avec ses doigts en « V » à la hauteur impressionnante. En même temps, je rappellerai le rôle qu'assume habituellement une main en tant que complément à la parole de par le geste qu'elle permet de faire. J'y ajouterai sa fonction de manipulation d'outils ou d'instruments de musique, ainsi que la possibilité qu'elle offre de pouvoir pratiquer un sport, comme par exemple l'escalade, tout en permettant également d'assurer sa propre défense. Je conclurai en vantant la valeur travail, dont la main au service de l'esprit, est l'un des principaux acteurs. Ce dernier point viendra chapeauter ce bel et harmonieux ensemble.
- Si tu arrives à amalgamer tout ça dans une allocution de quinze minutes, c'est que vraiment tu es trop fort, assura Murette-la-Pénible.
- Pas de problème j'ai l'habitude, assura Estoppel-le-Miston. En tout cas, merci pour ta participation à ce petit exercice. Je vais préparer mon laïus du mieux possible.
- Fais quand même attention à ce que ça ne fasse pas trop catalogue fourre-tout.
- Pas de souci, j'ai encore un peu de temps avant le 31.

Murette-la-Pénible partie, Estoppel-le-Miston était embarrassé. Pour que son allocution soit la plus percutante possible, il valait mieux qu'elle soit rédigée par quelqu'un d'autre que lui, mais il ne voyait pas trop qui pouvait remplir ce rôle. Il passa mentalement en revue la liste de ses principaux collaborateurs :

Doudou-le-Filou, trop fade et inconsistant, Jo-Vonvon-le-Criant, trop décalé par rapport aux nouveautés, Brûlot-le-Marâtre, trop le nez sur le guidon, Crispite-la-Castagne, bien mais beaucoup trop nerveux pour pouvoir sereinement réfléchir, Benji-le-Grivois, encore lui, et après tout pourquoi pas ? En tant que Rodomont de l'État-Major Dirigeant, il avait l'habitude de raconter n'importe quoi, sans que personne ne s'en offusque.

Il l'appela aussitôt, l'informa avec force détails du brainstorming qu'il venait d'avoir avec Murette-la-Pénible et lui demanda de réfléchir à un texte, ayant vocation à rester dans les annales et surtout dans l'esprit des Gauloisiens. Ils le finaliseraient ensemble, le mercredi 18 décembre, à la suite du dernier Conseil des Lieutenants de l'année.

Dans le même temps, John-Lucho-la-Mélasse se préoccupait lui aussi de la fin d'année. Comme à son habitude, il voulait faire un coup d'éclat, mais cette fois il fallait que ce soit plus fort qu'un simple hologramme. Il en voulait dix, vingt, cinquante et même pourquoi pas cent, dans des salles réparties sur tout le territoire. Il parlerait juste avant les vœux du Miston, histoire de ringardiser ce petit prétentieux, comme il l'appelait. Entre une brillante prestation diffusée en simultané dans au minimum cent salles, avec en prime son hologramme, et une vulgaire allocution à la télé diffusée juste après, il n'y aurait pas photo. Qui serait le plus avant-gardiste ? Il n'y avait plus maintenant de temps à perdre pour organiser ce bazar. Tout devait être prêt avant Noël.

Ça tombait bien, il avait une réunion dans deux heures avec Lolotte-la-Rossinante et Bastounet-le-Chausson. L'ordre du jour en était la nouvelle stratégie de la Gauloisie Bistrophile pour la prochaine Chef-Présidentielle. L'air de rien, il était temps de s'en préoccuper. Mai 2022 n'était pas si loin. Aussitôt, il planta le décor :
- Cette fin d'année et mon allocution, doivent être pour nous les prémices de mon élection à la prochaine Chef-Présidentielle. C'est la raison pour laquelle, je tiens à marquer particulièrement les esprits en présentant mes vœux, juste avant ceux d'Estoppel-le-Miston.
- Pourquoi juste avant, demanda Bastounet-le-Chausson.
- Parce que, suivez bien mon raisonnement stratégique. On prépare sur tout le territoire gauloisien, une centaine de salles publiques. Je verrais bien ça dans les salles municipales des Marâtries que nous détenons. On en a quand même pas mal. Nous y projetterons mon hologramme dans chacune d'entre elles, débitant mon discours au

milieu des gens. Naturellement, ce ne sera que moi dématérialisé et on fera en sorte que mon image se déplace dans la foule. J'ai déjà demandé pour la faisabilité. Techniquement pas de problème. Donc, dans le baratin que je débiterai lorsque je me déplacerai, je souhaiterai la bonne année à l'ensemble du peuple gauloisien.

- Ça va demander une logistique d'enfer mais je trouve que c'est une super idée, s'exclama Lolotte-la-Rossinante.
- Content qu'elle te plaise, assura la Mélasse sans esquisser le moindre sourire. Pour la logistique, on verra. Et pour relater l'évènement, on invitera les médias locaux de chaque Marâtrie concernée.
- Tu n'exagérerais pas un petit peu en appelant ça, évènement ? Ne put s'empêcher de faire remarquer Bastounet-le-Chausson.
- Pas du tout, attends la suite. En plus des médias télés et autres, cerise sur le gâteau, à 19 heures le mardi 31, je retransmettrai en direct sur ma chaîne YouTube, la séance avec telle qu'elle se déroulera dans la salle de la Marâtrie la plus grande que nous aurons.
- Attention, l'allocution des vœux du Chef-Président a lieu tous les ans à 20 heures, remarqua la Rossinante.
- C'est bien pour ça que je le ferai une heure avant. Imagine. Moi, souhaitant les vœux en nouvelles technologies et, une heure plus tard, le Miston faisant la même chose à la télé. À votre avis, qui va passer pour le ringard de la nouvelle année ?
- Bien vu, approuva Bastounet-le-Chausson. Tu n'as pas peur que lorsqu'il l'apprendra, car il l'apprendra forcément, il réagisse et trouve autre chose ?
- Qu'est-ce que tu veux qu'il trouve de mieux que nous ? J'ai déjà fait le coup de l'hologramme mais là, il sera multiplié par au moins cent et il évoluera en plein milieu des gens présents dans chaque salle. Tu vois, ce sera génial. Vous allez donc me préparer tout ça. Je veux une réussite totale. Pensez que c'est pour mon élection de 2022 et que lorsque je serai élu, je ne vous oublierai pas. Allez, au boulot et tenez-moi au courant régulièrement.

Deux jours plus tard, Doudou-le-Filou informait Estoppel-le-Miston des préparatifs de John-Lucho-la-Mélasse pour ses vœux de la nouvelle année.

- Il y a pas mal de Marâtries alentours de celles affidées à la Mélasse, qui m'ont alerté sur son projet de discours avec hologramme. En plus, il veut le programmer juste avant ton allocution pour la nouvelle année.
- Qu'est-ce qu'il va faire ce plouc ?
- Plouc, pas tant que ça. La technologie qu'il va utiliser est quand même relativement, sinon nouvelle, tout au moins innovante.
- Tu parles, il nous a déjà fait le coup de l'hologramme il y a deux ans.

- Oui, sauf que là, il a amélioré le bazar. Il va retransmettre son show virtuel avec son hologramme mobile, en direct sur sa chaîne YouTube et dans je ne sais combien de salles, en présence de tous les médias locaux.
- Et alors, je peux faire quoi de plus ?
- Rien, mais tu peux faire différent.
- T'as une suggestion ? Demanda le Chef-Président.
- Comme tu vas passer juste après lui, fais ton allocution ailleurs que dans ton sempiternel et tristounet bureau de l'Étable.
- Tu crois que ça suffira ?
- Je ne sais pas, mais ce dont je suis sûr, c'est que ce sera mieux que de répéter toujours dans le même décor, ce que tu as déjà dit l'année d'avant. J'ai pensé que, comme tu vas parler de ta Main, pourquoi ne le ferais-tu pas du haut de la Tour Enflée ? Ça aurait quand même un peu plus de panache, non ?
- Pourquoi pas ? Tu verrais les choses comment ?
- On t'installe dans le restaurant du premier étage, tu fais ton speech et hop, enlevé c'est pesé.
- Si je reste au premier, qui plus est bien au chaud dans le restaurant, ça fera plutôt planqué.

Surpris par cette remarque, Doudou-le-Filou prit quelques secondes de réflexion avant d'admettre :

- C'est vrai, tu n'as pas tort. Alors, pourquoi pas tout en haut, au troisième ? Là au moins, on ne pourra pas dire que tu te goberges à l'œil dans un endroit planqué, comme tu dis.

Estoppel-le-Miston se mit à rire, remarquant :

- Encore qu'il y ait malgré tout le bar à champagne. Cela dit, ça me plaît déjà beaucoup mieux. Il y aura assez de place sur la plateforme pour y caser tous les médias ?
- Non, mais on y en installera un, qui sera le diffuseur pour les autres.
- Pas mal. La Mélasse doit passer à 19 heures, non ?
- Je crois. C'est en tout cas ce que m'ont dit mes contacts.
- Et tu sais combien de temps doit durer son intervention ?
- C'est un peu plus flou. A priori, ce ne devrait pas durer plus de dix minutes à quinze minutes maximum. Pour souhaiter des vœux, surtout les siens, il n'y en a pas pour une heure.
- Donc, il fera son exhibition de 19 heures à 19 heures 15, et moi je ferai mon show au troisième étage de la Tour Enflée, comme d'habitude à 20 heures. Pas mal, ça me va bien. Organise tout ça en restant le plus discret possible. Ce n'est pas la peine d'alerter qui que ce soit et encore moins la Mélasse.
- Ça c'est moins sûr. Dans ce milieu-là, tout se sait.

Le dernier Conseil des Lieutenants se déroula dans une indifférence quasi-totale des participants. À sa sortie, Estoppel-le-Miston se tourna vers Benji-le-Grivois.

- J'espère que tu n'as pas oublié de me préparer le beau discours de fin d'année que je t'ai demandé.
- Ça n'a pas été facile.
- Tu as bien tout casé en plus des vœux ?
- Je pense n'avoir rien oublié. Pour éviter tout piratage, je te l'ai amené sur papier.
- Viens, on va dans mon bureau.

Une fois installés, Estoppel-le-Miston lut attentivement ce que lui avait préparé Benji-le-Grivois.

- Ce n'est pas mal tout ça. Effectivement, tu n'as rien oublié et tes enchaînements ne me paraissent pas mauvais. Je le laisse comme ça. Pas la peine de perdre plus de temps, je le débiterai tel quel. Après, comme l'année dernière, j'en ferai un extrait pour les jeunes à diffuser sur les réseaux sociaux.

Il mit fin à la discussion, sortit de son bureau pour aller retrouver Gibritte qui, comme toujours, se trouvait dans celui jouxtant le sien.

- Dis, Gibritte, bientôt Noël, on va où en vacances ?
- Je n'y ai pas encore pensé. Comme tu adores le ski et que cette année il y a beaucoup de neige, pourquoi ne prendrait-on pas une petite semaine à la montagne ?
- Excellente suggestion. On part quand ?
- Quand tu voudras ou plutôt, quand tu le pourras.
- Je peux maintenant, tout le monde s'en va. Tu sais, on est déjà le 19 et pour les Gauloisiens les vacances, c'est sacré.
- Dans ce cas, partons demain, proposa Gibritte-le-Miston.
- D'accord, je donne les instructions.

Et la Gauloisie connut ainsi une fête de Noël tout aussi calme que paisible, agrémentée de son réveillon familial et de sa semaine de congé relaxante.

Le 31 arriva bien trop rapidement aux yeux de John-Lucho-la-Mélasse mais aussi d'Estoppel-le-Miston, chacun de son côté peaufinant avec soin son allocution de bons vœux.

Il était 19 heures. Le Chef-Président ne tenait pas à savoir ce que disait ou faisait la Mélasse. D'abord, parce qu'il le considérait comme nul et non avenu, ensuite parce qu'il ne voulait pas se laisser influencer dans ce qu'il avait prévu de déclarer. Tout au plus avait-il demandé à Benji-le-Grivois de le tenir informé sur le déroulement de la prestation. Ainsi, il passa le plus clair de son temps à s'installer tranquillement au troisième étage de la Tour Enflée. Périodiquement, le Grivois venait le voir pour lui rapporter la manière dont se déroulait la prestation de la Mélasse mais il ne voulait rien savoir de ce qu'il y racontait. Comme prévu, ce fut rapide. À peine un quart d'heure, John-Lucho-la-Mélasse terminant la séance en souhaitant une bonne et heureuse année 2020 aux Gauloisiens. Que du banal classique en quelque sorte. Tant mieux. Par contre, ce que lui Estoppel-le-Miston, allait annoncer en tant que Chef-Président, là au moins, ça allait déchirer. Tout le monde était prêt, le compte à rebours égrenant les secondes restantes avant les 20 heures fatidiques. Cinq, quatre, trois, deux, un, la caméra commença à tourner, le Chef-Président se présentant seul face à celle-ci.

Sur la petite table installée devant lui pour l'occasion, était posée la feuille de son discours, soigneusement raturée. Un texte bien travaillé, se devait toujours de comporter les ratures, attestant du sérieux de sa rédaction et il prenait toujours un malin plaisir à exhiber plus ou moins discrètement, ce qui était censé être le résultat de la préparation de ce qu'il allait dire. Fervent supporter du zéro papier, d'accord, il n'arrêtait pas de le répéter à ses collaborateurs, mais comme il n'aimait pas le prompteur, quoi de mieux qu'une bonne vieille feuille blanche pour s'exprimer. Oh, et puis après tout il n'avait pas à se justifier. C'était lui, le Chef-Président et à ce titre, il faisait ce que bon lui semblait. Cette pensée réconfortante le mit d'excellente humeur. Il arbora un sourire de circonstance et commença son allocution :
-   Mes chers compatriotes, alors que l'année s'achève, je suis heureux de vous retrouver afin de vous présenter mes meilleurs vœux pour cette année 2020 qui s'annonce. Je vous espère en famille, au milieu de vos proches, ou bien au travail, s'agissant de nos concitoyens ayant la charge d'assurer nos services publics et parapublics.
    L'année 2019 se termine et je ne voudrais pas passer trop de temps à revenir sur celle qui fut pour notre pays, l'année des innovations profondes, tout autant que celle de la préparation constructive à un avenir rayonnant.
    Maintenant, regardons durant quelques instants cette magnifique opération des Casinos Personnels, autonomes au début puis, très rapidement mutualisés, permettant ainsi d'offrir des gains beaucoup plus importants. Quel progrès, quelle réussite, chez nous, comme à l'export. Même s'ils ne sont pas tous construits sur notre sol, il n'est pas excessif de constater, que le monde entier se les arrache déjà. Le ruissellement qu'ils génèrent avec les royalties associées sont réellement considérables.
    Dans le même temps, nous avons préparé l'avenir en lançant le projet de notre Main, appelée à devenir rapidement, au même titre que la Tour Enflée, l'emblème de notre pays. En quoi consistera cette Main ? Vous n'êtes pas sans savoir, même si la décision est récente,

que nous commencerons dès le 2 janvier la construction d'un bâtiment formant une main avec ses deux doigts en « V », signe de la victoire gauloisienne se voulant éternelle. Pourquoi une main me direz-vous ? Et pourquoi pas, vous répondrai-je ? La main n'est-elle pas le complément naturel de la parole qu'elle accompagne souvent grâce au geste qu'elle permet de faire ? Mais la main est aussi là pour nous défendre. Avec elle, nous pouvons tout autant repousser un assaut indésirable, que pratiquer nos sports favoris, comme par exemple et entre autres, l'escalade. Sans compter les instants délicieux qu'elle nous procure, lorsqu'elle nous permet de jouer d'un instrument de musique. Elle est enfin, la cheville ouvrière du travail manuel, mais aussi contrairement aux idées reçues, du travail intellectuel, puisqu'en complément de la reconnaissance vocale, elle sert à manipuler les outils indispensables, tant à la conception, qu'à la gestion. Imaginez notre Main une fois terminée. Comme je vous l'ai dit, elle présentera au monde ses deux doigts victorieux, plafonnant chacun à quelque six cent cinquante mètres de haut.

Pour en agrémenter la visite, et surtout pour offrir à la planète tout entière une visibilité sur l'avancée de notre recherche fondamentale technologique, divers aménagements high-tech de très haut niveau viendront équiper à la fois la paume et les doigts. Des ateliers très pointus, jouxteront les salles de conférences ainsi que plusieurs restaurants pouvant satisfaire aussi bien le visiteur voulant profiter de la gastronomie gauloisienne, que le visiteur pressé cherchant simplement à se restaurer. De sorte que, la nourriture intellectuelle, tout autant que la nourriture corporelle, seront ainsi assurées aux très nombreux touristes étrangers et gauloisiens qui ne manqueront pas de venir s'y entasser. Cette petite merveille, associant la haute technologie au farniente, deviendra donc à l'international, l'image, tant des savoir-faire gauloisiens dans le domaine des geek-sciences et des tradi-sciences ainsi que j'aime à les appeler, que dans celui des sciences hédonistes. Le tout sera couronné par la mise en évidence à tous les étages de la valeur travail, qui, sans nul doute, ne manquera pas d'être appréciée par vous toutes et par vous tous, confortant alors le sentiment de fierté que celui d'être Gauloisien. Ce travail si apprécié, véritable ciment de notre société, viendra chapeauter le merveilleux édifice de notre société gauloisienne, dont je le répète, l'image internationale sera ciselée par cette Main magistrale.

Afin de parfaire notre bien-être commun, je tiens ce soir à vous assurer que c'est dans ce véritable esprit de conquête de la valeur touristique mais aussi de la valeur travail, que nous poursuivrons notre route tout au long de l'année prochaine. Et c'est donc à partir de ces mêmes valeurs que nous partageons, ainsi que de cette même ambition pour notre pays et pour chacun d'entre nous, de faire admirer au monde entier notre puissance gauloisienne, que je vous présente une nouvelle fois à toutes et à tous, mes meilleurs vœux pour cette année 2020.

Vive notre aura internationale, vive la Gauloisie, et à l'année prochaine…

Annuaire des Acteurs

Abri-la-Crêpe-Marante
Alan-le-Caramel
Alano-la-Jupette
Alphonso-le-Pédalo
Anisette-la-Genèse
Anita-Soupière-la-Lapine
Bastounet-le-Chausson
Beffroi-Ronge-le-Bestiau
Benji-le-Grivois
Brûlot-le-Marâtre
Charly-le-Magnifique
Crispite-la-Castagne
Dada-le-Badaud
Davier-la-Douille
Davy-le-Pugiliste
Dodo-la-Trompette
Doudou-le-Filou
Estoppel-le-Miston dit « Les Pépètes » et dit « Poussin » par Gibritte
Exquis-le-Corbillard dit « Le Gaucho »
Francesco-le-Batave
Francisco-la-Rose
Frangy-le-Rugby
Franssou-le-Rupin
Frasque-Ollé-le-Gibet
Gégé-le-Bouchon
Gelée-la-Mercatique
Georgio-le-Caïd
Gibritte-le-Miston dite « Minouchette » par Estoppel
Gilou-le-Taf
Guigui-le-Pèlerin
Guimauve-le-Bachotage
Harnois-le-Montecarlo
Hernie-le-Sciophyte
Hub-le-Cluster
Isatine-la-Calle-Sèche
Jacquot-le-Croquant
Jo-Vonvon-le-Criant
John-Lucho-la-Mélasse
Juju-le-Drain
Livet-le-Foret

Lolotte-la-Rossinante
Lordose-la-Faisselle
Lorgnon-le-Vautré
Luigi-le-Fagotto
Marsouin-le-Bouine
Martigne-la-Pommade
Mel-le-Remote
Melody-la-Trompette
Murette-la-Pénible
Nick-le-Mulot
Niqué-l'Alpagas
Perron-le-Daxon
Phanon-le-Folichon
Piépié-le-Gâteux
Portal-le-Cripto
Raldo-le-Romarin
Rico-le-Wok
Roquette-le-Marasme-à-Nous
Siphon-le-Bernacle
Son Altesse Sérénissime le Principal Alberto de Monacal
Stock-le-Mining
Vigie-la-Calmée
Vivi-le-Coloré
Vlasetype-le-Pourboire
Yvanohé-le-Calvaire

Annuaire des Entités/Organismes

Aéroport d'Aujourduy

Air Gauloisie

Air Sarcophage One

Canule+

Caste

Centre Georgio-le-Caïd

Chambre des Démoulés

Château de Broussailles

Concile d'État

Conférence de Médias

Congrégation nationale

Conseil des Lieutenants

Cottage du Soir

Délégué en Chef de La Rabdologie

Dovillum

Fortin-de-Brigand

Gauloisie, gauloisophile, gauloisy, Gauloisie Touch

Gauloisie 2

Grouillement d'estropes Internominal sur l'Évolutivité du Clivage

Groupe Piment

Haufrais

Hippodrome de Diplanches

Hôtel Maquignon

Institut Gauloisien d'Opinion Publique

La Coquine

La Gauloisie Bistrophile

La Gauloisie, Gauloisiens

La Matraque

La Massaliaise

La Rabdologie En Mouvement

La Roture

La Scelle

Le Parloir

Les Repusmalins

Lieutenant de l'Extérieur

Lieutenant de la Débine et des Ardoises Publiques
Lieutenant de la Monnaie
Lieutenant de la Transaction Métaphysique
Lieutenant du Centre
Lieutenant de L'Écurie et du Business étranger
Lieutenante de la Tâche
Lieutenante des Smalas, des Bambins et des Règles des nanas
Lutécie
Marssalia
Ministère de la Débine et des Ardoises Publiques
Ministère de la Tâche
Minithon
Mousseron des Entresols DE Frangipane
Parc Naturel Gauloisien des Larges Casses
Parloir
Penseurs Satisfaits
Place Bellevache
Porte de Versalias
Prépuce, Super-Prépuce
Primauté de Monacal
Radio Télépathe Léthargique
Rodomont de l'État-Major Dirigeant
Royaume de Monade
Sartine, sartinois
Scribe Pariétal chargé des Relations avec le Parloir
Sénescents
Stade de Gauloisie
Télévision Gauloisienne 1 dite « TG1 »
Tour Enflée
Université Pantalon-Assisté
Viaduc de Milouf
YouTubesque

Mail : <u>manuelsisyphe@orange.fr</u>

Ce livre a été imprimé en France

Dépôt légal : septembre 2018

www.ingramcontent.com/pod-product-compliance
Lightning Source LLC
LaVergne TN
LVHW051256200726
843510LV00010B/1148